KRUSE/HEUN

Rechne kaufmännisch

Gesamtausgabe

Bearbeitet von

Dipl.-Hdl. **Heinz Tollkühn**
Dipl.-Hdl. **Jens Lepthien**

Vorwort

Auch ein bewährtes Rechenbuch muss von Zeit zu Zeit überarbeitet werden um aktuell zu sein. In vielen Bereichen des kaufmännischen Rechnens sind seit der letzten Auflage wichtige Änderungen erfolgt, die zu berücksichtigen waren. Dazu gehören insbesondere:

- Die Einführung des EURO (Umstellung von DM auf €),
- das Währungsrechnen (Mengennotierung bei Sorten und Devisen),
- Zinsrechnung (Euro-Zinsmethode),
- Diskontrechnung (Rediskontierung nach EZB-Regeln),
- Effektenrechnung u.a.

Dieses bewährte kaufmännische Rechenbuch von Kruse-Heun wurde durch die gründliche Überarbeitung fachlich und methodisch auf den neuesten Stand des Wirtschaftsrechnenunterrichtes gebracht. Musteraufgaben, in leicht verständliche Lösungsschritte gegliedert und praxisnahe Fall- und Prüfungsaufgaben ermöglichen auch eine Nutzung als Lernbuch zur selbstständigen Erarbeitung der Aufgaben oder bei handlungsorientierten Formen des Unterrichts.

Empfehlungen für die Benutzer des Buches: Die Abschnitte 1 und 2 dienen der Wiederholung und Vertiefung.

Das Rechnen mit dem Taschenrechner wurde im zweiten Abschnitt neu aufgenommen. Weiterhin sind insbesondere im Abschnitt „Grundrechenarten" viele Aufgaben enthalten, an denen das Kopfrechnen geübt werden kann.

Aufgaben mit dem Symbol ▦ können zweckmäßiger Weise auch mit dem Taschenrechner gelöst werden.

Das Symbol 📖 weist auf Regeln und Merksätze zum Einprägen hin. Wiederholen Sie diese häufiger, damit sie Ihr „geistiger Besitz" werden.

Das Symbol 🔊 weist auf praxisübliche Rechenverfahren oder -vorteile hin.

Zwingen Sie sich, Ihre Gedanken ganz auf die betreffende Rechenart zu richten. – Schreiben Sie deutliche Zahlen. – Verbessern Sie nicht in Zahlen hinein. – Führen Sie alle Ausrechnungen – auch Nebenrechnungen – sorgfältig aus. – Halten Sie beim Untereinanderschreiben von Zahlen die Richtung genau ein. – Achten Sie immer auf die gute kaufmännische Form der Darstellung. – Machen Sie, wenn möglich, den Überschlag. – Prüfen Sie das Ergebnis mit der Umkehrrechenart.

Wir wünschen bei dieser Arbeit viel Erfolg.

Frühjahr 2002　　　　　　　　　　　　　　　　　　　　　　　　*Verlag und Verfasser*

1. Auflage, 2002
Winklers Verlag
im Westermann Schulbuchverlag GmbH
Postfach 11 15 52, 64230 Darmstadt
http://www.winklers.de
Druck: westermann druck GmbH, Braunschweig
ISBN 3-8045-**5243**-9

Dieses Werk und einzelne Teile daraus sind urheberrechtlich geschützt. Jede Nutzung – außer in den gesetzlich zugelassenen Fällen – ist nur mit vorheriger schriftlicher Einwilligung des Verlages zulässig.

Inhaltsverzeichnis

1	**Grundrechenarten**	5
1.1	Addition	5
1.2	Subtraktion	8
1.3	Multiplikation	10
1.4	Division	14
2	**Rechnen mit Taschenrechner**	
2.1	Tastatur und Funktionen	17
2.2	Funktionsprogramme für Grundrechenarten	18
3	**Rechnen mit Brüchen**	20
3.1	Vorbereitende Übungen	20
3.2	Addition von Brüchen	21
3.3	Subtraktion von Brüchen	22
3.4	Multiplikation von Brüchen	23
3.5	Division von Brüchen	25
3.6	Dezimalbrüche in Verbindung mit gemeinen Brüchen	27
4	**Durchschnitts- und Mischungsrechnung**	28
4.1	Berechnen des Durchschnittswertes	28
4.1.1	Einfacher Durchschnitt	28
4.1.2	„Gewogener" Durchschnitt	28
4.1.3	Berechnung von Teilmenge und Preis	31
4.2	Berechnen des Mischungsverhältnisses	31
4.2.1	Mischung von 2 Sorten	31
4.2.2	Mischung von 3 Sorten	33
5	**Verteilungsrechnung**	37
5.1	Muster- und Prüfungsaufgaben	37
6	**Rechnen mit nichtdezimalen Maßen und Gewichten**	40
6.1	Rechnen mit nichtdezimalen Gewichten	40
6.2	Rechnen mit nichtdezimalen Längenmaßen	43
6.3	Rechnen mit nichtdezimalen Raummaßen	45
7	**Dreisatzrechnung**	46
7.1	Einfacher Dreisatz mit geradem Verhältnis	46
7.2	Einfacher Dreisatz mit ungeradem Verhältnis	48
7.3	Zusammengesetzter Dreisatz	49
8	**Kettensatz**	50
8.1	Muster- und Prüfungsaufgaben	50
9	**Prozentrechnung**	53
9.1	Berechnen des Prozentwertes (Promillewertes)	54
9.2	Berechnen des Prozentsatzes (Promillesatzes)	60
9.3	Berechnen des Grundwertes	64
9.4	Verminderter und vermehrter Grundwert	66
9.4.1	Verminderter Grundwert (Rechnung „im-Hundert")	66
9.4.2	Vermehrter Grundwert (Rechnung „auf-Hundert")	68
9.5	Muster- und Prüfungsaufgaben	70
10	**Zinsrechnung**	76
10.1	Berechnen der Zinsen	76
10.1.1	Berechnen von Jahreszinsen	76
10.1.2	Berechnen von Monatszinsen	77
10.1.3	Berechnen von Tageszinsen	78
10.2	Berechnen der Zinseszinsen	86
10.3	Berechnen von Kapital, Zinssatz und Zeit	88
10.4	Summarische Zinsrechnung	92
11	**Diskontrechnung**	95
11.1	Wechselverkauf an Kreditbanken	97
11.2	Wechseldiskontierung unter Kaufleuten	101
11.3	Sicherheits- und Einzugswechsel der Bundesbank	103
11.4	Umwandlung von Buchforderungen in Wechselforderungen	106
11.5	Prolongationswechsel (Verlängerung der Wechsellaufzeit)	108
11.6	Berechnung des Ausgleichswechsels	109
12	**Währungsrechnen**	111
12.1	Sortenrechnung	111
12.1.1	An- und Verkauf von Sorten	112
12.1.2	An- und Verkaufsrechnungen	114
12.1.3	Berechnung des Tauschkurses	115
12.1.4	Umrechnung von Auslandswährungen (Fremdwährungen) untereinander	116
12.1.5	Aufgaben zur Sortenrechnung	116
12.2	Devisenrechnung	119
12.2.1	Abrechnung von Reisedevisen	122
12.2.2	Abrechnung von Devisen aus Exportgeschäften	123

12.2.3	Abrechnung von Devisen aus Importgeschäften 125	15.3.2	Rückwärtskalkulation 171
12.2.4	Berechnung von Ausgleichsdevisen 126	15.3.3	Muster- und Prüfungsaufgaben ... 176
		15.3.4	Differenzkalkulation 177
		15.4	Deckungsbeitragsrechnung 180
		15.5	Muster- und Prüfungsaufgaben ... 183
13	**Kontokorrentrechnung** 128		
13.1	Laufende Konten 129	**16**	**Kostenrechnung im Fertigungsbetrieb** 185
13.2	Laufende Konten mit Zinssatzänderung 133	16.1	Divisionskalkulation 185
13.3	Behandlung nachfälliger Posten ... 136	16.2	Kalkulation mit Äquivalenzziffern . 187
13.4	Abrechnung von Ratenkrediten ... 138	16.3	Zuschlagskalkulation 188
		16.3.1	Kostenartenrechnung 189
14	**Effektenrechnung** 141	16.3.2	Verrechnung der Gemeinkosten ... 192
14.1	Berechnung des Kurswertes 142	16.3.3	Kostenträgerrechnung 200
14.2	Abrechnung von Effektenumsätzen 143	**17**	**Statistisches Rechnen** 204
14.2.1	Aktien 143	17.1	Statistische Verhältniszahlen (Kennziffern) 204
14.2.2	Festverzinsliche Wertpapiere 144	17.1.1	Gliederungszahlen 204
14.3	Berechnung des Wertpapierertrages 147	17.1.2	Beziehungszahlen 205
14.4	Berechnung des Bezugsrechtes 148	17.1.3	Messzahlen 206
14.5	Lombardrechnung 150	17.2	Statistische Durchschnittszahlen (Mittelwerte) 208
14.5.1	Berechnung des Darlehens aus dem Nennwert 150	17.2.1	Einfaches arithmetisches Mittel 208
14.5.2	Berechnung des Nennwertes für ein bestimmtes Darlehen 151	17.2.2	Gewogenes arithmetisches Mittel 208
		17.3	Zeitreihenanalyse 210
15	**Kalkulation im Großhandel** 152	17.4	Grafische Darstellungsverfahren .. 211
15.1	Kalkulation und Umsatzsteuer (Mehrwertsteuer) 153	17.4.1	Diagramme 211
15.2	Bezugskalkulation 154	17.4.2	Zahlenbilder 212
15.2.1	Einkaufspreise 154	17.4.3	Muster- und Prüfungsaufgaben ... 213
15.2.2	Einfache Bezugskalkulation 155		
15.2.3	Zusammengesetzte Bezugskalkulation 158	**Anhang**	
15.3	Absatzkalkulation 160	Das Internationale Einheitensystem (SI) im Messwesen 214	
15.3.1	Vorwärtskalkulation 161		

1 Grundrechenarten

1.1 Addition

Übungstafel:

	a	b	c	d	e	f	g	h	i	k
1.	5	17	34	38	12	33	464	486	2 194	7 286
2.	8	14	35	81	29	38	172	374	6 500	2 515
3.	3	19	23	43	97	41	204	609	3 400	3 025
4.	9	12	50	45	25	66	721	419	8 684	6 307
5.	6	13	56	47	62	28	630	261	4 019	2 513
6.	7	82	59	75	95	18	251	460	1 931	8 922
7.	2	15	42	63	48	27	842	904	5 008	9 838
8.	4	16	76	56	44	24	350	740	3 760	5 263

Üben Sie bis zur sicheren Geläufigkeit:

a) Addieren Sie in der obigen Übungstafel je zwei nebeneinanderstehende Zahlen der Zeilen 1–8.
b) Addieren Sie auch je zwei untereinanderstehende Zahlen der Spalten a bis k.
c) Vermehren Sie die Zahlen der Spalte g um die Zahlen der Spalte h.
d) Die Zahlen der Reihen f und g sind cm. Schreiben Sie sie als m und addieren Sie jede Spalte und jede Zeile. Addieren Sie auch die Zeilensummen und die Spaltensummen. Machen Sie die Probe.

1

Addieren Sie die ersten 6 Zahlen der Zeilen 1 bis 8 (bis Spalte f), indem Sie sie vorteilhaft ordnen. Zeile 1 also z. B. so: 17 + 33 + 38 + 12 + 34 + 5.

2

a) 2,28 + 0,54
   1,18 + 3,96
   1,8 + 0,65
   0,9 + 2,18

b) 0,32 + 0,69
   0,73 + 1,2
   2,43 + 1,7
   1,9 + 0,75

c) 0,65 + 0,38 + 1,35 + 6,4 + 2,17
   0,7 + 2,15 + 0,85 + 4,3 + 0,92
   3,20 + 2,4 + 5,8 + 1,80 + 0,75
   0,98 + 1,02 + 2,45 + 1,49 + 1,55

3

Üben Sie ein schnelles und sicheres Addieren. Sprechen Sie nur die Zwischenergebnisse, nicht die einzelnen Posten aus (vgl. Aufgabe 4 a).

Prüfen Sie das Ergebnis durch Richtungswechsel: Addieren Sie die Reihen von unten nach oben, dann zur Probe von oben nach unten, bis Sie zweimal das gleiche Ergebnis erhalten.

4

a) 384,50 €
   36,25 €
   3,75 €
   173,12 €
   257,90 €
   840,38 €
   966,15 €
   54,95 €
   38,17 €
   144,03 €

b) 275,40 €
   35,28 €
   204,42 €
   716,31 €
   232,29 €
   463,37 €
   85,22 €
   120,51 €
   531,12 €
   83,53 €

c) 53.281,80 $
   21.625,60 $
   9.386,25 $
   62.810,75 $
   6.318,15 $
   3 844,30 $
   47.266,75 $
   5.592,70 $
   19.631,08 $
   4.310,42 $

d) 4 125,125 kg
   936,550 kg
   2 381,475 kg
   886,325 kg
   508,685 kg
   714,935 kg
   1 907,215 kg
   5 063,775 kg
   481,355 kg
   6 397,245 kg

5 Übertragen Sie das folgende Schema in Ihr Heft. Errechnen Sie die Summe der 1. Spalte, übertragen Sie diese in die 2. Spalte, addieren Sie weiter, übertragen Sie auch die 2. Zwischensumme und errechnen Sie dann das Gesamtergebnis (Summe).

175,00 €	Übertrag:	? €	Übertrag:	? €
118,75 €		70,62 €		295,32 €
36,42 €		18,14 €		107,16 €
109,40 €		7,38 €		96,94 €
93,40 €		218,75 €		15,43 €
6,36 €		43,06 €		76,67 €
2,04 €		85,24 €		174,12 €
27,15 €		73,36 €		263,40 €
Übertrag: ? €	Übertrag:	? €	Summe:	?

Beachte: Prüfen Sie Überträge vor dem Weiterrechnen auf ihre Richtigkeit. (Wichtig wegen der häufigen Zahlenumstellungen, z. B.: 3.514,80 statt 3.541,80.)

6 Teilen Sie lange Zahlenreihen in Abschnitte ein, bilden Sie erst Teilergebnisse und daraus die Endsumme.

a)	b)	c)	d)	e)
2,25 €	345,85 €	4.328,75 €	12.731,12 €	418.078,22 €
0,80 €	216,28 €	9.163,55 €	18.328,78 €	372.438,19 €
3,16 €	95,15 €	7.451,25 €	22.436,19 €	144.351,28 €
2,25 €	684,36 €	532,60 €	51.671,05 €	252.433,11 €
8,18 €	352,75 €	291,85 €	72.432,41 €	45.687,27 €
12,50 €	801,20 €	1.356,15 €	18.152,85 €	122.351,78 €
2,95 €	315,38 €	98,68 €	24.153,17 €	48.978,71 €
0,83 €	543,14 €	817,46 €	9.111,73 €	121.377,09 €
7,16 €	467,96 €	6.325,75 €	44.511,09 €	798.431,72 €
14,58 €	52,25 €	732,96 €	63.754,44 €	455.933,51 €
6,15 €	916,78 €	8.849,25 €	43.388,21 €	83.766,03 €
24,37 €	581,36 €	9.910,82 €	12.706,06 €	5.742,19 €
9,95 €	769,74 €	7.605,00 €	3.333,02 €	112.851,09 €
78,26 €	162,08 €	3.738,96 €	458,07 €	838.588,77 €
6,24 €	316,65 €	125,37 €	1.010,10 €	17.655,74 €
46,35 €	794,45 €	4.518,95 €	351,77 €	108.544,09 €
19,15 €	234,73 €	5.936,48 €	32.638,17 €	245.638,97 €
18,80 €	224,32 €	2.283,75 €	3 458,09 €	378.111,04 €
6,46 €	632,15 €	1.918,25 €	18.387,06 €	22.673,03 €
8,24 €	25,90 €	7.624,66 €	42.444,01 €	151.444,22 €
4,35 €	806,75 €	8.132,88 €	4.558,03 €	81.653,78 €
38,78 €	230,25 €	475,25 €	978,04 €	443.788,22 €
53,25 €	68,54 €	6.393,80 €	12.918,50 €	578.492,05 €

7 Addieren Sie die fünf Spalten von links nach rechts, bilden Sie jeweils den Übertrag und ermitteln Sie so das Gesamtergebnis.

1.	1,75 €	11.	12,75 €	21.	15,18 €	31.	3,15 €	41.	9,18 €
2.	2,42 €	12.	4,37 €	22.	9,25 €	32.	14,25 €	42.	3,25 €
3.	14,18 €	13.	1,83 €	23.	8,46 €	33.	0,90 €	43.	8,60 €
4.	8,35 €	14.	18,64 €	24.	32,85 €	34.	8,86 €	44.	13,75 €
5.	11,90 €	15.	7,18 €	25.	4,30 €	35.	2,25 €	45.	15,92 €
6.	7,17 €	16.	3,80 €	26.	7,12 €	36.	10,38 €	46.	6,82 €
7.	16,24 €	17.	17,45 €	27.	12,05 €	37.	1,62 €	47.	29,45 €
8.	0,85 €	18.	32,62 €	28.	6,68 €	38.	5,35 €	48.	5,18 €
9.	6,37 €	19.	41,75 €	29.	31,55 €	39.	14,84 €	49.	2,17 €
10.	21,36 €	20.	9,12 €	30.	11,20 €	40.	19,17 €	50.	11,62 €

8 Eine Verbrauchermarktkette stellt die Umsätze der einzelnen Märkte zusammen und ermittelt den Gesamtumsatz nach Warengruppen und Märkten:

Warenwert	Filiale I	Filiale II	Filiale III	Filiale IV	Filiale V
Gemüse, Obst	34.187,15	43.722,18	23.823,13	45.128,13	34.236,12
Konserven	22.931,34	12.564,26	43.618,28	23.261,58	33.417,28
Teigwaren	43.862,51	33.291,53	34.239,63	44.973,62	54.663,17
Fleisch und Wurstwaren	54.393,72	44.873,61	23.117,52	34.652,44	12.754,83
Getränke	1.864,83	21.632,74	1.963,71	11.726,76	1.948,54
Non-food	32.715,96	22.584,85	21.822,87	22.378,27	21.895,75

9 Stellen Sie die Rechnung über folgenden Einkauf zusammen:

1 Paar Damenlederhandschuhe 34,90	5 Frottierbadetücher, 15,50 € je St.
1 Schmuckkassette. 49,85	3 Packungen Waschhandschuhe, 7,95 € je Packung
1 Herrentasche. 85,90	Hausmantel 70,95
1 Damenhandtasche 158,70	Jogginganzug 50,50

10 Addieren Sie nacheinander die Spalten a)–d), ohne einen schriftlichen Übertrag zu machen:

a)	b)	c)	d)
24.716,38 €	664.571,22 €	124.638,77 €	54.733,21 €
13.544,22 €	251.433,18 €	63.611,12 €	638.481,24 €
1.987,74 €	355.761,90 €	144.003,78 €	711.633,78 €
15.404,16 €	22.354,48 €	52.631,48 €	44.603,51 €
13.766,78 €	118.716,74 €	434.598,77 €	121.110,05 €

1.2 Subtraktion

1 Die Zahlen der Übungstafel S. 5, Spalten g und h, sind Cent. Drücken Sie die Cent in Euro aus und ergänzen Sie sie jeweils zu 10,00 €.

2 Die Zahlen der Übungstafel, Spalten i und k, sind Gramm. Drücken Sie sie in kg aus und ergänzen Sie sie jeweils zu 10 kg.

3 Stellen Sie fest, um wie viel jede Zahl in den Spalten f und h größer oder kleiner ist als die Nachbarzahl.

Merke: Zählen Sie zur kleineren Zahl (Subtrahend) so viel hinzu, bis die größere Zahl (Minuend) erreicht ist. Der Minuend kann oben oder unten stehen („additive Subtraktion").

Beachte: Prüfen Sie das Ergebnis, indem Sie die beiden kleineren Zahlen zusammenzählen. Sie müssen die größere Zahl (Minuend) ergeben.

---

4 Berechnen Sie das Reinvermögen aus:

	a)	b)	c)
Vermögen:	72.346,72 €	132.426,50 €	154.586,25 €
Schulden:	37.432,87 €	74.539,85 €	90.789,90 €

Ermitteln Sie den Saldo und geben Sie an, um welche Art von Saldo es sich handelt.

	d)	e)	f)	g)
Soll:	961,84 €	450,25 €	3.084,18 €	2.040,55 €
Haben:	2.117,12 €	7.576,23 €	6.197,35 €	756,64 €

---

5 Subtrahieren Sie ohne die beiden Zahlen untereinanderzuschreiben:

a) 7.631,75 € − 2.238,35 € c) 4.415,85 € − 2.978,65 €
b) 1.718,45 € − 826,10 € d) 1.068,09 € − 975,48 €

---

6 Berechnen Sie den Endbestand aus:

	a)	b)	c)
Anfangsbestand:	4 635,785 kg	6 824 Stück	837,80 m
Verkauf:	3 178,650 kg	3 716 Stück	498,90 m

Ermitteln Sie den Lagerschwund aus:

	d)	e)	f)
Sollbestand:	14 638,500 kg	7 355,80 m	5 783,18 m²
Istbestand:	14 599,650 kg	7 349,95 m	5 778,93 m²

---

7 Ermitteln Sie den Endbestand.

	a) Kaffee:	b) Tee:	c) Kakao:	d) Reis:
Vorrat:	318,250 kg	986,550 kg	4 100,000 kg	3 185,625 kg
Einkauf:	11,400 kg	19,350 kg	342,375 kg	137,300 kg
	6,180 kg	142,275 kg	108,490 kg	8,275 kg
Verkauf:	78,100 kg	28,680 kg	96,560 kg	253,790 kg
	9,275 kg	39,525 kg	258,730 kg	69,560 kg

---

8 Subtrahieren Sie, ohne die Zahlen untereinanderzuschreiben:

a) 438,12 € − 42,28 € − 13,16 € − 172,58 € − 53,77 € − 38,18 €
b) 500,00 kg − 48,750 kg − 33,625 kg − 121,750 kg − 53,125 kg
c) 150,00 m − 12,25 m − 24,35 m − 31,20 m − 10,10 m − 24,75 m

---

9 Berechnen Sie das Guthaben bzw. den neuen Kassenbestand.

Scheckgutschriften:	6.127,80 €	Kassenbestand:	8.912,65 €
	781,72 €	Einnahmen:	612,13 €
	412,47 €		1.745,18 €
Lastschriften:	1.626,35 €	Ausgaben:	563,17 €
	87,19 €		2.817,25 €
	273,18 €		48,29 €

10 Schließen Sie das Kassenkonto ab.

Einnahmen		Ausgaben	
	234,55		685,17
	81,00		3,00
	641,95		50,00
	508,35		728,18
	1.517,28		160,27
	311,65		409,60
	478,47	Bestand	❸
	62,05		
	❶		❷

11 Schließen Sie das Bankkonto ab.

Soll			Haben
	2.418,17		346,71
	356,25		1.318,35
	1.732,48		2,86
	297,00		429,13
	2.741,75	Saldo	❸
	682,16		
	105,45		
	543,63		
	❶		❷

Merke
1. Zählen Sie die Posten der größeren Seite zusammen. ❶
2. Schreiben Sie die erhaltene Summe auch auf die andere Kostenseite in die gleiche Höhe. ❷
3. Ermitteln Sie auf der kleineren Betragsseite den Saldo (Differenz) durch Ergänzen. ❸ Dieses Verfahren nennt man Saldieren.

12 Schließen Sie das folgende Lieferer-Konto ab:

Soll		Wenz KG	Haben
Scheck-Nr. 00324	158,00	Vortrag	3.146,80
Überweisung	264,50	ER Nr. 481	264,50
Überweisung	81,37	ER Nr. 628	83,00
Skonto	1,63	ER Nr. 693	72,65
Saldo	❸	ER Nr. 726	451,75
		ER Nr. 815	1.254,00
		ER Nr. 862	532,40
	❷		❸

13 Ermitteln Sie das Eigenkapital:

Aktiva		Schlussbilanz	Passiva
Gebäude	126.700,00	Eigenkapital	❸
Fahrzeuge	32.528,70	Hypotheken	32.600,00
Geschäftsausstattung	27.251,89	Darlehen	10.000,00
Warenbestand	61.677,25	Verbindlichkeiten	16.780,15
Forderungen	15.731,79		
Bankguthaben	22.654,19		
Kasse	3.276,15		
	❶		❷

14 Ermitteln Sie den Reingewinn:

Aufwendungen	Gewinn u. Verlust		**Erträge**
WEK	541.637,12	WVK	725.403,22
Personalkosten	55.721,13	Zinserträge	167,50
Raumkosten	28.155,60	Skontoerträge	234,69
Steuern	13.722,89		
Werbungskosten	18.567,05		
Kfz-Kosten	7.636,45		
Transportkosten	8.724,03		
Allg. Verwaltungskosten	10.758,89		
Abschreibungen	24.844,00		
Reingewinn	❸		
	❷		❶

1.3 Multiplikation

1 Üben Sie bis zur Sicherheit das **große und kleine Einmaleins**:
a) der Reihe nach; z. B.: 1 · 6, 2 · 6, 3 · 6, 4 · 6, 5 · 6 usw.;
b) lediglich Ergebnisse aufwärts; z. B.: 6, 12, 18, 24, 30 usw.;
c) lediglich Ergebnisse abwärts; z. B.: 60, 54, 48, 42, 36 usw.;
d) außer der Reihe; z. B.: 3 · 6, 8 · 6, 5 · 6, 9 · 6, 7 · 6 usw.

2 Multiplizieren Sie in der Übungstafel S. 5 die Zahlen der Spalte a mit den Zahlen der Spalten b bis h. Addieren Sie im Kopf die Teilergebnisse.

3 **Zerlegen Sie eine Zahl in günstige Faktoren:**
z. B. 17 · 20 = 17 · 2 · 10 = 34 · 10 = 340; 16 · 15 = 16 · 3 · 5 = 48 · 5 = 240

a) 15 m je 16 €	b) 14 kg je 0,35 €	c) 17 l je 16 €	d) 27 Stück je 36 €
18 m je 32 €	12 kg je 0,18 €	13 l je 18 €	14 Stück je 45 €
20 m je 36 €	16 kg je 0,25 €	15 l je 26 €	18 Stück je 36 €

4 **Üben Sie das große Einmaleins** von 11 · 11 bis 19 · 19 nach folgendem Beispiel: 14 · 17=?
„Unterdrücken" Sie eine Zehnerstelle und addieren Sie 14 + 7 = 21, multiplizieren Sie mit 10 und addieren Sie das Produkt der Einerstellen; kurz: 14 + 7 = 21, 210 + 28 (4 · 7=28) = 238.
Rechnen Sie   16 · 18; 14 · 13; 12 · 19; 18 · 17; 15 · 19; 16 · 17;

5 **Beachten Sie die Nähe von Zehnerzahlen.**
a) 1 m   kostet 0,98 €;   wie viel kosten   17, 21, 33, 12, 35, 19, 44   m?
b) 1 m   kostet 0,95 €;   wie viel kosten   22, 12, 30, 18, 44, 15, 8   m?
c) 1 Stück   kostet 2,90 €;   wie viel kosten   6, 15, 21, 11, 25, 18   Stück?
d) 1 kg   kostet 1,05 €;   wie viel kosten   35, 44, 63, 81, 25, 28, 73   kg?
e) 1 m   kostet 2,97 €;   wie viel kosten   13, 22, 41, 38, 15, 18, 52   m?

Benutzen Sie stets die bequemen Bruchteile von 10, 100 und 1000.
a) Stück kostet 1,75 €;
 Wie viel kosten 18, 41, 31, 22, 53, 50, 29, 27, 45, 60, 75 Stück?
b) 1 m Kabel kostet 1,50 €;
 Wie viel kosten 4,8; 12,8; 7,20; 15; 17; 16,40; 18,40; 5,20; 13,60 m?
c) 1 Rolle Tapete kostet 15,00 €;
 Wie viel kosten 15, 32, 27, 21, 37, 82, 70, 125, 25, 80, 61, 112, 90 Rollen?

Merke Ermitteln Sie vor dem Ausrechnen das ungefähre Ergebnis durch Schätzen oder Überschlagen. Dadurch werden grobe Fehler vermieden!

Nützen Sie den Vorteil mit der Zahl 1 aus, wenn der Multiplikator in einer Stelle eine 1 hat.

Beispiele

1) 7468 · 291	2) 7468 · 1,29	3) 746,8 · 21,9
67212	14936	14936
14936	67212	672,12
2173188	9633,72	16354,92

Multiplizieren Sie mit den Zahlen 12 bis 19:
a) 5.046,89 €   c) 3 416,75 hl   e) 769,875 kg   g) 578,35 m³
b) 8 574,293 kg   d) 908,65 €   f) 1 087,50 hl   h) 3 157,75 m²

Zerlegen Sie, wenn möglich, den Multiplikator in Faktoren, in die Zahlen des großen oder kleinen Einmaleins.

Beispiele

$$\frac{563,8 \cdot 42}{3946,6} \cdot 7$$
$$\overline{23679,6} \cdot 6$$

$$\frac{4756,32 \cdot 78}{61832,16} \cdot 13$$
$$\overline{370992,96} \cdot 6$$

a) 63 m je 18,75 €   b) 562 kg je 4,85 €   c) 35 m² je 18,75 €
   24 m je 26,35 €   910 kg je 12,72 €   73 m² je 21,40 €
   81 m je 14,85 €   85 kg je 17,28 €   56 m² je 19,80 €
   54 m je 7,90 €   732 kg je 24,35 €   28 m² je 39,75 €
   32 m je 4,25 €   812 kg je 19,75 €   46 m² je 48,90 €
   27 m je 22,70 €   638 kg je 2,58 €   85 m² je 42,15 €

Nützen Sie die Vorteile mit 25 und 125.

632   m je 2,50 €   728 Stück je 0,25 €   724,8 m³ je 25,00 €
319   m je 0,25 €   572 Stück je 0,75 €   327,5 m³ je 12,50 €
273   m je 1,25 €   376 Stück je 12,50 €   726,16 m³ je 2,50 €
218,25 m je 0,75 €   121 Stück je 7,50 €   161,84 m³ je 3,75 €

Benützen Sie die Zahlen 10, 100, 1000.

24 m zu 25 ct	5 · 14,2 =	10 · 14,2 : 2
24 · 25 ct	25 · 8,64 =	100 · 8,64 : 4
24 · (100 : 4)	50 · 2,18 =	100 · 2,18 : 2
= 6,00 €	125 · 0,81 =	1 000 · 0,81 : 8

524311

11 Ermitteln Sie den Inventurwert folgender Teppichbodenauslegeware:

Menge in m	Ware	Meter-preis	Menge in m	Ware	Meter-preis
75	Velours 200 cm breit	30,00	22,18	Flokati 190 cm breit	27,90
117	Velours 300 cm breit	41,50	136,35	Acryl-Flor 180 cm breit	35,95
38,50	Velours 400 cm breit	60,00	217,40	Polyamid 400 cm breit	36,45

12 Stellen Sie zwei Rechnungen mit den folgenden Posten aus:

a) 4,350 kg zu 0,18 € (je kg)
3,775 kg zu 0,18 € (je kg)
8,095 kg zu 1,45 € (je kg)
1,684 kg zu 2,50 € (je kg)

b) 215 cm x 435 cm zu 18,75 € je m^2
570 cm x 615 cm zu 29,85 € je m^2
435 cm x 585 cm zu 22,70 € je m^2
310 cm x 485 cm zu 21,90 € je m^2

13 Ein Schuhgeschäft erhält eine Rechnung über:

32 Paar Herrenstiefeletten, braun .... zu je 36,69 € (43,72 €)
63 Paar Herrenhalbschuhe, schwarz .... zu je 50,34 € (44,35 €)
28 Paar Damensportschuhe, braun .... zu je 29,32 € (41,03 €)
54 Paar Moonboots mit Innenschuh .... zu je 20,37 € (18,79 €)
82 Paar Damenhochschaftstiefel .... zu je 41,90 € (48,06 €)

14 Der Fußboden eines Raumes, der 15,4 m lang und 11,24 m breit ist, soll mit Platten belegt werden. 1 m^2 kostet 12,71 €. Wie teuer kommt der Belag des Fußbodens?

15 Ein Teppich, 7,5x5,25 (3,50x4,50), wird in ein 8,75 m langes und 6,10 m breites Zimmer gelegt. Berechnen Sie die unbedeckte Bodenfläche.

16 Ein Gardinengeschäft berechnet für einen ausgeführten Auftrag (mit Berücksichtigung der Umsatzsteuer):

6 Gardinenleisten (2,60 m, 3,90 m, 3,00 m, 3,10 m, 5,38 m und 2,70 m) zu 43,85 € je m.

8,65 m Dekostoff zu 14,32 € je m
12,50 m Diolen zu 12,00 € je m
19,90 m Diolen zu 13,50 € je m
12,05 m Stores zu 7,51 € je m
5,20 m Dekostoff zu 8,20 € je m

Nählohn 10$\frac{1}{4}$ Stunden zu 18,15 €/Std.

37,70 m Diolenband zu 0,45 €/m
10,80 m Bleiband zu 0,60 €/m
7 Schleuderstäbe zu 1,50 €/Stück

Stellen Sie den Rechnungsbetrag zusammen.

17 Ein Kfz-Zubehör-Großhändler liefert:

25 Pannen- und Werkzeugkoffer zu 26,90 €/Stück
45 Kraftfahrzeug-Verbandskästen nach DIN zu 15,34 €/Stück
19 Autofeuerlöscher (2 kg) mit Halterung zu 20,00 €/Stück
65 Abschleppseile mit Aufroll-Automatik zu 10,20 €/Stück
55 Starthilfekabel mit Kupferlitze zu 13,95 €/Stück und
18 Batterieladegeräte (5-A-Elektronik) zu 56,24 €/Stück

Ermitteln Sie den Rechnungsbetrag ohne Berücksichtigung der Umsatzsteuer.

18 Eine Schrankwand soll aufgearbeitet werden. Es liegt folgendes Angebot vor:

8,82 m² Schrankwand abschleifen, vorstreichen und lackieren 20,00 €/m². Lose Umleimer erneuern: 60,31 m zu 3,40 €/m zuzüglich $3\frac{1}{2}$ Stunden Arbeitslohn für das Aus- und Einbauen der Türen zu 30,67 €/Std.

Wie teuer werden die Renovierungsarbeiten?

19 Ein Elektrogeschäft kauft ein:

15 Waffeleisen, 1000 Watt, antihaftbeschichtet zu 30,95 €/Stück
18 Kaffeeautomaten, 8 Tassen, mit Isolierkanne zu 46,00 €/Stück
25 Toaster mit Brötchenröstaufsatz zu 35,30 €/Stück
 8 Durchlauferhitzer, 5 Liter, mit Mischarmatur zu 169,85 €/Stück
25 Eierkochautomaten mit Elektronik zu 25,50 €/Stück
16 Elektr. Allesschneider mit elektron. Drehzahlregelung zu 56,06 €/Stück.

Ermitteln Sie den Rechnungsbetrag ohne Berücksichtigung der Umsatzsteuer.

1.4 Division

Beispiel

24 : 6 = 4
Dividend durch Divisor = Quotient

1 Teilen Sie die Zahlen der Spalten b bis f (s. S. 5) durch die Zahlen 2 bis 20 und drücken Sie das Ergebnis in einer gemischten Zahl aus; z. B.: $17:5=3\frac{2}{5}$.

2 Wieviel mal ist die kleinere Zahl in der größeren enthalten?

a) 13 in 108	b) 15 in 132	c) 17 in 101	d) 14 in 111	e) 19 in 100
14 in 83	18 in 71	16 in 110	13 in 90	17 in 103
15 in 104	17 in 51	12 in 93	18 in 143	16 in 152

3 Berechnen Sie den Preis für die Einheit:

a) 8 Stück kosten 50,40 € (72,08 €)
   5 Stück kosten 31,50 € (41,55 €)
   7 Stück kosten 49,84 € (28,21 €)
   9 Stück kosten 39,60 € (60,39 €)

b) 12 kg kosten 37,20 €
   16 kg kosten 80,48 €
   14 kg kosten 42,70 €
   15 kg kosten 91,50 €

4 Berechnen Sie den Preis für ein Paar bzw. ein Stück:

Kinderkniestrümpfe, Sortiment in 5 Farben, 5-Paar-Packung .... 8,31 €
Damenstrumpfhosen, Wollsiegel-Qualität, 3-Paar-Packung .... 10,20 €
Damenfeinstrumpfhosen, Sortiment in modischen Farbtönen,
10-Paar-Packung .... 17,89 €
Geschirrtücher, Halbleinen, 50 x 70 cm, 6-Stück-Packung .... 10,74 €
Frottierhandtücher, Baumwolle, 50 x 100 cm, 3-Stück-Packung .... 13,78 €
Frottiersaunatücher, Baumwolle, 70 x 140 cm, 4-Stück-Packung .... 30,65 €

Erklären Sie folgende Lösungswege:

0,72 : 0,9 = 7,2 : 9   0,4 : 0,8 = 4 : 8   0,24 : 1,2 = 24 : 120

> **Beachte**   Wenn der Divisor eine dezimale Zahl ist, rückt man im Divisor und Dividenden das Komma so viele Stellen nach rechts, bis der Divisor eine ganze Zahl wird.

5 Wie oft sind enthalten

a) 0,3 l in 0,6 l; 1,5 l
   0,4 l in 1,2 l; 2,8 l
b) 0,15 hl in 0,75 hl; 1,35 hl
   0,18 hl in 1,08 hl; 1,62 hl
c) 0,072 : 0,012 (: 0,024; : 0,018)
   0,128 : 0,008 (: 0,032; : 0,012)
d) 1,188 : 0,09 (: 0,270; : 0,36)
   0,112 : 0,016 (: 0,12;   : 0,08)

6 Es sollen Päckchen Tee abgewogen werden. Wie viele Päckchen erhält man

a) zu 50 g von   0,8;   1,2;   1,5;   2,1;   2,5;   2,75 kg Tee
b) zu 125 g von   0,5;   0,75; 1,25; 1,5;   2;   3,25 kg Tee?

> **Beachte** Schreiben Sie beim Dividieren nur die Zahlenreste hin.

> **Beispiele**
>
> Nicht so!   Sondern so!
> 864,57 : 23 = 37,59   864,57 : 23 = 37,59
> 69   174
> 174   135
> 161   207
> 135
> 115   *Vorteil:* Kürzer und schneller!
> 207   Keine Subtraktionsstriche!
> 207
>
> **Ermitteln Sie stets das ungefähre Ergebnis durch Überschlag.**

7 Teilen Sie:
a)   902,68 € : 46
b) 4.028,80 € : 72
c) 17.094,55 € : 109
d) 3.124,75 € : 123
e) 5.712,80 € : 348
f) 12.315,50 € : 67
g) 7.562,24 € : 112
h) 8.713,30 € : 263
i) 15.680,65 € : 83
k) 6.412,90 € : 373
l) 18.562,58 € : 47
m) 9.238,75 € : 432

> **Beachte** Ist der Divisor eine der Zahlen 2 bis 20, schreibt man weder die Subtrahenden noch die Zahlenreste hin.

> **Beispiele**
> 560 321 : 8   8 035,38 : 18   9 160,80 : 15
> = 70 040,125   = 446,41   = 610,72

Teilen Sie: a) 21.054 € : 3, 5, 9, 11   c) 6.935,78 € : 4, 6, 8, 12
                  b)   910,05 € : 7, 9, 19, 16   d) 8.912,63 € : 5, 16, 15

8

Zerlegen Sie den Teiler in Faktoren.

> **Beispiele**   866,25 : 35   (: 5 : 7) = 24,75
>   173,25
>   24,75

a) 1 936 : 56   b) 5 684,16 : 32   c) 641,34 : 45   d) 1 843,14 : 28
   1 785 : 63   640,5 : 35   3 692,40 : 96   2 726,50 : 42
   3 885 : 21   501,63 : 48   2 373,75 : 108   6 320,75 : 72

9

Teilen durch 25 und durch 125

> **Beispiele**   2 638 : 25 = 26,38 · 4   76 283 : 125 = 76,283 · 8
> Wie teilt man also eine Zahl durch 25 und 125?

a) Teilen Sie: 6 408; 70 325; 8 607,9; 736,48 durch 25 und durch 125.
b) 25 m kosten 236,10; 378,40; 1.240,25; 624,50; 871,30; 1.194,60 €.
   Wie viel € kostet 1 m?

10

Beachten Sie die Regel vor Aufgabe Nr. 5.
a)   316,8   : 0,9   b) 65,3   : 0,78   c) 756   : 0,09
   1 265,25 : 0,35   125,8   : 3,9   0,831 : 0,62
   1 050,8 : 2,78   157,059 : 18,3   532,4 : 0,84
Berechnen Sie 3 Dezimalstellen und runden Sie auf 2 Dezimalstellen.

11

Rechnen Sie:
a) 6.238,46 € : 35,65   d) 2 106,5 m : 32,75   g) 5 532,375 m³ : 32,75
b)   418,65 hl : 248   e) 8 346,25 t : 51,5   h) 7 125,625 kg : 25,75
c)   214,125 kg : 175   f)   841,75 m² : 125   i) 1.406,50 € : 35,68

12

Berechnen Sie den Preis für 1 m bzw. 1 m².

15,8 m Sisaltreppenläufer, 90 cm breit,   kosten   161,18 €   (169,49 €)
27 m Nylon-Tufting-Läufer, 90 cm breit,   kosten   205,35 €   (251,63 €)
11,2 m gewebter Veloursläufer, 120 cm breit,   kosten   311,38 €   (337,15 €)
24 m² Schlingflorteppichboden, Auslegeware,   kosten   207,42 €   (225,77 €)
33 m Flokatiteppich, Auslegeware 190 cm,   kosten   843,44 €   (934,46 €)
127,9 m Diolen-Fenster-Stores, 210 cm hoch   kosten 1.046,23 € (1.102,27 €)

13

14 Berechnen Sie den Preis für 1 kg.

a) 16,5 kg kosten   346,50 €   e) 32,125 kg kosten   138,14 €
b) 24,3 kg kosten   826,20 €   f)   9,625 kg kosten   119,35 €
c)   8,25 kg kosten 362,50 €   g)   0,475 kg kosten   2,95 €
d) 12,75 kg kosten   71,40 €   h) 16,050 kg kosten   88,28 €

15 Berechnen Sie den Preis für 1 Stück bzw. 1 m.

a) 42 Stück kosten 324,60 €   e) 29 m kosten 94,80 €
b) 31 Stück kosten 246,80 €   f) 36 m kosten 82,75 €
c) 25 Stück kosten 134,50 €   g) 28 m kosten 70,35 €
d) 54 Stück kosten 403,10 €   h) 25 m kosten 64,25 €

16 Berechnen Sie den Preis für 1 kg.

720,7 kg Columbia-Kaffee   kosten 3.006,86 €, Zoll und Steuer 4.274,46 €
299,6 kg Guatemala-Kaffee   kosten 1.265,36 €, Zoll und Steuer 1.776,92 €
691,5 kg Brasilia-Kaffee   kosten 1.359,61 €, Zoll und Steuer 5.859,79 €

17 Berechnen Sie den Einzelpreis:

$$\text{Gesamtpreis:} \quad \frac{342,60}{42} \quad \frac{246,80}{31} \quad \frac{134,50}{25} \quad \frac{403,10}{54 \text{ Stück}}; \quad \frac{94,80}{29} \quad \frac{82,75}{36} \quad \frac{70,35}{28} \quad \frac{64,25 \text{ €}}{25 \text{ m}}$$

18 85,250 kg Marmelade werden in Gläser gefüllt:

Nettoinhalt: 425 g;   450 g;   175 g;   125 g;   150 g;   62,5 g

Wie viel Gläser sind beim Abfüllen in jedem Fall notwendig?

19 Aus Spanien werden bezogen: 45 Kisten Apfelsinen zu je 30 kg brutto für netto zum Preis von 765,92 €. Bezugskosten und Zoll betragen zusammen 101,54 €. Berechnen Sie den Preis für 1 Kiste und für 1 kg.

20 Für eine Geschäftsreise nach Wien (751 km) hatte ein Geschäftsmann einen Benzinvorrat von 60 Litern. Wie viel musste er unterwegs mindestens tanken, wenn sein Fahrzeug durchschnittlich 11,4 l je 100 km verbrauchte?

21 Ein Hamburger Warenhaus hatte einen Jahresumsatz von 12.428.634,70 €. Die Kundenzahl betrug 612 532, die Zahl der Verkäuferinnen und Verkäufer 312.

a) Ermitteln Sie den durchschnittlichen Jahresumsatz eines(r) Verkäufers(in).
b) Wie viel Kunden entfallen im Durchschnitt auf eine(n) Verkäufer(in)?

22 Ein Großhändler erhält folgende Rechnung:

45 pflegeleichte Web-Tischdecken 120 cm rund   2.920,50 €
15 Damasttischdecken 130 x 160 cm   417,75 €
25 Kamelhaarreisedecken 150 x 220 cm   6.246,25 €
65 Dralonschlafdecken 150 x 200 cm   3.243,50 €

Berechnen Sie die Einkaufspreise je Stück jedes Artikels.

23 Eine Einkaufsrechnung über Obstkonserven enthält folgende Angaben:

Anzahl	Artikel	Nettogewicht/Stück	Einkaufspreis
48	¹/₁ Aprikosen	0,796 kg	60,13 €
126	½ Mirabellen	0,462 kg	78,60 €
64	¹/₁ Pfirsiche	0,910 kg	68,06 €

Berechnen Sie den Preis a) für 1 Dose b) für ½ kg jeder Sorte.

2 Rechnen mit Taschenrechner

Ohne den Einsatz eines Taschenrechners ist das kaufmännische Rechnen nicht denkbar. Sicherlich hat jeder von Ihnen bereits mit einem Taschenrechner gearbeitet und besitzt auch einen. Die Aufgaben der folgenden Kapitel sollten Sie immer dann, wenn es nötig ist, mithilfe des Taschenrechners bearbeiten. Das soll jedoch nicht heißen, dass auch die einfachsten Rechenoperationen mit dem Rechner gelöst werden sollen. Um die „grauen Zellen" zu trainieren, sollten Sie einfache Aufgaben und Überschlagsrechnungen stets im Kopf rechnen.

Auf den nächsten Seiten stellen wir Ihnen die wichtigsten Tasten des Taschenrechners und Rechenbeispiele, die Einsatzbereiche des Rechners aufzeigen, vor.

2.1 Tastatur und Funktionen

Allgemeine Tasten

Taste	Funktion
ON	Einschaltung
OFF	Ausschaltung
0 ... 9, .	Zifferneingabe, Dezimalpunkt
+, −, ×, ÷, =	Rechenbefehl, Ergebnis
AC	Gesamtlöschung
C	Löschen
+/−	Vorzeichen/Umkehr

Sondertasten

Taste	Funktion
SHIFT	Umschaltung
MODE	Betriebsart
[(...], ...)]	Klammern
EXP	Exponent
π	Kreiskonstante
°''', °'''	Sexagesimal/Dezimal-Umwandlung
X↔Y	Register-Umkehr
X↔M	Register-Umkehr
RND	Rundung für internen Wert

Speichertasten

Taste	Funktion
MR	Abruf für Speicher
Min	Eingabe für Speicher
M+	Plus-Speicher
M−	Minus-Speicher

Funktionstasten

Taste	Funktion
sin	Sinus
cos	Cosinus
tan	Tangens
sin^{-1}	Arkussinus
cos^{-1}	Arkuscosinus
tan^{-1}	Arkustangens
hyp	Hyperbelfunktion
log	Briggscher Logarithmus
10^x	Briggscher Antilogarithmus
ln	Natürlicher Logarithmus
e^x	Natürlicher Antilogarithmus
√	Quadratwurzel
x^2	Quadrieren
ENG, ENG	Technik
a b/c, d/c	Bruchrechnung
∛	Kubikwurzel
1/x	Kehrwert
x!	Fakultät
x^y	Potenzieren
$x^{1/y}$	Wurzel
R→P	Umwandlung von rechtwinkeligen in polare Koordinaten
P→R	Umwandlung von polaren in rechtwinkelige Koordinaten
%	Prozent
RAN#	Zufallszahl

2.2 Funktionsprogramme für Grundrechenarten

Bevor wir Ihnen die Lösung einiger Rechenaufgaben mithilfe des Taschenrechners vorstellen, wollen wir Sie auf wichtige Punkte aufmerksam machen, die Sie bitte bei der Arbeit mit dem Raschenrechner beachten:

- Schätzen Sie vor jeder Rechnung das richtige Ergebnis (bei einfachen Aufgaben), indem Sie eine Überschlagsrechnung im Kopf durchführen.
- Konzentrieren Sie sich bei der Eingabe der Zahlen und der jeweiligen Rechenbefehle. Eingabefehler können am Ende der Rechnung nicht nachvollzogen bzw. korrigiert werden.
- Wenn Sie einen Eingabefehler während der Rechenoperation bemerken, können Sie die letzte Eingabe mit der Taste [C] bzw. [CE] löschen und den richtigen Wert anschließend eingeben.
- Vergewissern Sie sich, dass vor jeder neuen Rechenoperation alle Werte oder Speicherinhalte gelöscht werden. Dies erreichen Sie, indem Sie zu Beginn immer die Tasten [AC] bzw. [C] bzw. [Min] drücken.

Addition und Subtraktion im Rechenwerk

110 + 270,78 − 290,31 + 50,55

Rechenprogramm		
Eingabe	Funktionen	Anzeige/Ergebnis
110	[+]	110
270.78	[−]	380.78
290.31	[+]	90.47
50.55	[=]	141.02

Addition und Subtraktion im Speicher

Das Kassenkonto eines Industriebetriebes weist für den 10. Sept. .. die nebenstehenden Einnahmen und Ausgaben aus:
Anfangsbestand: 15.000,00

	Einnahmen	Ausgaben
	350,00	512,33
	1.750,25	50,91
	288,92	3.402,30
	2.512,05	2.815,50

Rechenprogramm		
Eingabe	Funktionen	Anzeige/Ergebnis
15000	[+]	15000
350.00	[+]	15300
1750.25	[+]	17100.25
288.92	[+]	17389.17
2512.05	[=]	19901.22
	[M+]	19901.22
512.33	[+]	512.33
50.91	[+]	563.24
3402.3	[+]	3965.54
2815.5	[=]	6781.04
	[M−]	6781.04
	[MR]	13120.18

Multiplikation und Division

12.512 x 18,375

Rechenprogramm		
Eingabe	Funktionen	Anzeige/Ergebnis
12512	[x]	12512
18.375	[=]	229908

5.200 : 17,525 x 130

Rechenprogramm		
Eingabe	Funktionen	Anzeige/Ergebnis
5200	[÷]	5200
17.525	[=]	296.71897
	[x]	296.71897
130	[=]	38573.466

$$\frac{2.350 \times 17{,}5 \times 1{,}735 \times 0{,}32}{12 \times 13}$$

Rechenprogramm		
Eingabe	Funktionen	Anzeige/Ergebnis
12	[x]	12
13	[=]	156
	[M+]	156
2350	[x]	2350
17.5	[x]	41125
1.735	[x]	71351.875
.32	[=]	22832.6
	[÷]	22832.6
	[MR]	156
	[=]	146.36282

3 Rechnen mit Brüchen

3.1 Vorbereitende Übungen

Erinnern Sie sich an folgende Begriffe aus der Bruchrechnung:

Bei einem **echten Bruch** ist der Zähler kleiner als der Nenner ($\frac{1}{4}$, $\frac{5}{6}$, $\frac{3}{8}$, $\frac{4}{9}$).

Bei einem **unechten Bruch** ist der Zähler größer als der Nenner ($\frac{5}{4}$, $\frac{7}{6}$, $\frac{11}{8}$, $\frac{14}{9}$).

Eine **gemischte Zahl** besteht aus einer ganzen Zahl und einem Bruch ($3\frac{1}{4}$, $4\frac{5}{6}$).

Bei **gleichnamigen Brüchen** sind die Nenner gleich ($\frac{3}{8}$, $\frac{5}{8}$, $\frac{7}{8}$).

Bei **ungleichnamigen Brüchen** sind die Nenner verschieden ($\frac{2}{3}$, $\frac{3}{4}$, $\frac{5}{8}$).

Erweitern bedeutet, Zähler und Nenner mit derselben Zahl multiplizieren.

$$\left(\frac{2}{3} = \frac{6}{9}, \frac{4}{5} = \frac{8}{10}\right)$$

Kürzen bedeutet, Zähler und Nenner durch dieselbe Zahl teilen.

$$\left(\frac{6}{9} = \frac{2}{3}, \frac{8}{10} = \frac{4}{5}\right)$$

1 Ordnen Sie die folgenden Brüche der Größe nach:
$\frac{1}{8}$, $\frac{1}{5}$, $\frac{1}{2}$, $\frac{1}{16}$, $\frac{1}{10}$, $\frac{3}{8}$, $\frac{1}{4}$, $\frac{3}{5}$, $\frac{1}{7}$, $\frac{1}{12}$, $\frac{1}{9}$.

2 Verwandeln Sie die folgenden unechten Brüche in gemischte Zahlen:
$\frac{5}{4}$, $\frac{9}{6}$, $\frac{10}{8}$, $\frac{13}{10}$, $\frac{27}{20}$, $\frac{86}{15}$, $\frac{105}{12}$, $\frac{42}{9}$, $\frac{115}{16}$.

3 Verwandeln Sie die gemischten Zahlen in unechte Brüche:
$3\frac{3}{4}$, $8\frac{4}{5}$, $7\frac{9}{10}$, $12\frac{5}{6}$, $1\frac{7}{8}$, $5\frac{5}{9}$.

4 Machen Sie gleichnamig:

a) $\frac{1}{3}$ und $\frac{5}{6}$ b) $\frac{2}{3}$ und $\frac{3}{4}$ c) $\frac{11}{12}$ und $\frac{7}{8}$ d) $\frac{2}{3}$, $\frac{3}{4}$ und $\frac{5}{6}$

$\frac{7}{12}$ und $\frac{3}{4}$ $\frac{4}{5}$ und $\frac{3}{4}$ $\frac{5}{6}$ und $\frac{5}{9}$ $\frac{4}{5}$, $\frac{7}{10}$ und $\frac{2}{3}$

$\frac{17}{20}$ und $\frac{4}{5}$ $\frac{5}{6}$ und $\frac{4}{5}$ $\frac{5}{8}$ und $\frac{5}{6}$ $\frac{5}{9}$, $\frac{7}{12}$ und $\frac{11}{18}$

5 a) Erweitern Sie $\frac{3}{4}$, $\frac{4}{5}$, $\frac{3}{10}$, $\frac{4}{9}$, $\frac{3}{8}$ mit 2, 3, 4, 5, 10, 12, 15, 18, 20 und vergleichen Sie die erweiterten Brüche mit den ursprünglichen.

b) $\frac{1}{2}$, $\frac{1}{4}$, $\frac{3}{5}$, $\frac{3}{10}$, $\frac{7}{10}$, $\frac{3}{20}$, $\frac{9}{20}$, $\frac{17}{20}$, $\frac{7}{25}$, $\frac{8}{25}$, $\frac{21}{25}$, $\frac{19}{50}$ = ? 100stel

c) $\frac{1}{2}$, $\frac{1}{4}$, $\frac{3}{4}$, $\frac{1}{8}$, $\frac{5}{8}$, $\frac{9}{10}$, $\frac{7}{20}$, $\frac{12}{25}$, $\frac{27}{50}$, $\frac{43}{100}$, $\frac{11}{125}$ = ? 1 000stel

6 Kürzen Sie:
$\frac{4}{16}$, $\frac{20}{25}$, $\frac{8}{10}$, $\frac{24}{36}$, $\frac{27}{45}$, $\frac{36}{144}$, $\frac{48}{100}$, $\frac{16}{72}$, $\frac{32}{120}$, $\frac{63}{70}$, $\frac{21}{119}$, $\frac{48}{90}$, $\frac{33}{121}$.

Merke   Durch Erweitern und Kürzen ändert sich der Wert eines Bruches nicht.

3.2 Addition von Brüchen

Beispiel: $\frac{2}{7} + \frac{3}{7} = \frac{5}{7}$

Merke: Gleichnamige Brüche werden addiert, indem man ihre Zähler addiert und den Nenner beibehält.

Beispiel: $\frac{2}{5} + \frac{3}{7} = \frac{14}{35} + \frac{15}{35} = \frac{29}{35}$

Merke: Ungleichnamige Brüche werden erst gleichnamig gemacht, d. h. auf den Hauptnenner gebracht, und dann wie gleichnamige Brüche addiert.

Beispiel: $4\frac{1}{5} + 3\frac{3}{5} = 7\frac{4}{5}$; $5\frac{1}{4} + 4\frac{2}{5} = 5\frac{5}{20} + 4\frac{8}{20} = 9\frac{13}{20}$

Merke: Gemischte Zahlen werden addiert, indem man erst die ganzen Zahlen addiert und dann die Brüche.

1 Addieren Sie:
a) $\frac{1}{2} + \frac{1}{3}$ b) $\frac{1}{2} + \frac{2}{3}$ c) $\frac{1}{2} + \frac{3}{4}$ d) $\frac{1}{3} + \frac{3}{4}$
   $\frac{2}{3} + \frac{3}{5}$ $\frac{1}{4} + \frac{4}{5}$ $\frac{3}{4} + \frac{2}{3}$ $\frac{3}{5} + \frac{1}{6}$
   $\frac{4}{5} + \frac{5}{6}$ $\frac{1}{10} + \frac{3}{5}$ $\frac{2}{5} + \frac{7}{10}$ $3\frac{1}{4} + 2\frac{3}{4}$
   $2\frac{3}{5} + 4\frac{4}{5}$ $1\frac{1}{2} + 4\frac{1}{4}$ $4\frac{2}{3} + 3\frac{1}{4}$ $1\frac{3}{4} + 4\frac{2}{5}$

2 Addieren Sie:
a) $76\frac{1}{2}$ kg   b) $24\frac{3}{4}$ l   c) $6\frac{1}{3}$ m²   d) $5\frac{1}{2}$ m³
   18 kg $12\frac{1}{2}$ l $2\frac{3}{4}$ m² $8\frac{3}{4}$ m³
   12 kg $8\frac{3}{4}$ l $7\frac{1}{2}$ m² $4\frac{1}{2}$ m³
   $6\frac{1}{2}$ kg 7 l $6\frac{2}{3}$ m² $7\frac{1}{4}$ m³
   $4\frac{1}{2}$ kg $5\frac{1}{2}$ l 4 m² 4 m³
   $7\frac{1}{2}$ kg $3\frac{1}{4}$ l $9\frac{1}{3}$ m² 12 m³
   $5\frac{1}{2}$ kg $11\frac{3}{4}$ l $2\frac{1}{4}$ m² $6\frac{3}{4}$ m³

3
a) $3\frac{1}{5}$ m + $1\frac{2}{5}$ m + 6 m + $\frac{4}{5}$ m + $2\frac{2}{5}$ m + $3\frac{4}{5}$ m + 8 m
b) $12\frac{1}{3}$ km + 4 km + $3\frac{3}{4}$ km + $2\frac{2}{3}$ km + 3 km + $4\frac{1}{2}$ km

4 Berechnen Sie die verkaufte Menge folgender Artikel:
a) Gardinen: $4\frac{1}{2}$ m, $7\frac{1}{3}$ m, $12\frac{1}{5}$ m, $8\frac{1}{4}$ m, $13\frac{2}{5}$ m, $18\frac{2}{3}$ m
b) Stores: $12\frac{2}{3}$ m, $18\frac{1}{5}$ m, $22\frac{1}{2}$ m, $17\frac{3}{4}$ m, $12\frac{1}{4}$ m, $16\frac{1}{3}$ m
c) Fußbodenbelag: $30\frac{1}{2}$ m², $45\frac{1}{3}$ m², $42\frac{3}{4}$ m², $48\frac{1}{4}$ m², $36\frac{2}{3}$ m²
d) Teppichboden: $22\frac{3}{4}$ m², $29\frac{2}{3}$ m², $35\frac{1}{2}$ m², $39\frac{1}{3}$ m², $42\frac{1}{4}$ m²

3.3 Subtraktion von Brüchen

Beispiel: $4/5 - 1/5 = 3/5$.

Merke: Gleichnamige Brüche werden subtrahiert, indem man ihre Zähler subtrahiert und den Nenner beibehält.

Beispiel: $3/4 - 2/5 = 15/20 - 8/20 = 7/20$.

Merke: Ungleichnamige Brüche werden erst gleichnamig gemacht und dann wie geichnamige Brüche subtrahiert.

Beispiel: $5\,3/5 - 2\,1/3 = 5\,9/15 - 2\,5/15 = 3\,4/15$.

Merke: Gemischte Zahlen werden subtrahiert, indem man erst die ganzen Zahlen subtrahiert und dann die Brüche.

1 Subtrahieren Sie:

a) $5/6 - 1/6$
   $7/8 - 3/8$
   $1/2 - 1/3$
   $3/4 - 1/5$

b) $4/5 - 3/4$
   $4\,4/5 - 1\,3/5$
   $3\,2/3 - 2\,1/4$
   $6 - 2\,2/5$

c) $1/2$ m $- 1/4$ m
   $3/4$ kg $- 2/3$ kg
   $3\,2/3$ l $- 2\,1/2$ l
   $5\,3/4$ km $- 3\,1/3$ km

d) 8 m³ $- 3\,3/4$ m³
   $9\,1/4$ l $- 3\,1/2$ l
   $10\,1/2$ m $- 8\,1/4$ m
   $20\,3/4$ g $- 10\,1/4$ g

2 Ermitteln Sie den Restbestand:

Vorrat: a) 76 kg   b) $42\,1/2$ kg   c) $28\,1/2$ kg   d) $32\,1/4$ kg
Verkauf: $38\,1/2$ kg $18\,1/4$ kg $19\,3/4$ kg $28\,3/4$ kg

3 Ermitteln Sie die verkaufte Menge:

Bestand: a) $18\,1/2$ m²   b) 30 m²   c) $21\,1/3$ m²   d) $43\,1/4$ m²
Rest: $4\,1/3$ m² $3\,2/3$ m² $6\,1/2$ m² $8\,2/3$ m²

4

	a	b	c	d	e
Brutto:	$65\,3/8$ kg	$27\,3/8$ kg	?	$74\,3/20$ kg	$2\,3/4$ kg
Tara:	$3\,5/8$ kg	?	$5\,9/10$ kg	$4\,5/8$ kg	?
Netto:	?	$24\,7/10$ kg	$97\,3/4$ kg	?	$2\,7/25$ kg

5 Von $57\,1/2$ m Stoff wurden verkauft: $6\,1/4$ m, $8\,1/10$ m, $2\,3/5$ m, $7\,1/2$ m, $12\,3/4$ m, $3\,2/5$ m, $5\,3/10$ m und $4\,9/20$ m. Wie viel m sind noch am Lager?

3.4 Multiplikation von Brüchen

Beispiel $5 \cdot \frac{4}{9} = \frac{20}{9} = 2\frac{2}{9}$.

Merke Ein Bruch wird mit einer ganzen Zahl multipliziert, indem man den Zähler mit der ganzen Zahl multipliziert und den Nenner beibehält.

Beispiel $3 \cdot 4\frac{1}{5} = 12\frac{3}{5}$.

Merke Eine gemischte Zahl wird mit einer ganzen Zahl multipliziert, indem man erst die ganzen Zahlen miteinander und dann den Zähler des Bruches mit der ganzen Zahl multipliziert.

Beispiel $\frac{1}{2} \cdot \frac{2}{3} = \frac{2}{6} = \frac{1}{3}$.

Merke Ein Bruch wird mit einem Bruch multipliziert, indem man Zähler mit Zähler und Nenner mit Nenner multipliziert.

Beispiel $3\frac{1}{2} \cdot 2\frac{2}{3} = \frac{7}{2} \cdot \frac{8}{3} = \frac{56}{6} = 9\frac{2}{6} = 9\frac{1}{3}$.

Merke Gemischte Zahlen werden miteinander multipliziert, indem man die gemischten Zahlen in unechte Brüche verwandelt und dann multipliziert.

Üben Sie:

a) $5 \cdot \frac{3}{4}$ b) $\frac{2}{3} \cdot 4$ c) $6 \cdot \frac{3}{5}$ d) $\frac{5}{6} \cdot 3$ e) $\frac{3}{10} \cdot 4$ f) $5 \cdot \frac{7}{10}$

a) $2\frac{1}{3} \cdot 6$ b) $5 \cdot 3\frac{3}{4}$ c) $4 \cdot 2\frac{2}{3}$ d) $4\frac{1}{4} \cdot 6$ e) $5 \cdot 5\frac{2}{3}$
$\frac{7}{10} \cdot \frac{3}{5}$ $\frac{2}{5} \cdot \frac{5}{10}$ $4\frac{1}{3} \cdot 3\frac{3}{4}$ $2\frac{1}{5} \cdot 2\frac{2}{3}$ $3\frac{1}{4} \cdot 2\frac{2}{5}$
$5\frac{3}{4} \cdot 1\frac{2}{3}$ $1\frac{3}{4} \cdot 1\frac{4}{5}$ $4\frac{3}{5} \cdot 5\frac{1}{10}$ $1\frac{2}{3} \cdot 4\frac{3}{5}$ $\frac{3}{4} \cdot 4\frac{2}{3}$

Berechnen Sie den Preis für:

a) $6\frac{1}{2}$ m² zu je 18,00 € b) $5\frac{3}{4}$ kg zu je 4,00 €
   $9\frac{1}{3}$ m² zu je 16,50 € $3\frac{1}{8}$ kg zu je 5,60 €
   $7\frac{1}{4}$ m² zu je 13,80 € $4\frac{3}{8}$ kg zu je 4,80 €
   $4\frac{3}{4}$ m² zu je 16,20 € $2\frac{1}{3}$ kg zu je 6,90 €

1 m Leiste kostet $6\frac{1}{4}$ €.
Wie viel kosten $2\frac{1}{2}$ m, $12\frac{1}{2}$ m, $15\frac{3}{4}$ m, $8\frac{3}{10}$ m, $5\frac{2}{5}$ m, $\frac{7}{10}$ m?

5 Eine Flüssigkeit soll in Flaschen abgefüllt werden, und zwar:
in 27 Flaschen zu $\frac{1}{10}$ l, in 42 Flaschen zu $\frac{1}{4}$ l und in 31 Flaschen zu $\frac{3}{4}$ l.
Wie viel Liter braucht man und was kostet eine Flasche, wenn 1 Liter 2,40 € kostet und jede Flasche mit 0,20 € berechnet wird?

6 In den folgenden Übungen ist erst zu multiplizieren, dann nach den Regeln der Addition von Brüchen zu addieren und schließlich das Ergebnis in eine gemischte Zahl zu verwandeln.
a) $\frac{2}{3} \cdot 6 + \frac{5}{6} \cdot 7 + \frac{1}{3} \cdot 8 + \frac{5}{12} \cdot 4 + \frac{3}{4} \cdot 8 + \frac{1}{12} \cdot 7$
b) $\frac{5}{4} \cdot 3 + \frac{9}{7} \cdot 8 + \frac{33}{28} \cdot 5 + \frac{15}{4} \cdot 3 + \frac{7}{4} \cdot 5 + \frac{20}{7} \cdot 5$
b) $4\frac{1}{2} \cdot 3 + 7\frac{1}{3} \cdot 5 + 2\frac{1}{3} \cdot 4 + 5\frac{1}{2} \cdot 8 + 7\frac{2}{3} \cdot 9 + 4\frac{1}{2} \cdot 3$

7 Multiplizieren Sie. Wenn das Ergebnis ein echter Bruch ist, kürzen Sie, wenn es ein unechter Bruch ist, verwandeln Sie es in eine gemischte Zahl.

a) $\frac{3}{4} \cdot \frac{8}{9}$
$\frac{4}{5} \cdot \frac{5}{9}$
$\frac{5}{6} \cdot \frac{6}{7}$
$\frac{3}{10} \cdot \frac{3}{4}$

b) $4\frac{1}{5} \cdot \frac{8}{9}$
$12\frac{1}{2} \cdot \frac{8}{15}$
$15\frac{3}{4} \cdot \frac{4}{7}$
$7\frac{1}{9} \cdot \frac{15}{16}$

c) $3\frac{3}{4} \cdot 6\frac{3}{4}$
$5\frac{3}{8} \cdot 6\frac{2}{3}$
$6\frac{1}{4} \cdot 7\frac{3}{5}$
$8\frac{3}{4} \cdot 6\frac{2}{5}$

d) $\frac{7}{10} \cdot \frac{3}{5}$
$\frac{2}{3} \cdot \frac{9}{10}$
$\frac{3}{4} \cdot \frac{8}{25}$
$17\frac{1}{2} \cdot 16\frac{4}{5}$

8 In den folgenden Übungen ist erst zu multiplizieren, dann nach den Regeln der Subtraktion von Brüchen zu subtrahieren. Negative Ergebnisse sind durch ein negatives Vorzeichen zu kennzeichnen:
a) $\frac{4}{5} \cdot 8 - \frac{2}{5} \cdot 3$
d) $4\frac{1}{2} \cdot 5 - 2\frac{1}{3} \cdot 4$
g) $\frac{3}{4} \cdot \frac{1}{3} - \frac{1}{6} \cdot \frac{2}{3}$
b) $6 \cdot \frac{5}{8} - 3 \cdot \frac{1}{8}$
e) $6\frac{1}{5} \cdot 7 - 4\frac{2}{3} \cdot 5$
g) $\frac{7}{6} \cdot \frac{2}{3} - \frac{1}{6} \cdot \frac{5}{3}$
b) $7 \cdot \frac{3}{4} - 5 \cdot \frac{1}{4}$
f) $5\frac{1}{8} \cdot 2 - 2\frac{1}{4} \cdot 3$
g) $\frac{4}{7} \cdot \frac{2}{5} - \frac{12}{5} \cdot \frac{3}{7}$

9 Fassen Sie zusammen (**erst multiplizieren, dann addieren** bzw. **subtrahieren**):
a) $5\frac{1}{9} \cdot 6\frac{1}{2} - 12\frac{1}{6} \cdot 1\frac{2}{3} + 7\frac{2}{3} \cdot 4\frac{3}{4} - 2\frac{1}{4} \cdot 8\frac{1}{3}$
b) $12\frac{2}{3} \cdot 7\frac{3}{4} + 4\frac{5}{6} \cdot 3\frac{3}{4} - 8\frac{1}{3} \cdot 5\frac{3}{8} - 3\frac{1}{8} \cdot 5\frac{2}{3}$
c) $7\frac{3}{4} \cdot 3\frac{2}{3} - 18\frac{1}{5} \cdot 2\frac{1}{2} - 5\frac{2}{5} \cdot 3\frac{1}{5} + 15\frac{1}{2} \cdot 2\frac{1}{5}$

Merke	Produkte werden addiert bzw. subtrahiert, indem man zuerst die Produktion ausrechnet und dann die Ergebnisse miteinander addiert bzw. voneinander subtrahiert. Die höhere Rechenart hat Vorrang vor der niedrigen, „Punktrechnung" geht vor „Strichrechnung"!

10 Berechnen Sie:
a) $\frac{3}{5} \cdot \frac{7}{8} - 4\frac{1}{8} \cdot 2\frac{2}{5} + \frac{27}{8} \cdot \frac{12}{5} + 4\frac{1}{8} \cdot 12\frac{2}{5} - \frac{3}{5} \cdot 7$
b) $\frac{3}{4} \cdot \frac{1}{6} + 3\frac{1}{3} \cdot 4\frac{7}{8} - \frac{22}{8} \cdot \frac{13}{3} + 5\frac{1}{3} \cdot 15\frac{3}{8} - \frac{2}{3} \cdot 9$
c) $4\frac{1}{6} \cdot 2\frac{1}{3} - \frac{3}{5} \cdot \frac{1}{7} + 1\frac{3}{4} \cdot 2\frac{1}{5} + \frac{12}{5} \cdot \frac{2}{7} - \frac{1}{6} \cdot \frac{17}{3}$
d) $\frac{22}{5} \cdot \frac{11}{2} + 3\frac{1}{3} \cdot 7\frac{1}{2} - \frac{12}{5} \cdot \frac{11}{3} + \frac{1}{2} \cdot \frac{1}{6} - 4\frac{1}{2} \cdot 3\frac{2}{3}$
e) $\frac{15}{2} \cdot \frac{21}{6} - 2\frac{1}{2} \cdot 4\frac{2}{5} + \frac{1}{3} \cdot \frac{2}{5} - \frac{13}{2} \cdot 2\frac{1}{2} + 6\frac{1}{2} \cdot \frac{14}{5}$
f) $\frac{17}{3} \cdot 1\frac{1}{5} + \frac{2}{5} \cdot \frac{7}{2} - 4\frac{2}{9} \cdot \frac{3}{5} \cdot 2\frac{1}{2} + \frac{14}{3} \cdot \frac{2}{5} \cdot 4\frac{1}{5}$
g) $5\frac{2}{3} \cdot 1\frac{1}{2} \cdot 4\frac{1}{5} \cdot \frac{17}{3} \cdot \frac{8}{3} - 2\frac{1}{5} \cdot \frac{5}{2} \cdot 3\frac{1}{2} \cdot \frac{2}{3} \cdot \frac{1}{7}$

3.5 Division von Brüchen

Beispiel: $2/3 : 4 = 2/12 = 1/6$.

Merke: Ein Bruch wird durch eine ganze Zahl dividiert, indem man den Nenner mit der ganzen Zahl multipliziert und den Zähler beibehält.

Beispiel: $3\frac{1}{2} : 5 = 7/2 : 5 = 7/10$.

Merke: Eine gemischte Zahl wird durch eine ganze Zahl dividiert, indem man die gemischte Zahl in einen unechten Bruch verwandelt und dann dividiert.

Beispiel: $4 : 2/3 = 4 \cdot \frac{3}{2} = 6$ ($2/3$ ist in 4 genau 6-mal enthalten)

Merke: Eine ganze Zahl wird durch einen Bruch dividiert, indem man den Bruch umkehrt und dann multipliziert.

Beispiel: $7 : 2\frac{1}{3} = 7 : 7/3 = 7 \cdot \frac{3}{7} = 3$.

Merke: Eine ganze Zahl wird durch eine gemischte Zahl dividiert, indem man die gemischte Zahl in einen unechten Bruch verwandelt und dann die ganze Zahl mit dem umgekehrten Bruch multipliziert.

Beispiel: $5/10 : 5/8 = \frac{5}{10} \cdot \frac{8}{5} = 8/10 = 4/5$.

Merke: Ein Bruch wird durch einen Bruch dividiert, indem man den zweiten Bruch umkehrt und dann multipliziert.

Beispiel: $4\frac{1}{6} : 1\frac{2}{3} = 25/6 : 5/3 = \frac{25}{6} \cdot \frac{3}{5} = \frac{5}{2} = 2\frac{1}{2}$.

Merke: Eine gemischte Zahl wird durch eine gemischte Zahl dividiert, indem man die gemischten Zahlen in unechte Brüche verwandelt und dann dividiert.

1 Üben Sie:

$3/8 : 2$ $5/6 : 3$ $3/4 : 4$ $3 : 1/4$ $4 : 1/5$
$6 : 2/3$ $5 : 2\tfrac{1}{2}$ $4 : 1\tfrac{1}{3}$ $6 : 1\tfrac{2}{3}$ $4\tfrac{1}{2} : 2$

2
$5/6 : 2/3$ $7/8 : 1/4$ $6/9 : 2/3$ $5/10 : 3/5$ $3/4 : 3/4$
$4\tfrac{3}{4} : 1\tfrac{1}{4}$ $3\tfrac{2}{3} : 1\tfrac{1}{3}$ $6\tfrac{5}{8} : 2\tfrac{3}{4}$ $4\tfrac{1}{4} : 1\tfrac{3}{4}$ $10\tfrac{1}{2} : 1\tfrac{2}{3}$

3 Berechnen Sie den Preis pro m²:
a) $16\tfrac{4}{5}$ m² PVC-Wandbelag   94,79 € (100,60 €)
b) $45\tfrac{2}{3}$ m² Dekorwandplatten   441,30 € (408,32 €)
c) $38\tfrac{1}{4}$ m² Styropordeckenplatten   95,82 € (98,93 €)

4
a) Wie viel ¾-l-Flaschen können aus $215\tfrac{1}{2}$ l Wein abgefüllt werden?
b) Wie viel ⅛-kg-Teepäckchen kann man aus $124\tfrac{1}{2}$ kg herstellen?
c) Wie viel Anzüge zu je $3\tfrac{1}{4}$ m Stoff kann man aus $32\tfrac{1}{2}$ m herstellen?

5 Teilen Sie:

a) $5/8 : 3$ b) $5\tfrac{1}{6} : 7$ c) $36\tfrac{3}{4} : 5$ d) $4\tfrac{4}{5} : 16$
$7/10 : 2$ $4\tfrac{1}{3} : 6$ $66\tfrac{5}{8} : 9$ $59\tfrac{4}{5} : 8$
$5/9 : 4$ $8\tfrac{3}{4} : 9$ $18\tfrac{1}{4} : 12$ $12\tfrac{1}{6} : 9$

6 Teilen Sie, indem Sie mit dem Kehrwert des Teilers multiplizieren.

a) $3/4 : 2/3$ b) $9 : 5/6$ c) $7 : 2\tfrac{1}{2}$ d) $3\tfrac{1}{2} : 1\tfrac{2}{5}$
$10\tfrac{1}{2} : 1\tfrac{2}{3}$ $5/6 : 2/3$ $7/8 : 1/4$ $4 : 2/5$
$3\tfrac{3}{4} : 3\tfrac{1}{3}$ $3/4 : 4/9$ $3/8 : 9/10$ $5/10 : 3/4$
$10\tfrac{1}{2} : 1\tfrac{3}{4}$ $6 : 2\tfrac{1}{2}$ $9 : 1\tfrac{2}{3}$ $7/8 : 2/3$
$25 : 2\tfrac{1}{4}$ $5\tfrac{1}{2} : 2\tfrac{1}{5}$ $7/8 : 1\tfrac{7}{8}$ $2\tfrac{5}{6} : 1\tfrac{3}{4}$

7 Berechnen Sie den Preis für die Einheit:
a) $5\tfrac{3}{4}$ kg zu 4,00 €   c) $3\tfrac{1}{8}$ kg zu 5,60 €   e) $6\tfrac{3}{10}$ m³ zu 87,56 €
b) $4\tfrac{3}{8}$ kg zu 4,80 €   d) $2\tfrac{1}{3}$ kg zu 6,90 €   f) $1\tfrac{2}{3}$ m³ zu 36,35 €

8 36 l Wein (42 l, $76\tfrac{1}{2}$ l) zu 3,60 € je l sollen in ¾-l-Flaschen abgefüllt werden. Berechnen Sie die Anzahl der Flaschen und den Preis je Flasche.

9 Tee soll in Päckchen zu je ⅛ kg (1/20 kg) verkauft werden. Wie viel Päckchen erhält man aus:
a) $41\tfrac{1}{4}$ kg, b) $63\tfrac{5}{8}$ kg, c) $72\tfrac{1}{8}$ kg?

10 586 l Sherry werden in 7/10-l-(¾-l-)Flaschen abgefüllt. 50 l kosten im Einkauf 45,50 €; die Bezugskosten betragen 1/12 des Einkaufspreises. Berechnen Sie die Anzahl der Flaschen und den Preis für 1 Flasche.

11 Ein Gastwirt kauft 2 Fässer mit $51\tfrac{3}{5}$ l und $49\tfrac{2}{3}$ l Exportbier. Der Schankverlust beträgt 1/16. Wie viel Gläser zu a) 3/10 l, b) 1/5 l kann er zapfen? Wie groß ist der Rest in jedem der beiden Fässer?

12 Ein Fass Weinessig mit $50\tfrac{3}{4}$ l kostet 21,09 €. Die Bezugskosten betragen 1/12 des Preises. Berechnen Sie den Verkaufspreis für die ¾-l-Flasche, wenn für allgemeine Geschäftskosten 1/7 des Bezugspreises und anschließend ⅛ für Gewinn aufgeschlagen werden.

13 10 000 l Rheinwein (in Halbstückfässern) kosten lt. Rechnung 26.200,00 €. Die Frachtkosten betragen 178,00 €. Der Wein wird in 7/10-l-Flaschen abgefüllt. Für Füllkosten werden 0,35 € je Flasche gerechnet. Ermitteln Sie den Bezugspreis für 1 Flasche.

3.6 Dezimalbrüche in Verbindung mit gemeinen Brüchen

1 Geben Sie als Dezimalbrüche an:
a) als Zehntel: $\frac{1}{2}, \frac{1}{5}, \frac{3}{5}, \frac{4}{5}$;
b) als Hundertstel: $\frac{1}{4}, \frac{3}{4}, \frac{1}{5}, \frac{3}{5}, \frac{1}{20}, \frac{13}{20}, \frac{1}{25}, \frac{7}{25}, \frac{21}{25}, \frac{1}{50}, \frac{29}{50}$;
c) als Tausendstel: $\frac{1}{8}, \frac{7}{8}, \frac{1}{40}, \frac{9}{40}, \frac{1}{125}, \frac{11}{125}, \frac{1}{200}, \frac{17}{200}, \frac{1}{250}, \frac{19}{250}$.

2 Geben Sie als gemeine Brüche an und kürzen Sie, soweit es geht:
a) 0,5;   0,2;   0,4;   0,6;   0,8;   (z. B. $0{,}5 = \frac{5}{10} = \frac{1}{2}$)
b) 0,40;   0,55;   0,25;   0,75;   0,48;   0,15;   0,06;   0,56;   0,88;   0,96
c) 0,005;   0,875;   0,125;   0,625;   0,075;   0,015;   0,375;   0,848;   0,006;   0,355

3 Drücken Sie als Dezimalbrüche aus:
a) $\frac{4}{5}, \frac{5}{8}, \frac{7}{10}, \frac{15}{16}, \frac{17}{20}, \frac{19}{25}, \frac{29}{40}, \frac{67}{60}, \frac{5}{9}, \frac{7}{11}, \frac{8}{15}, \frac{21}{50}, \frac{16}{75}$
b) $\frac{1}{3}, \frac{2}{3}, \frac{1}{9}, \frac{2}{9}, \frac{7}{9}, \frac{5}{6}, \frac{14}{15}, \frac{5}{24}, \frac{1}{30}, \frac{33}{75}, \frac{11}{100}, \frac{23}{30}, \frac{6}{7}$

4 Verwandeln Sie in Dezimalbrüche (Teilen Sie bis zur üblichen Stellenzahl.):
a) $2\frac{5}{6}$ €; $7\frac{1}{9}$ m; $8\frac{5}{11}$ €; $3\frac{7}{15}$ hl; $9\frac{3}{10}$ hl; $6\frac{7}{8}$ m²
b) $3\frac{14}{15}$ kg; $9\frac{1}{6}$ t; $5\frac{2}{3}$ km; $8\frac{7}{18}$ ha; $4\frac{3}{7}$ a; $6\frac{5}{9}$ €

5 Prüfen Sie bei den folgenden Aufgaben, ob und welche Verwandlung eines Bruches vorteilhaft ist.

a)	b)	c)	d)
$\frac{1}{2} + 0{,}3$	$\frac{2}{5} - 0{,}3$	$0{,}6 \cdot \frac{1}{2}$	$0{,}2 : \frac{1}{2}$
$\frac{3}{5} + 0{,}7$	$2\frac{1}{2} - 0{,}2$	$1{,}2 \cdot \frac{3}{4}$	$0{,}8 : \frac{2}{3}$
$\frac{1}{4} + 0{,}4$	$3\frac{4}{5} - 0{,}7$	$4{,}8 \cdot \frac{5}{6}$	$5{,}6 : \frac{1}{9}$
$\frac{3}{4} + 0{,}6$	$6\frac{1}{4} - 1{,}02$	$3{,}6 \cdot \frac{5}{9}$	$7{,}5 : \frac{3}{4}$
$0{,}6 + \frac{1}{2}$	$8{,}4 - 1\frac{1}{2}$	$\frac{1}{2} \cdot 2{,}5$	$4{,}8 : 1\frac{3}{5}$
$3{,}2 + \frac{4}{5}$	$9{,}02 - 2\frac{4}{5}$	$\frac{3}{4} \cdot 6{,}2$	$9{,}6 : 2\frac{2}{3}$
$7{,}8 + \frac{3}{4}$	$7{,}8 - \frac{3}{4}$	$\frac{3}{5} \cdot 1{,}8$	$7{,}5 : 3\frac{1}{8}$
$2{,}5 + \frac{3}{5}$	$6{,}35 - 2\frac{3}{5}$	$2\frac{3}{4} \cdot 7{,}2$	$12{,}8 : 3\frac{1}{5}$

6 Von einem Vorrat von 45 kg werden verkauft: 550 g, 725 g, 3,250 kg, $3\frac{1}{2}$ kg, 5,125 kg. Wie viel kg bleiben übrig?

7 Am Lager waren 329,75 m Kabel. Davon wurden verkauft: 65,50 m, $118\frac{1}{3}$ m, $28\frac{1}{4}$ m, $35\frac{2}{3}$ m, $21\frac{1}{5}$ m. Wie viel m sind noch am Lager?

8 $2\frac{2}{5}$ l Holzschutzmittel, farblos, kosten 40,80 €. Wie viel kostet 1 Liter?

9 Aus einer Zapfstelle, die mit 5 000 l bleifreiem Superbenzin gefüllt wurde, werden Firmenfahrzeuge mit 48,25 l, $33\frac{1}{2}$ l, 40,40 l, $43\frac{3}{4}$ l, 36,72 l und $49\frac{2}{3}$ l betankt. Wie viel l sind noch im Tank der Zapfstelle?

4 Durchschnitts- und Mischungsrechnung

4.1 Berechnen des Durchschnittswertes
4.1.1 Einfacher Durchschnitt

Beispiel

In einem Geschäft sind 6 Verkäuferinnen beschäftigt, von denen jede in einer Woche folgende Umsätze erzielte:

A = 2.298,00 €   B = 3.122,00 €   C = 4.314,00 €
D = 2.520,00 €   E = 1.990,00 €   F = 5.280,00 €

Wie hoch war der durchschnittliche Umsatz?

Lösung

2.298 + 3.122 + 4.314 + 2.520 + 1.990 + 5.280 = 19.524;
19.524 : 6 = 3.254,00 €

Merke

einfacher Durchschnitt = $\dfrac{\text{Summe der Werte}}{\text{Anzahl der Werte}}$

1
4 Kaffeesorten werden zu gleichen Teilen miteinander gemischt. Berechnen Sie den Durchschnittspreis je kg bei folgenden Sortenpreisen:
A: 15,37 €; B: 16,39 €; C: 4,50 €; D: 2,51 € je ½ kg

2
Die Preise für ½ kg Spargel schwanken im Laufe einer Woche.
Montag   ½ kg = 2,35 €   Donnerstag   ½ kg = 2,05 €
Dienstag   ½ kg = 2,15 €   Freitag   ½ kg = 2,25 €
Mittwoch   ½ kg = 2,10 €   Samstag   ½ kg = 2,60 €
Berechnen Sie den durchschnittlichen Preis für ½ kg.

3
Die Kostensätze eines Industriebetriebes waren in den letzten 5 Jahren:
$8\tfrac{1}{3}$ %, $12\tfrac{1}{2}$ %, $11\tfrac{2}{5}$ %, $14\tfrac{1}{4}$ % und $10\tfrac{2}{3}$ %. Mit welchem durchschnittlichen Kostensatz hat der Betrieb in dieser Zeit kalkuliert?

4
In einem Textilgeschäft betrug die Zahl der bedienten Kunden am:
Montag   68   Mittwoch   91   Freitag   137
Dienstag   85   Donnerstag 126   Sonnabend   156
Wie viel Kunden wurden demnach im Durchschnitt täglich bedient?

4.1.2 „Gewogener" Durchschnitt

Beispiel

Zur Vereinfachung des Verkaufs werden für den bevorstehenden Schlussverkauf Kinder-T-Shirts zum Durchschnittspreis ausgezeichnet. Es handelt sich um folgende Restposten: 15 Stück zu 10,20 €, 25 Stück zu 7,08 € und 38 Stück zu 8,05 €.

Lösung

15 Stück zu 10,20 €	= 15 · 10,20	= 153,00 €
25 Stück zu 7,08 €	= 25 · 7,08	= 177,00 €
38 Stück zu 8,05 €	= 38 · 8,05	= 305,90 €
78 Stück		= 635,90 €

1 Stück = 635,90 : 78 = **8,15**

Die Kinder-T-Shirts werden also zum Durchschnittspreis von 8,15 € ausgezeichnet.

Merke

gewogener Durchschnitt = $\dfrac{\text{Summe der Einzelwerte}}{\text{Anzahl der Einzelwerte}}$

---

1 Berechnen Sie den Durchschnittspreis, wenn gemischt werden:
a) 1 l zu je 0,70 € mit 2 l zu je 1,00 €
b) 1,20 € je 1,60 €
c) 0,62 € je 0,74 €
d) 0,08 € je 0,26 €

2 Berechnen Sie den Preis für 1 kg der Mischung, wenn 15 kg Tee zu 15,34 € mit 25 kg Tee zu 19,02 € gemischt werden.

3 Kaffeemischung:
25 kg zu 5,37 € je kg   35 kg zu 5,62 € je kg
a) Berechnen Sie den Preis für ½ kg.
b) Ermitteln Sie die Anzahl der 250-g-Pakete und den Preis für ein solches.
c) Rechnen Sie mit 125-g-Päckchen.
d) Setzen Sie als Preise 4,86 € und 6,39 € ein.

4 Teemischung:
8 kg zu 13,75 € je ½ kg   12 kg zu 14,15 € je ½ kg
a) Berechnen Sie den Preis für ⅛ kg.
b) Ermitteln Sie die Anzahl der 50-g-Päckchen und den Preis für ein solches.
c) Rechnen Sie mit 125-(200-)g-Päckchen.
d) Setzen Sie als Preise 18,00 € und 14,65 € ein.

5 Mehlmischung:
500 kg zu 110,00 € je 100 kg   3 500 kg zu 135,00 € je 100 kg
a) Berechnen Sie den Preis für 50 kg.
b) Ermitteln Sie die Anzahl und den Preis für 2,5-kg-Tüten.

6 Mischobst: Es werden gemischt 5 kg Zwetschen zu 2,10 € je kg, 8 kg Birnen zu 2,10 € je kg, 12 kg Kirschen zu 3,20 € je kg.
a) Berechnen Sie den Preis für ½ kg.
b) Ermitteln Sie die Anzahl und den Preis der 125-g-Tüten.

7 Pralinenmischung: Gemischt werden 4 kg zu 4,91 €, 2 kg zu 4,96 € und 6 kg zu 5,19 €; die Preise gelten für ½ kg.
a) Berechnen Sie den Preis für ¼ kg.
b) Ermitteln Sie die Anzahl der Schachteln zu je 250 g und den Preis für eine solche Packung.

8 Ein Lieferant hat einen Auftrag über 40 kg zu je 4,50 € erhalten. Da er diese Ware nicht vorrätig hat, mischt er 3 Sorten, und zwar von der 1. Sorte 18 kg zu je 6,20 €, von der 2. Sorte 15 kg zu je 3,80 €.
Wie viel € kostet 1 kg der 3. Sorte?

9 Weinbrandverschnitt: 8 l Weinbrand zu je 14,50 €, 15 l absoluter Alkohol zu je 18,40 €, 17 l Wasser.
a) Berechnen Sie den Preis für eine 0,7-l-Flasche.
b) Ermitteln Sie die Anzahl der 100-cm^3-Probefläschchen und den Preis für 1 Probefläschchen.
c) Setzen Sie in der Aufgabe als Preise 16,00 € und 17,90 € ein.

10 In einem Lebensmittelgeschäft soll eine Bonbonmischung aus den vorhandenen Restmengen hergestellt werden:

2⅛ kg zu 10,35 € je kg   4½ kg zu 10,74 € je kg
3⅖ kg zu 11,50 € je kg   1¼ kg zu 12,02 € je kg
1⅝ kg zu 12,27 € je kg   2⅜ kg zu 9,71 € je kg

Zu welchem Preis können 125 g der Mischung verkauft werden?

11 Zur Herstellung einer Keksmischung werden verwendet:
1. Sorte zu 6,40 € je ½ kg   3. Sorte zu 1,60 € je 100 g
2. Sorte zu 1,95 € je ⅛ kg

Was kostet 1 kg, wenn im Verhältnis 5 : 5 : 6 gemischt wird?

12 Zum Winterschlussverkauf werden 3 Qualitäten einer Ware zu einem einheitlichen Preis angeboten. Es sind vorhanden:

Qualität A 28 Stück   Preis 3,60 € je Stück
Qualität B 42 Stück   Preis 2,80 € je Stück
Qualität C 75 Stück   Preis 2,25 € je Stück

Berechnen Sie den Durchschnittspreis für ein Stück.

13 Aus 4 Sorten einer Ware soll eine Mischung hergestellt werden. Der Preis je kg der einzelnen Sorten ist:

Sorte I   = 18,50 €   Sorte III = 16,90 €
Sorte II = 24,30 €   Sorte IV = 26,40 €

Berechnen Sie den Durchschnittspreis je ½ kg bei folgender Mischung:
a) gleiche Mengen
b) 2:1:3:5
c) 7:5:3:1
d) 6:5:2:3

4.1.3 Berechnung von Teilmenge und Preis

Beispiel
60 kg einer Mischung zu 14,50 € werden benötigt. Sie wird aus 45 kg einer Sorte zu 12,00 €/kg und einer zweiten, teureren Sorte hergestellt. Wie teuer darf 1 kg der 2. Sorte sein?

Lösung

60 kg Mischung zu 14,50 €	– 870,00 €
– 45 kg 1. Sorte zu 12,00 €	– 540,00 €
15 kg 2. Sorte	– 330,00 €
1 kg (330,00 € : 15 kg)	– 22,00 €

1 Zu 34 l einer Fruchtsaftlösung zu 2,60 € je Liter werden 17 l einer anderen, teureren Sorte so gemischt, dass 1 l der Mischung zu 3,50 € verkauft werden kann. Wie viel darf 1 l der 2. Sorte kosten?

2 Von einer Pralinenmischung werden 86 kg zum Preis von 19,50 € je kg bestellt. Durch Mischen einer Restmenge von 38 kg zu 18,40 € je kg mit einer anderen Sorte wird die bestellte Preislage hergestellt. Berechnen Sie Menge und Preis der 2. Sorte.

3 45 kg Tabak zu 44,00 € je kg werden mit 25 kg einer minderen Qualität gemischt, sodass 1 kg der Mischung 40,00 € kostet. Was kostet in diesem Fall 1 kg der geringeren Sorte?

4 Ein Kräutermixtee wird aus folgenden Restmengen zusammengestellt:
45,2 kg zu 1,65 € je kg und 62,8 kg zu 3,90 € je kg.
Von einer 3. Sorte sollen noch 36 (25) kg hinzugemischt werden, sodass 1 kg des Mixtees zu 4,25 € verkauft werden kann. Wie viel kostet 1 kg der 3. Sorte?

4.2 Berechnen des Mischungsverhältnisses
4.2.1 Mischung von 2 Sorten

Beispiele
Aus 2 Sorten Kaffee zu 12,00 € und 9,00 € für 1 kg soll eine Kaffeemischung zu 9,75 € für 1 kg hergestellt werden.
a) Ermitteln Sie das Mischungsverhältnis.
b) Welche Menge muss man von der 2. Sorte nehmen, wenn von der 1. Sorte ein Restbestand von 7 kg verwendet werden soll?

Zu a)
1. Sorte = 12,00 €   – 2,25 € = 3 Teile → 1 Teil
Mischung = 9,75 €   Verlust 2,25 €
2. Sorte = 9,00 €   + 0,75 € = 1 Teil → 3 Teile
                                      Gewinn 2,25 €

Das Mischungsverhältnis ist 1 : 3.

Erklärung
1 kg der 1. Sorte ergibt zum Mischungspreis einen Verlust von 2,25 € und 1 kg der 2. Sorte ergibt zum Mischungspreis einen Gewinn von 0,75 €; d. h., je 3 kg der 2. Sorte (3 · 0,75 = 2,25) gleichen den Verlust von 1 kg der 1. Sorte (1 · 2,25 = 2,25) aus. Die Mischung der beiden Sorten muss daher im umgekehrten Verhältnis (nicht 3 : 1, sondern 1 : 3) erfolgen.

Merke Mischen Sie „über Kreuz".

Zu b) 1. Sorte = 7 kg
        2. Sorte = 7·3 = 21 kg

Probe: 7 kg = 84,00 €
       21 kg = 189,00 €
       28 kg = 273,00 €; mithin 1 kg = <u>9,75 €</u>.

1 Kaffeemischung:
I. Sorte zu 8,75 € je kg   II. Sorte zu 7,25 € je kg
a) Wie ist das Mischungsverhältnis, wenn die Mischung je kg 7,75 € kostet?
b) Wie viel kg der II. Sorte sind mit 5½ kg der I. Sorte zu mischen?
c) Wie teuer wird ein 200-(250-)g-Paket verkauft?

2 Teemischung:
I. Sorte zu 13,25 € je ½ kg
II. Sorte zu 12,15 € je ½ kg
a) Wie ist das Mischungsverhältnis bei einem Preis von 25,00 € je kg?
b) Wie viel kg der I. Sorte sind mit 30 kg der II. Sorte zu mischen?

3 Pralinenmischung:
I. Sorte zu 6,30 € für ½ kg   II. Sorte zu 5,10 € für ½ kg
a) Wie ist das Mischungsverhältnis bei einem Preis von 5,50 € für ½ kg?
b) Wie viel kg der I. Sorte sind mit 16 kg der II. Sorte zu mischen?

4 Weinverschnitt:
Ein Weinhändler erhält eine Bestellung über 285 l Rheinwein zu 4,80 €. Da er aber nur Wein zu 5,80 € und 3,90 € am Lager hat, mischt er beide Sorten. Wie viel Liter muss er von den beiden Sorten nehmen?

5 Die Firma Strödter & Wörner in D. benötigt von einer Ware 2 000 Päckchen zu je 100 g zu 2,15 € das Stück. Sie hat eine Sorte zu 21,80 € und eine 2. Sorte zu 21,00 € je kg auf Lager. Wie viel kg muss sie von jeder Sorte für die Mischung nehmen?

6 Ein Weingroßhändler hat ein Fass Wein (1200 l) im Keller liegen, den er mit 4,10 € je Liter kalkuliert. Wie viel Liter zu je 3,60 € muss er zusetzen, damit das Fass Wein restlos aufgebraucht wird und der Verschnitt zu 3,90 € verkauft werden kann?

7 Ein Händler braucht Tee zu 14,75 € je ½ kg. Er mischt 2 Sorten zu 13,50 € und 15,25 € je ½ kg.
a) In welchem Verhältnis muss er mischen?
b) Wie viel kg jeder Sorte sind zu nehmen, wenn
   18 000 Beutel zu   50   g,
    9 600 Beutel zu   62½ g,
   18 400 Beutel zu   ⅛ kg,
   12 400 Beutel zu   150   g   abgepackt werden sollen?

8 Wir stellen eine Mischung aus 2 Sorten her. Von Sorte I nehmen wir $7\frac{1}{8}$ kg zu 4,40 € je kg.

a) Wie viel kg der Sorte II müssen genommen werden, wenn das kg 6,48 € kostet und die Mischung 5,70 € je kg kosten soll?

b) In wie viel Beutel zu 150 g kann man die Mischung abfüllen und was kostet ein Beutel im Verkauf, wenn noch 15 % Gewinn einkalkuliert werden (aufrunden)?

9 Wir benötigen 516,6 kg 31%igen Alkohol. Hierzu mischen wir 63%igen Alkohol mit destilliertem Wasser. Wie viel kg Wasser sind erforderlich?

4.2.2 Mischung von 3 Sorten

4.2.2.1 Das Mischungsverhältnis von 2 Sorten ist gegeben

Beispiel 1

Es soll eine Sorte zu 3,40 € je kg durch Mischung von 3 Sorten hergestellt werden. Es werden 25 kg zu 5,00 € und 35 kg zu 4,60 € je kg mit einer 3. Sorte zu 1,40 € gemischt. Wie viel kg der III. Sorte sind zu nehmen?

Lösung

```
I    25 kg zu 5,00    – 1,60 je kg = 40,00 Verlust
II   35 kg zu 4,60    – 1,20 je kg = 42,00 Verlust
                                    82,00 Gesamtverlust

         Mischung 3,40

III  41 kg zu 1,40    + 2,00 je kg = 82,00 Gesamtgewinn
```

Um den Verlust von 82,00 € an den beiden ersten Sorten ausgleichen zu können, müssen so viel kg der III. Sorte genommen werden, wie 2,00 € in 82,00 € enthalten sind, also 41 kg.

Machen Sie die Probe, indem Sie den Durchschnittspreis der Mischung aus 25 kg, 35 kg und 41 kg ermitteln.

Beispiel 2

Eine Ware wird zum Preis von 3,50 € je Liter bestellt. Durch Mischung von 45 l zu 2,40 € und 20 l zu 5,20 € je Liter mit einer Qualität zu 4,75 € je Liter kann diese Bestellung ausgeführt werden. Es ist die Menge der 3. Sorte zu bestimmen.

Lösung

```
I    45 l zu 2,40     + 1,10 = 45 · 1,10 =   49,50 Gesamtgewinn

         Mischung 3,50

II   20 l zu 5,20     – 1,70 = 20 · 1,70 =   34,00 Gesamtverlust
                                             15,50 Gewinn

III  12,4 l zu 4,75   – 1,25 = 15,50 : 1,25  15,50 Verlust
```

Machen Sie die Probe.

1 In einer Lebensmittelgroßhandlung wird eine Ware zu 4,30 € je kg bestellt. Durch Mischung zweier Restbestände von 36 kg zu 2,40 € je kg und 54 kg zu 3,80 € je kg mit einer anderen vorrätigen Menge zu 5,20 € je kg soll die Bestellung ausgeführt werden.
Berechnen Sie die Menge der fehlenden Sorte.

2 Aus 3 Sorten einer Ware zu 4,75 €, 3,75 € und 6,80 € je Liter soll eine Mittelsorte zu 5,40 € hergestellt werden. Wie viel Liter der II. Sorte zu 3,75 € sind zu nehmen, wenn die Reste von Sorte I = 47,4 l und von Sorte III = 62,9 l aufgebraucht werden sollen?

3 Mischobst soll aus Aprikosen zu 1,20 € je kg, Birnen zu 0,68 € und Zwetschgen zu 0,60 € je kg hergestellt werden.
a) Wie viel kg Zwetschgen sind erforderlich, wenn man 12 kg Birnen und 15 kg Aprikosen mit Zwetschgen so mischt, dass das Mischobst zu 0,40 € je ½ kg verkauft werden kann?
b) Wie viel kg Birnen muss man mit 14 kg Aprikosen und 25 kg Zwetschgen mischen?

4 Es sollen 540 l eines 48%igen Alkoholerzeugnisses aus 32-, 40- und 60%igem Alkohol gemischt werden. Berechnen Sie die Menge, wenn von den einzelnen Sorten folgende Teile genommen werden:

Sorte	a)	b)	c)	d)
I	2	1	?	1
II	3	?	2	4
III	?	5	3	?

5 16 kg Pralinenmischung werden aus 3 Sorten so zusammengestellt, dass 100 g mit 1,95 € angeboten werden können. Man verwendet von der I. Sorte 3 Teile und von der II. Sorte 2 Teile. Es kosten: I. Sorte 21,00 €, II. Sorte 18,00 € und III. Sorte 19,00 € je kg.
Wie viel kg sind von der III. Sorte zu nehmen?

6 Ein Kaffeegroßhändler erhält einen Auftrag auf Kaffee zu 10,00 € je kg. Zur Erledigung dieses Auftrages mischt er 3 Sorten: 18 kg zu 9,25 €, 10,5 kg zu 9,50 € und eine bessere Qualität zu 11,25 € je kg.
Wie viel kg der besseren Sorte sind zu nehmen?

7 Um Essig zu 1,50 € je Liter liefern zu können, mischt man 27 l zu 1,20 € und 135 l zu 1,80 € mit einer billigeren Sorte zu 1,10 € je Liter.
Wie viel Liter müssen von dieser Sorte genommen werden?

8 Es soll ein Bowlenwein zu 2,50 € je l angeboten werden. Folgende Verschnittweine sind vorhanden: 1. Sorte zu 3,00 € je l; 2. Sorte zu 2,80 € je l; 3. Sorte zu 2,00 € je l. Von der 1. Sorte verwenden wir 50 l und von der 2. Sorte 40 l.
a) Ermitteln Sie das Mischungsverhältnis.
b) Wie viel Liter der 3. Sorte sind erforderlich?

9 Ein Großhändler soll für eine Kantine 500 Päckchen Tee zu je 50 g zu 1,40 € liefern. Er mischt zwei auf Lager vorhandene Sorten zu 25,50 € und 29,50 € je kg.
Wie viel kg muss er von jeder Sorte nehmen?

4.2.2.2 Viele Mischungsverhältnisse sind möglich

Beispiel
Eine Mischung zu 20,00 € je kg soll aus 3 Sorten hergestellt werden. Man verwendet Sorte I zu 24,00 €, Sorte II zu 23,00 € und Sorte III zu 18,00 € je kg.
Wie viel kg können von jeder Sorte genommen werden, wenn insgesamt 1 368 kg gemischt werden?

Lösung
Es sind viele Mischungsverhältnisse möglich (warum?).
Man könnte z. B. nehmen:
a) von Sorte I 2 Teile, von Sorte II 3 Teile
b) von Sorte II 1 Teil, von Sorte III 3 Teile
c) von Sorte I 1 Teil, von Sorte III 5 Teile

			Teile:			Gewinn (G) Verlust (V)		
			a)	b)	c)	a)	b)	c)
I	24,00	– 4,00	2	$\tfrac{3}{4}$	1	V 8,00	V **3,00**	V 4,00
II	23,00	– 3,00	3	1	2	V 9,00	V 3,00	V **6,00**
Mischung	20,00							
III	18,00	+2,00	$8\tfrac{1}{2}$	3	5	G **17,00**	G 6,00	G 10,00
			$13\tfrac{1}{2}$	$4\tfrac{3}{4}$	8			

Zu a) Der Verlust von 17,00 € (8,00 + 9,00 €) an den beiden ersten Sorten muss durch die 3. Sorte ausgeglichen werden (17 : 2 = $8\tfrac{1}{2}$).

1368 kg = $13\tfrac{1}{2}$ **Teile; 1 Teil** = 1368 : $13\tfrac{1}{2}$ = **$101\tfrac{1}{3}$ kg**

I. Sorte also 2 x $101\tfrac{1}{3}$	=	$202\tfrac{2}{3}$ kg
II. Sorte also ?	=	304 kg
III. Sorte also ?	=	$861\tfrac{1}{3}$ kg
		1 368 kg

Zu b) Der Gewinn von 3,00 € (– 3,00 + 6,00) an der 2. und 3. Sorte muss durch die 1. Sorte ausgeglichen werden (3 : 4 = $\tfrac{3}{4}$).

1368 kg = $4\tfrac{3}{4}$ Teile; **1 Teil** = 1 368 : $4\tfrac{3}{4}$ = **288 kg**

I. Sorte	=	216 kg
II. Sorte	=	288 kg
III. Sorte	=	864 kg
		1 368 kg

Zu c) Von der 2. Sorte müssen so viele Teile genommen werden, dass der Gewinn von 6,00 € an den beiden anderen Sorten ausgeglichen wird (6 : 3 = 2). Vervollständigen Sie die Lösung wie unter a) und b).

Merke
Wählen Sie die Teile so aus, dass der *Gesamtgewinn* der billigen Sorten dem *Gesamtverlust* der teueren Sorten entspricht.

---

1 Drei Sorten Weizen sind auf Lager, und zwar I. Manitoba-Weizen zu 28,00 €, II. deutscher Kleber-Weizen zu 25,00 € und III. deutscher Landweizen zu 21,00 €. Es soll ein Durchschnittspreis von 24,50 € erzielt werden. Von deutschem Landweizen ist ein Lagervorrat von 35 t zu verwerten. Welche Mengen müssen von den anderen Sorten genommen werden?

2 280 l eines Erzeugnisses sollen zu 6,20 € je Liter geliefert werden. Dies ist nur durch Mischung von drei Sorten zu 9,20 €, 5,30 € und 4,70 € je Liter möglich. Welche Mengen können von den einzelnen Sorten verwendet werden? (Zeigen Sie verschiedene Möglichkeiten.)

3 Kaffee soll aus 3 Sorten so gemischt werden, dass die Mischung zu a) 8,40 €, b) 8,80 €, c) 9,15 € je ½ kg verkauft werden kann.
Zur Mischung verwendet man von:
Sorte I zu   a) 7,74   b) 8,17   c) 8,67 € je ½ kg
Sorte II zu a) 7,96   b) 8,16   c) 8,83 € je ½ kg
Sorte III zu a) 9,39   b) 9,52   c) 9,79 € je ½ kg
Wie viel kg sind von jeder Sorte zu nehmen, wenn
          a) 340 kg,   b) 420 kg,   c) 180 kg
hergestellt werden sollen?

4 Es soll eine Gebäckmischung zu 10,00 € hergestellt werden. Die I. Sorte kostet 10,60 €, die II. Sorte 10,20 € und die III. Sorte 9,60 € je kg.
a) Wie viel kg der II. Sorte und der III. Sorte müssen genommen werden, wenn von der I. Sorte noch 6 kg vorhanden sind?
b) Wie viel kg der III. Sorte sind erforderlich, wenn von der I. Sorte 6 kg und von der II. Sorte 3 kg vorhanden sind?

5 Ein deutscher Importeur will einen Restbestand von 56 kg zu 4,95 € je kg durch Mischen mit folgenden Importwaren aufbrauchen: 1. englische Ware zu 5,20 € je kg; 2. holländische Ware zu 7,20 € je kg. Ein kg der Mischung soll 6,00 € kosten. Wie viel kg jeder Importware könnte er verwenden?

5 Verteilungsrechnung

1 Wie viel erhält jede von den 3 Personen A, B und C?

Verteilungsmenge:	Verteilungsschlüssel:

a)	84,00 €	A = ½	B = ¼	C = ¼
b)	120,00 €	A = ⅓	B = ⅙	C = ½
c)	250,00 €	A = ⅕	B = ⅗	C = Rest
d)	360 kg	A = ½	B = ⅕	C = ³⁄₁₀
e)	500 kg	A = ¹⁄₁₀	B = ½	C = Rest
f)	3 000 kg	A = ⅙	B = ⅓	C = Rest
g)	8 400 kg	A = ⅓	B = ¼	C = ⁵⁄₁₂

2 Wie viel erhält jede von den 3 Personen A, B und C?

Verteilungssumme: | Verteilungsschlüssel:

a)	48,00 €	(84,00 €)	1 : 2 : 1	(5 : 4 : 3)
b)	96,00 €	(72,00 €)	3 : 2 : 1	(7 : 5 : 6)
c)	120,00 €	(400,00 €)	1 : 3 : 1	(2½ : 12½ : 5)
d)	350,00 €	(390,00 €)	2 : 2 : 3	(⅓ : ½ : ¼)
e)	2.100,00 €	(560,00 €)	1 : 4 : 2	(¼ : 1 : ½)

Beispiel

Drei Gesellschafter betreiben gemeinsam ein Handelsgewerbe. A ist mit 150.000,00 €, B mit 200.000,00 € und C mit 350.000,00 € beteiligt. Ein Jahresgewinn von 87.500,00 € soll im Verhältnis zu den Beteiligungen verteilt werden. Wie viel erhält jeder?

```
A: Beteiligung 150.000,00 € –   3 Anteile – 3 · 6.250  = 18.750,00 €
B: Beteiligung 200.000,00 € –   4 Anteile – 4 · 6.250  = 25.000,00 €
C: Beteiligung 350.000,00 € –   7 Anteile – 7 · 6.250  = 43.750,00 €
                               14 Anteile              87.500,00 €
                                1 Anteil = 87.500 : 14 = 6.250,00 €, also:
```

Beachte

Kürzen Sie die Beträge soweit wie möglich und bilden Sie die kleinsten ganzzahligen Anteile.

5.1 Muster- und Prüfungsaufgaben

3 Ein Jahresgewinn von 210.612,35 € soll unter 3 Gesellschafter A, B und C im Verhältnis zu ihrer Kapitalbeteiligung verteilt werden. A war mit 100.000,00 €, B mit 180.000,00 € und C mit 320.000,00 € beteiligt.

a) Wie viel erhält jeder?
b) Rechnen Sie auch mit Beteiligungen von 120.000,00 €, 250.000,00 € und 480.000,00 € bzw. 180.000,00 €, 210.000,00 € und 360.000,00 €.

4 Eine OHG hatte beim Abschluss einen Reingewinn von 62.680,00 €. A ist mit 22.800,00 €, B mit 37.500,00 € und C mit 60.400,00 € beteiligt. Der Reingewinn ist wie folgt zu verteilen:
a) nach Kapitalanteilen;
b) nach den Bestimmungen des HGB;
c) nach den Bestimmungen des HGB, unter der Voraussetzung, dass A 3.680,00 € vom Gewinn vorweg bekommt.

Wie hoch ist das neue Kapital jedes Teilhabers, wenn A = 6.200,00 €, B = 6.800,00 € und C = 7.500,00 € privat entnommen haben?

5 Ein Geschäftsbetrieb wird aufgelöst. A war mit $\frac{2}{5}$, B mit $\frac{3}{8}$ und C mit 19.800,00 € beteiligt. In der Bilanz werden die Aktiven mit 83.280,00 € und die Passiven mit 28.600,00 € ausgewiesen.
a) Wie hoch waren die Einlagen der 3 Teilhaber?
b) Wie viel € erhält jeder Teilhaber nach erfolgter Liquidation?

6 Herr Kaufmann hat in seinem Testament bestimmt, dass A $\frac{1}{4}$, B $\frac{2}{5}$, C $\frac{1}{6}$ und D den Rest des Nachlasses, nämlich 18.700,00 €, erhält. Wie viel erhält jeder nach der Eröffnung des Testamentes und wie hoch war der Nachlass?

7 Ein Kaufmann bezieht in einer Sendung 4 verschiedene Warenposten:

Ware	Gewicht		Preis		
I	180 kg	18,00 €	je 100 kg	netto	Tara 3 %
II	220 kg	9,00 €	je 100 kg	br/n	
III	300 kg	55,00 €	je 100 kg	netto	Tara 3 %
IV	400 kg	70,00 €	je 100 kg	netto	Tara 3 %

a) Verteilen Sie 81,00 € Fracht, 29,00 € Rollgeld nach dem Gewicht, 27,00 € Versicherung und 43,00 € Vertreterprovision nach dem Wert auf die 4 Warenposten.
b) Wie teuer sind 50 kg im Einkauf?

8 Es werden 50 Sack Guatemala-Kaffee im Gewicht von 3 485 kg brutto und 20 Sack Santos-Kaffee im Gewicht von 1 196 kg bezogen. Die Fracht beträgt 581,50 €, das Rollgeld 28,75 €. Wie viel Bezugskosten entfallen:
a) auf jeden Warenposten,
b) auf je 50 kg?

9 In einem Betrieb werden die Raumkosten auf die Werkstätten und Abteilungen nach der Raumgröße verteilt. Werkstatt I hat 680 m² Fläche, Werkstatt II 560 m², Materialverwaltung 240 m², kaufmännische Verwaltung 140 m², Vertrieb 80 m². Verteilen Sie die monatlichen Raumkosten von 13.544,00 € auf die Kostenstellen.

10 Die Elektra in K. erzeugte im Monat März 4 120 000 Kilowatt bei insgesamt 59.135,57 € Kosten.
Stromverbrauch: Vorortgemeinde A = 2 034 000 kW,
Vorortgemeinde B = 1 120 000 kW,
Chemische Fabrik C = den Rest.
Die anteiligen Kosten der Stromverbraucher sind zu ermitteln.

11 3 Lebensmittelgroßhändler beziehen gemeinsam Waren für 3.640,00 €. Das Nettogewicht beträgt 860 kg. B nimmt 60 kg mehr als A, C 120 kg mehr als B ab. Wie viel kg erhält jeder? Stellen Sie die Abrechnung auf und legen Sie dabei 48,15 € Frachtkosten zugrunde.

12 An einer Kommanditgesellschaft sind beteiligt:

- Schneider mit 65.800,00 € } als Komplementär
- Lang mit 72.300,00 €
- Grund mit 25.000,00 € als Kommanditist

Der Reingewinn beträgt 82.590,00 €.

Die Komplementäre erhalten im Voraus je 5.000,00 €. Dann erhält jeder Gesellschafter 4 % seiner Einlage. Der verbleibende Rest wird verteilt im Verhältnis 2:2:1. Wie hoch sind die Gewinnanteile?

13 An einem Unternehmen sind die Gesellschafter A, B und C mit insgesamt 61.500,00 € beteiligt. Die Kapitaleinlage des A ist um $\frac{1}{3}$ höher als die des B, C hat 2.000,00 € weniger eingelegt als B. Wie hoch ist der Gewinnanteil, der von dem Gesamtgewinn von 15.300,00 € auf die einzelnen Gesellschafter entfällt?

14 In einem Dreifamilienhaus mit Zentralheizung wohnen folgende Mietparteien: im Erdgeschoss (130 m^2) Familie A (4 Personen), Nettomiete 750,00 €; im 1. Stock (130 m^2) Familie B (5 Personen), Nettomiete 875,00 €; im 2. Stock (98 m^2) Familie C (3 Personen), Miete 580,00 €.

Im abgelaufenen Jahr entstanden folgende Nebenkosten:

Treppenhausbeleuchtung	143,16 €
Wasserverbrauch	473,83 €
Heizungsmaterial	5.867,53 €

Die Treppenhausbeleuchtung wird auf die Mieter A, B und C im Verhältnis 1 : 2 : 3, der Wasserverbrauch nach der Personenzahl und die Heizungskosten nach der Größe der einzelnen Wohnungen umgelegt. Stellen Sie für jeden Mieter eine aufgegliederte Nebenkostenrechnung auf und berechnen Sie die Bruttomieten.

15 Drei Personen, A, B und C, spielen gemeinsam im Mittwochslotto. A zahlt wöchentlich die Hälfte, B ein Drittel und C den Rest der Tippgebühren. Wie sollte ein Gewinn im 2. Rang in Höhe von 82.512,00 € aufgeteilt werden?

6 Rechnen mit nichtdezimalen Maßen und Gewichten

6.1 Rechnen mit nichtdezimalen Gewichten

Englische Gewichte

1 ton (long ton) entspricht dem Sinne nach einer Tonne. Sie wird in 20 hundredweights oder centweights eingeteilt, das bedeutet „Hundertgewicht" oder Zentner; die Abkürzung ist: cwt.

1 centweight hat 4 quarters, das bedeutet Viertel; die Abkürzung ist qr.

1 quarter hat 28 pounds, dem Sinne nach Pfund (= Gewichtspfund), die Abkürzung ist lb. (vom altrömischen Pfund, libra). 1 pound wird eingeteilt in 16 ounces, das sind Unzen; die Abkürzung ist oz.

Merke

1 ton = 20 cwts.	1 ton = 1016 kg
1 cwt. = 4 qrs.	1 cwt. = 50,8 kg
1 qr. = 28 lbs.	1 lb. = 0,4536 kg
1 lb. = 16 ozs.	1 oz. = 28,35 g

Amerikanische Gewichte

Sie sind im Allgemeinen die Gleichen wie die englischen. Beachten Sie jedoch folgende Abweichungen:

1 cwt. = 100 lbs. (nicht 112!) daher ist: 1 cwt. = 45,359 kg (nicht 50,8!)
1 qr. = 25 lbs. (nicht 28!) aber: 1 lb. = 0,4536 kg

Beachte

Beachten Sie die Schreibweise: tons 4.16.2.25 = 4 tons, 16 cwts., 2 qrs., 25 lbs.
cwts. 12.1.20 = 12 cwts., 1 qr., 20 lbs.

Beispiele

1 **Verwandeln Sie cwts. 6.2.14 in engl. lbs.**

$$6 \cdot 112 = 672$$
$$2 \cdot 28 = 56$$
$$+ \quad 14$$
$$\overline{742 \text{ lbs.}}$$

2 **Verwandeln Sie 742 engl. lbs. in cwts. und qrs.**

742 : 112 = 6
Rest 70 : 28 = 2
Rest 14   = cwts. 6.2.14

3 **Verwandeln Sie engl. cwts. 6.2.14 in cwts.-Dezimalen.**

14 : 28 = 0,5 qrs.
+ 2,0 qrs.
2,5 qrs. : 4 = 0,625 cwts.
+ 6,000 cwts.
6,625 cwts.

Beispiele

4 **Rechnen Sie engl. cwts. 6.2.14 in kg um.**
a) cwts. 6.2.14 = cwts. 6.625; 6,625 · 50,8 = <u>336,550 kg</u>
b) 6 · 50,8   = 304,800
    2 · 12,7   = 25,400
   14 · 0,4536 =   6,350
                  ─────────
                   336,550 kg

5 **Rechnen Sie 336,550 kg in engl. cwts. um.**
336,550 : 50,8   = 6,625 cwts.
6,625   = 6   cwts.
0,625 · 4   = 2,500 = 2 qrs.
0,5   · 28   = 14,0   = 14 lbs. = <u>cwts. 6.2.14</u>

---

1 Addieren Sie die Einzelgewichte und wandeln Sie dann das Gesamtgewicht in engl. lbs. um:
a) tons 16. 3. 1.12   b) cwts. 28. 2.18   c) cwts. —.1.26
   tons 2.10.—. 9   cwts. 7.—.14   cwts 8.3.—
   tons 8.12. 3.11   cwts. 12. 1. 8   cwts. 19.2.16

---

2 Verwandeln Sie die Einzelgewichte und dann das Gesamtgewicht in engl. tons, cwts. und qrs.:
a) 25 000 lbs.   b) 2 640 lbs.   c) 12 300 lbs.   d) 48 000 lbs.
    3 000 lbs.   1 350 lbs.   164 lbs.   16 021 lbs.

---

3 Addieren Sie die Einzelgewichte und verwandeln Sie dann das Gesamtgewicht in engl. cwts.-Dezimalen.
a) cwts. 12. 1.21   b) cwts. 2.2.20   c) cwts. 1.3.16   d) cwts. 26.3.21
   cwts. —. 3. 6   cwts. 10.3. 6   cwts. 1.2. 9   cwts. 12.2.15
   cwts. 8.—.14   cwts. 7.1.—   cwts. 18.2.17   cwts. 22.3.19

---

4 Ein Importeur erhält Warensendungen aus England, deren Gewichte in kg umzurechnen sind:
a) cwts. 15.3.14   c) cwts. —.3.26   e) cwts. 8.—.16   g) 251 lbs.
b) cwts. 25.1. 8   d) cwts. 10.2.10   f) cwts. 25. 3. 14   h) 63 lbs.

---

5 Wenn solche Umrechnungen häufiger vorkommen (in Import- und Exporthäusern), empfiehlt es sich, eine Tabelle aufzustellen, aus der die lbs. als Dezimalen von cwt. abgelesen werden können. Stellen Sie eine solche Tabelle auf und benutzen Sie sie bei Lösung der Aufgaben 3, 4 und 7.

---

6 Ermitteln Sie den Rechnungsbetrag in £ für:
a) 100 lbs. zu 0,13 £ für 1 lb.   c) cwts. 12.2.14   zu 2,07 £ für 1 cwt.
    80 lbs. zu 0,17 £ für 1 lb.   cwts. 31.1. 7   zu 1,19 £ für 1 cwt.
b) cwts. 2.2.8 zu 1,53 £ für 1 cwt.   d) cwts. 82.3.17   zu 0,24 £ für 1 lb.
   cwts. 6.3.5 zu 0,53 £ für 1 cwt.   cwts. 75.2.25   zu 0,16 £ für 1 lb.

---

7 Aufgrund der folgenden Angaben (Rechnungen aus England) sind zu berechnen: das Gesamtgewicht in kg, der Gesamtbetrag in € (Kurs: 1,652; 1,652 ≙ 1 £) und der Preis in € für 1 kg.
a) cwts. 6.2.— zu 30,75 £ für 1 cwt.   c) 100 lbs. zu 0,41 £ für 1 lb.
b) cwts. 3.3.20 zu 35,11 £ für 1 cwt.   d) 68 lbs. zu 0,51 £ für 1 lb.

8 Aus Liverpool trifft eine Warensendung im Gewicht von cwts. 5.2.— ein. Der Preis ist 25,50 £ für 1 cwt. Berechnen Sie das Gesamtgewicht in kg und den Preis in € für ½ kg bei einem Kurs von 1,655.

9 Ein Hamburger Importeur bezieht 140 Sack Bohnen. Die cwts. 137.2.16 kosten 1.012,50 £. Ermitteln Sie den Preis für: a) 1 cwt. in £, b) 1 lb. in £, c) ½ kg netto in € (Kurs 1,715).

10 Eine Rechnung aus England ist über 146 lbs. ausgestellt. Der Preis beträgt 0,63 £ je 1 lb. Berechnen Sie:

a) den Rechnungsbetrag in £;

b) den Gegenwert in €, mit dem die deutsche Bank das Konto ihres Kunden bei einem Umrechnungskurs von 1,665 für die Überweisung des £-Betrages belastet;

c) den Verkaufspreis in € für 1 kg, wenn der deutsche Kaufmann beim Verkauf mit einem Zuschlag von 50 % rechnet.

11 Aus Chicago wird eine Ware im Gesamtgewicht von tons 3.15.— zum Preis von 36 US-$ für 1 cwt. bezogen. Berechnen Sie:

a) das Gesamtgewicht in kg und den Gesamtpreis in € bei einem Kurs von 0,9675 (0,9675 € ≙ 1 US-$) für 1 US-$;

b) den Preis in DM für 125 g.

12 Von Colombo werden CIF Hamburg 10 Kisten Ceylon-Tee bezogen. Bruttogewicht 1170 lbs., Tara je Kiste = 15 lbs. Der Preis ist 1,78 £ für 1 lb.

a) Wie hoch ist das Nettogewicht in kg?

b) Berechnen Sie den Gesamtpreis der Sendung bei einem Kurs von 1,595.

13 Ein Exporteur verschickt eine Sendung im Gewicht von 12 420 kg netto zum Preis von 3,95 €/kg nach den USA. Berechnen Sie

a) das Nettogewicht in tons, cwts., qrs. und lbs.

b) den Rechnungsbetrag für die Sendung (ohne Bezugskosten) in US-$ zum Kurs von 0,9734.

14 Ein Großhändler versendet 4 Kisten mit jeweils 5 320 kg zum Preis von 20,95 €/kg nach Southampton (England).

a) Berechnen Sie das Gewicht in tons, cwts. und lbs.

b) Wie hoch ist der Rechnungsbetrag für die Sendung in £ bei einem Kurs von 1,667?

15 Ein Importeur erhält Warenlieferungen aus den Vereinigten Staaten von Amerika, deren Gewichte in kg umzurechnen sind.

a) cwts 14.2.21	b) tons 5.17.3.21	c) cwts 18.2.17
cwts —.4.7	tons 4.—.5.7	cwts 13.—.12
cwts 1.13.20	tons 2.13.—.5	cwts 14.1.3
cwts 12.7.13	tons 1.10.7.8	cwts 18.9.21

6.2 Rechnen mit nichtdezimalen Längenmaßen

In den **USA** gelten die gleichen Längenmaße wie in **England**:

1 yard (yd.) entspricht etwa dem deutschen Metermaß, es bedeutet eigentlich „Stab". 1 yard wird eingeteilt in 3 feet (ft.), d. h. „Fuß". 1 foot (ft.) hat 12 inches (in.), d. h. „Zoll".

Merke

1 yard = 3 feet
1 foot = 12 inches

1 yard = 0,9144 = rund 91 cm
oder:
11 m = 12 yards
1 foot = 30,48 cm
1 inch = 25,4 mm

Beachte

Beachten Sie die Schreibweise: yds. 6.2.10 = 6 yds., 2 ft., 10 in.
4'66" bedeutet 4 ft., 6 in.

Beispiele

1 Verwandeln Sie yds. 10.2.6 in inches.
10 · 36 = 360
2 · 12 = 24
+ 6
390 inches

2 Verwandeln Sie 390 inches in yards und feet.
390 : 36 = 10
Rest 30 : 12 = 2
Rest 6 = yds. 10.2.6

3 Verwandeln Sie yds. 10.2.6 in yds.-Dezimalen.
6 : 12 = 0,5
+ 2,0
2,5 : 3 = 0,833
10 + 10,000
10,833 yds.

4 Rechnen Sie yds. 10.2.6 in m um.
a) 10,833 · 0,9144 = 9,91 m

b) 10 · 0,9144 = 9,144
2 · 0,3048 = 0,609
6 · 0,0254 = 0,152
9,905 = 9,91 m

5 Rechnen Sie 9.91 m in yds. um.
9,91 : 0,9144 = 10,838 yds.
10,838 yds. = 10 yds.
0,838 · 3 = 2,514 = 2 ft.
0,514 · 12 = 6,168 in. = 10.2.6 yds.

---

1 Addieren Sie die Einzelmaße und verwandeln Sie das Gesamtmaß in inches:

a) yds. 14.2.10
   yds. 8.1. 6
b) yds. 6.—.8
   yds. 5. 2.9
c) yds. 4.2.—
   yds.—.2. 5
d) yds. 7.1.6
   yds. 9.1.7

2 Verwandeln Sie die Einzelmaße und das Gesamtmaß in yds. und ft.:

a) 2 100 inches
   380 inches
b) 1 600 inches
   208 inches
c) 40 inches
   506 inches
d) 1 520 inches
   64 inches

3 Verwandeln Sie die Einzelmaße und dann das Gesamtmaß in yds.-Dezimalen:

a) yds. 10.2. 8
   yds. 4.2.—
b) yds. —.1.4
   yds. 1.1.5
c) yds. 3.2. 1
   yds. 7.1.10
d) yds. 7.—.5
   yds. 2. 2.8

4 Ein Importeur erhält Warensendungen aus England, deren Maße in m umzurechnen sind:
a) yds. 34.2.10; b) yds. 28.1.6; c) yds. 14.2.8; d) yds. 10.3.10; e) yds. 7.—.5

5 In einem Exportgeschäft sollen folgende Maßangaben auf englische Maße umgestellt werden:

a) 2 000 m b) 160 m c) 814 m d) 10 m e) 61 m

6 Ein deutscher Kaufmann bezieht aus England Kammgarnstoffe, und zwar:
a)   300 yds. zu 8,43 £ je 1 yd.   b)   50 yds. zu 2,20 £ je 1 ft.
     40 yds. zu 8,12 £ je 1 yd.   35 yds. zu 2,18 £ je 1 ft.
     20.1.6 yds. zu 6,41 £ je 1 yd.   63.2.10 yds. zu 4,47 £ je 1 yd.
Über welchen £-Betrag lauten die beiden Rechnungen?

7 Aufgrund der folgenden Angaben in Rechnungen englischer Lieferer sind zu berechnen: das Gesamtmaß in m, der Gesamtbetrag in € (1,593) und der Preis in € für 1 m:
a) yds. 40.2.— zu 4,53 £ je 1 yd.   c) yds. 16.1.— zu 5,03 £ je 1 yd.
b) yds. 550.— zu 4,51 £ je 1 yd.   d) yds. 8.2.10 zu 5,18 £ je 1 yd.

8 Eine Rechnung für Lieferung von Stoffen aus Sheffield ist über yds. 345.—.— ausgestellt. Der Preis beträgt 7,95 £ für 1 yd. Berechnen Sie:
a) den Schuldbetrag an den Lieferer in £;
b) den Gegenwert in € für den Ausgleich des £-Betrages bei einem Kurs von 1,572;
c) den Preis für 1 m in €.

9 Aus Manchester werden yds. 242.2.— Stoff zum Preis von 6,85 £ je 1 yd. bezogen. Die Einkaufsspesen betragen 4,15 £. Wie viel kostet 1 m in € (Kurs: 1,605)?

10 Aus London trifft eine Stoffsendung von yds. 18.2.2 ein. Der Preis für 1 yd. ist 6,75 £. Berechnen Sie den Preis in € für 1 m bei einem Umrechnungskurs von 1,652 für 1 £ und geben Sie die Stoffmenge in m an.

11 Ein Teppichbodenhersteller verschickt im Kundenauftrag nach den USA:
  75 m Velours   (200 cm breit) zum Preis von 59,00 €/m.
135 m Polyamid (300 cm breit) zum Preis von 89,00 €/m.
Rechnen Sie die Einzelmaße und das Gesamtmaß in yds., ft. und in. um und ermitteln Sie den Gesamtrechnungsbetrag in $ (Kurs: 0,9632).

6.3 Rechnen mit nichtdezimalen Raummaßen

In den **USA** gelten die gleichen Bezeichnungen für Raummaße wie in **England** mit gleicher Unterteilung:

> **Merke**
> 1 bushel (bu.) = 8 gallons (gall.); 1 gallon = 4 quarts (qts.); 1 quart = 2 pints (pts.); 1 pint = 4 gills.

Schreibweise: 10.4.3 bushels = 10 bushels, 4 gallons, 3 quarts.

> **Beispiele**
>
> 1 10.6.2 bushels in quarts;
>   10 · 32 = 320
>   6 · 4 = 24
>   + 2
>   346 quarts
>
> 2 820 pints in bushels, gallons, quarts,
>   Rest 820 : 64 = 12
>   Rest 52 : 8 = 6
>   Rest   4 : 2 = 2 = 12.6.2 bushels
>
> 3 12.7.2 bushels in bushels-Dezimalen.
>   + 2, :4 = 0,5   gallons
>   + 7,5 : 8 = 0,9375 bushels
>   + 12   = 12,938 bushels
>
> 1 bushel = 36,344 l
> 1 gallon = 4,543 l

> **Beachte**
>
> a) als Flüssigkeitsmaß:
>   1 USA-gallon = 3,785 l
> b) als Trockenmaß (Getreidemaß):
>   1 USA-bushel = 35,237 l
>   1 USA-gallon = 4,405 l
>
> Es gelten insbesondere:
> 1 bushel Mehl   = 196 lbs. = 88,9 kg
> 1 bushel Weizen = 60 lbs. = 27,2 kg
> 1 bushel Roggen = 56 lbs. = 25,4 kg
> 1 bushel Mais   = 56 lbs. = 25,4 kg
> 1 bushel Gerste = 48 lbs. = 21,77 kg

1 Verwandeln Sie in pints:
a) 26.4.3 bushels   b) 12.1.2 bushels   c) 17.6.1 bushels   d) 7.3.1 gallons

2 Verwandeln Sie in bushels, gallons und quarts:
a) 2 124 pints   b) 542 pints   c) 208 pints   d) 1 000 pints

3 Verwandeln Sie in bushels-Dezimalen bzw. in gallons-Dezimalen:
a) 8.6.2 bushels   c) 10.7.— bushels   e) 5.3.1 gallons   g) 7.1.1 gallons
b) 3.5.3 bushels   d) 1.1.1 bushels   f) —.2.1 gallons   h) 6.3.1 gallons

4 Ein Importgeschäft erhält eine Warensendung aus Plymouth. Es sind 25.3.— gallons zum Preis von 0,53 £ je 1 gallon. Wie hoch ist der Preis in € für 1 l bei einem Kurs von 1,655?

7 Dreisatzrechnung

7.1 Einfacher Dreisatz mit geradem Verhältnis (Proportional)

1 a) 3 m kosten .... 9,00 €; wie viel kosten .... 8 m?
b) 7 m kosten .... 35,00 €; wie viel kosten .... 11 m?

2 a) 5 l kosten .... 8,00 €; wie viel kosten .... 7 l?
b) 9 l kosten .... 13,50 €; wie viel kosten .... 4 l?

3 a) 8 kg kosten .... 9,60 €; wie viel kosten .... 5½ kg?
b) 2½ kg kosten .... 6,00 €; wie viel kosten .... 25 kg?

4 a) 8 lbs. kosten .... 3,20 £; wie viel kosten .... 32 lbs.?
b) 12 lbs. kosten .... 4,80 £; wie viel kosten .... 9 lbs.?

5 1 m Gardinenleiste kostet 14,00 € (15,00 €; 18,90 €). Wie viel kosten 235 cm, 255 cm, 370 cm, 400 cm, 450 cm, 520 cm und 600 cm?

> **Beachte**
> Beim geraden Verhältnis führt eine Zunahme (Abnahme) der einen Größe auch zu einer Zunahme (Abnahme) der anderen Größe.
> Je mehr Meter, desto mehr €.
> Je weniger Meter, desto weniger €.
> Der Bruch wird „über Kreuz" gebildet.

6 Ein Karton mit 12 Gläsern kostet 52,80 € (66,00 €; 73,80 €; 96,00 €). Wie viel kosten 2, 3, 4, 5, 7, 8, 9, 10 Stück?

7 Aus 50 kg Zuckerrüben gewinnt man 6,800 kg Zucker. Wie viel gewinnt man aus:
a) 1 112,5 kg, b) 2 080 kg, c) 1 275 kg, d) 1 162,5 kg, e) 2 135 kg Zuckerrüben?

> **Beispiel**
> Die Fracht für eine Sendung von 3 Warenposten im Gewicht von 216 kg beträgt 51,30 €. Wie viel Fracht entfällt auf einen Warenposten von 80 kg?

> **Lösung**
> **Aussage:** Bei 216 kg Gewicht beträgt die Fracht 51,30 €
> **Frage:** Bei 80 kg Gewicht beträgt die Fracht ? €
>
> Wenn bei 216 kg die Fracht 51,30 € beträgt, wird für 80 kg (**weniger**) auch **weniger** Fracht bezahlt.
> → Je weniger, desto weniger → dies ist ein Dreisatz mit geradem Verhältnis.
>
> **1. Satz:** Bei 216 kg Gewicht beträgt die Fracht $\quad$ 51,30 €
>
> **2. Satz:** Bei 1 kg Gewicht beträgt die Fracht $\quad \dfrac{51,30\ €}{216\ kg}$
>
> **3. Satz:** Bei 80 kg Gewicht beträgt die Fracht $\dfrac{51,30\ € \cdot 80}{216\ kg} = \underline{\underline{19,00\ €}}$

8 Vier Warenposten werden gemeinsam bezogen. Das Gesamtgewicht beträgt 460 kg, die Gesamtfracht 80,50 €. Welcher Frachtanteil entfällt auf einen Warenposten im Gewicht von
a) $115\frac{1}{2}$ kg, b) 145 kg?

9 Wie hoch ist die Seefracht für 18 200 kg Stabeisen von Rotterdam bis Madras, wenn die Fracht für 1 015 kg (1 long ton) 108,95 £ beträgt?

10 $7\frac{1}{2}$ m Kostümstoff kosten 255,75 €. Es werden 3 Kostüme zu $2\frac{1}{2}$ m, $2\frac{1}{4}$ m und $2\frac{3}{4}$ m daraus angefertigt. Wie viel € kostet der Stoff zu jedem der 3 Kostüme?

11 Ein Kaufmann bezieht in einer Sendung 3 verschiedene Warenposten, und zwar 80 kg zum Rechnungspreis von 144,00 €, 65 kg zu 149,50 € und 75 kg zu 247,50 €. Die Bezugskosten (Fracht, Versicherung u. a.) betragen 36,95 €. Davon sollen 27,05 € nach dem Wert der Waren und 9,90 € nach dem Gewicht der Waren umgelegt werden. Wie viel € entfallen auf jeden einzelnen Warenposten?

12 Ein Saal ist 42 m lang und $12\frac{1}{2}$ m breit. Der Bodenbelag für den Saal kostet 12.750,00 €. Wie teuer ist der gleiche Bodenbelag für einen Raum, der 12 m lang und $5\frac{1}{2}$ m breit ist?

13 Um einen Fußboden, der 4,5 m lang und 4,2 m breit ist, mit Fußbodenlack zu streichen, braucht man 2,100 kg Lack. Wie viel kg braucht man im Ganzen, wenn noch 2 weitere Böden von 4,75 m Länge und 4,4 m Breite bzw. 6,8 m Länge und 1,4 m Breite gestrichen werden sollen?

14 $46\frac{1}{2}$ m Tuch kosten 1.720,75 €.
Wie viel kosten $3\frac{3}{4}$ m dieses Tuches?

15 Das Ausheben einer Grube, die 8 m lang, $3\frac{1}{2}$ m breit und 2 m tief ist, verursacht 1.252,00 € Kosten, bemessen nach dem Rauminhalt. Wie hoch sind die Kosten für das Ausheben einer Grube im Ausmaß von $4\frac{1}{2}$ x 2 x 3 m? (Die Kalkulationsgrundlagen bleiben dieselben.)

16 Ein Autoverleih berechnet für einen PKW für 12 Tage 1.140,00 €. Die Leihe wird um 9 Tage verlängert. Wieviel € muss für die gesamte Leihdauer bezahlt werden?

17 Die 9 Lieferwagen eines Pizza-Service verbrauchen in der Woche durchschnittlich 2 340 l Benzin. Aufgrund der großen Nachfrage werden 3 zusätzliche Wagen angeschafft.
a) Wie hoch wird jetzt der durchschnittliche Benzinverbrauch sein?
b) Wie hoch ist der Benzinverbrauch pro Lieferwagen?

18 Eine Hochleistungspumpe kann in 4 Minuten 30 000 l Flüssigkeit fördern. Wieviel Zeit benötigt die Pumpe für 52 500 l?

7.2 Einfacher Dreisatz mit ungeradem Verhältnis (Antiproportional)

Beachte

Beim umgekehrten Verhältnis führt eine Zunahme (Abnahme) der einen Größe zu einer Abnahme (Zunahme) der anderen Größe.
Je mehr Arbeiter, desto weniger Zeit.
Je weniger Arbeiter, desto mehr Zeit.
Der Bruch wird „waagerecht" gebildet.

Beispiel

4 Arbeiter führen eine Arbeit gemeinsam in 12 Stunden aus. Wie lange brauchen 6 Arbeiter?

Lösung

Aussage: 4 Arbeiter arbeiten 12 Stunden.
Frage: 6 Arbeiter arbeiten x Stunden.

Wenn 4 Arbeiter 12 Stunden benötigen, werden 6 Arbeiter (mehr) weniger Zeit benötigen.
→ Je mehr, desto weniger → **dies ist ein Dreisatz mit ungeradem Verhältnis.**

4 Arbeiter – 12 Stunden
6 Arbeiter – ? Stunden   waagerecht $\dfrac{4 \cdot 12}{6}$ = 8 Stunden

---

1 3 Produktionsautomaten erledigen einen Auftrag in 15 Stunden. Wie lange würden 5 Automaten mit gleicher Leistung dazu benötigen?

2 Zur Durchführung einer Kanalisation benötigt ein Unternehmer bei 5 Arbeitstagen 18 Arbeiter. Die Arbeit soll in 3 Tagen beendet sein. Wie viel Arbeiter muss er noch einstellen?

3 Im letzten Jahr reichte ein Heizölvorrat von 6 500 l für die Heizungsperiode von 195 Tagen. Wegen der stärkeren Kälte wurden in diesem Winter durchschnittlich 40 l täglich verbraucht. Wie lange reichte der Vorrat dieses Mal?

4 9 Angestellte erledigen die Inventur eines Warenlagers in 8 Tagen zu je 8 Arbeitsstunden. In welcher Zeit kann die Inventur fertig sein, wenn noch 3 Hilfskräfte hinzugezogen werden?

5 5 Facharbeiter benötigen zur Ausführung eines Großauftrages 16 Arbeitstage. Wie lange brauchen 8 Facharbeiter dazu?

6 Ein Schreibautomat leistet 960 Anschläge pro Minute und schreibt einen Werbebrief in $3\frac{1}{2}$ Minuten. Wie lange würde eine Sekretärin (320 Anschläge/Minute) dafür benötigen?

7 Zu einer Dekoration braucht man 16,5 m Stoff, 90 cm breit. Da der betreffende Stoff in dieser Breite nicht am Lager ist, verwendet man 130 cm breiten Stoff. Wie viel Meter braucht man davon?

8 Wenn man auf einer Buchseite 40 Zeilen unterbringt, benötigt man für das ganze Buch $8\frac{1}{2}$ Bogen. Wie viel Bogen werden gebraucht, wenn auf eine Seite nur 34 Zeilen gehen?

9 Eine $3\frac{1}{2}$-Zimmer-Wohnung soll mit Teppichboden ausgelegt werden. Von einer 300 cm breiten Auslegeware in Veloursqualität würde man 26,5 m benötigen. Wie viel m müssen geliefert werden, wenn die ausgewählte Ware nur in 400 cm Breite am Lager ist?

7.3 Zusammengesetzter Dreisatz

Beispiel

20 Arbeiter schachten in 7 Tagen bei täglich 8 Stunden Arbeitszeit 350 m³ Erde aus. In welcher Zeit können 16 Arbeiter bei täglich 7 Stunden Arbeitszeit 500 m³ ausschachten?

Lösung

Aussage: 20 Arbeiter – bei 8 Stunden tägl. – 350 m³ – 7 Tage
Frage: 16 Arbeiter – bei 7 Stunden tägl. – 500 m³ – ? Tage

Der zusammengesetzte Dreisatz wird in drei einfache Dreisätze zerlegt:

1 Aussage: 20 Arbeiter – 7 Tage $\rightarrow$ $\dfrac{20 \cdot 7}{16}$
Frage: 16 Arbeiter – x Tage $\rightarrow$
(Ungerades Verhältnis: **Weniger** Arbeiter benötigen **mehr** Tage.)

2 Aussage: 8 Stunden – 7 Tage $\rightarrow$ $\dfrac{8 \cdot 7}{7}$
Frage: 7 Stunden – x Tage $\rightarrow$
(Ungerades Verhältnis: Je **weniger** Stunden, desto mehr Tage werden benötigt.)

3 Aussage: 350 m³ – 7 Tage $\rightarrow$ $\dfrac{7 \cdot 500}{350}$
Frage: 500 m³ – x Tage $\rightarrow$
(Gerades Verhältnis: Je **mehr** m³, desto **mehr** Tage werden benötigt.)

Zum Schluss werden alle einfachen Dreisätze zu einem Bruch zusammengefasst. Dabei werden Größen, die im Zähler stehen, in den Zähler übernommen (Die 7 als Bezugsgröße darf nur einmal übernommen werden!) und alle Größen, die im Nenner stehen, in den Nenner übernommen.

$\rightarrow \dfrac{20 \cdot 8 \cdot 500 \cdot 7}{16 \cdot 7 \cdot 350} = 14\frac{2}{7}$ Tage

---

1 25 Arbeiter sind täglich 7 Stunden tätig und stellen ein Sportfeld von 8 000 m² in 32 Tagen fertig. In welcher Zeit können 20 Arbeiter 12 000 m² fertig stellen, wenn sie täglich 8 Stunden arbeiten?

2 22 Arbeitern wird bei täglich 8-stündiger Arbeitszeit ein Wochenlohn von 14.960,00 € ausgezahlt. Wie viel Wochenlohn erhalten 18 Arbeiter bei gleichem Stundenlohn, wenn sie täglich nur 7 Stunden arbeiten?

3 Ein Großraumbüro soll mit quadratischen Teppichfliesen ausgelegt werden. Beim Ausmessen wurde festgestellt, dass 1 080 Stück Fliesen von 33$\frac{1}{3}$ cm x 33$\frac{1}{3}$ cm benötigt würden. Jetzt entscheidet sich der Kunde für eine Qualität, die es nur in Fliesen von 40 cm x 40 cm gibt. Wie viel Stück müssen bestellt werden?

4 Testarbeiten nach dem Antwortauswahl-Verfahren, die zur Leistungskontrolle angefertigt wurden, werden vom PC ausgewertet. Dabei benötigt er für die Korrektur einer Arbeit, an der 26 Schüler teilgenommen haben und bei der 15 Aufgaben gestellt waren, 6$\frac{1}{2}$ Minuten. Wie lange „korrigiert" der Computer mit demselben Programm an dem Test einer Jahrgangsstufe, an dem 120 Schüler teilnahmen und bei dem 24 Fragen zu beantworten waren?

5 Die Durchführung der Verkabelung einer Straße dauert 4 volle Tage, wenn sechs Arbeiter täglich 8 Stunden arbeiten. Wie lange brauchen 8 Arbeiter bei neunstündiger Arbeitszeit für diese Baumaßnahme?

8 Kettensatz

Beispiele

1 yard eines bestimmten Stoffes kostet in London 8,65 £. Welchem Preis in € für 1 m entspricht das bei einem Kurs von 2,435?
Wie viel € kostet 1 m, wenn 11 m 12 yards entsprechen,
               wenn 1 yard 8,65 £ kostet,
               wenn 1 £ 2,435 € entspricht?

Lösung

1,625 € = 1 £
8,65 £ = 1,625 · 8,65 €, das ist der Gegenwert von 1 yard;
12 yards = 1,625 · 8,65 · 12 €, das ist mithin auch der Preis für 11 m;

also kostet 1 m = $\dfrac{1{,}625 \cdot 8{,}65 \cdot 12}{11}$ € = $\underline{\underline{15{,}33\ €}}$.

Begründung

a) **Entwickeln Sie die Kette:**

?	€	1	m
11	m	12	yds.
1	yd.	8,65	£
1	£	1,625	€

b) **Prüfen Sie die Kette:**
Die Kette beginnt mit der Frage nach der gesuchten Größe (hier: ? € = 1 m). Jedes linke Glied der folgenden Gleichung muss die gleiche Benennung haben wie das rechte Glied der vorausgehenden Gleichung (m ... m, yard ... yard, £ ... £). Schließlich müssen die erste und die letzte Benennung übereinstimmen (€ ... €), d. h., die Kette muss geschlossen sein.

c) **Rechnen Sie die Kette aus:**
Ziehen Sie einen Bruchstrich. Schreiben Sie die Zahlen der rechten Glieder in den Zähler, die der linken Glieder in den Nenner, und zwar als Produkte. Dabei kann die häufig vorkommende Zahl „1" weggelassen werden, da sie das Ergebnis nicht beeinflusst.

$$\dfrac{1{,}625 \cdot 8{,}65 \cdot 12}{11} = \underline{\underline{22{,}98\ €\ \text{für 1 m}}}$$

Prägen Sie sich den Kettensatz gut ein.
Sie können ihn besonders beim Rechnen im Außenhandelsverkehr (Preisberechnungen, Angebotsvergleiche) vorteilhaft anwenden.

8.1 Muster- und Prüfungsaufgaben

1 Wie viel € kostet 1 m englischer Stoff, wenn 1 yard zu 15,10 £ angeboten wird bei einem Kurs von 1,614 für 1 £? (Beachten Sie: 11 m = 12 yds.; oder 1 yd. = 0,9144 m).

2 Berechnen Sie den Preis in € für ½ kg Kaffee, der zu 153,50 £ für 1 centweight (cwt.) bei einem Kurs von 1,624 angeboten wird. (Beachten Sie: 1 cwt. = 50,8 kg oder 97 lbs. = 44 kg.)

3 Wie viel € kostet 1 m amerikanischer Stoff, wenn 1 yd. zu 16,85 Dollar (US-$) angeboten wird bei einem Kurs von 0,9875 für 1 US-$?

4 Berechnen Sie den Preis in € für 1 kg Rohkaffee, der zu 176,50 US-$ für 1 cwt. bei einem Kurs von 0,9885 angeboten wird. (USA: 1 cwt. = 100 lbs.)

5 Die Seefracht von Hamburg nach Santiago beträgt 145,20 US-$ für 1 000 kg oder 90,85 US-$ für 1 m³. Wie hoch sind die Frachtkosten für eine Sendung von 300 kg oder mit einem Raummaß der seemäßigen Verpackung von 1,170 m³?
(Kurs 0,9625)

6 In Liverpool kosten 34⅓ yds. 205,— £. Wie viel € kostet 1 m? (Kurs 1,602)

7 Aus England werden Strumpfhosen importiert, 10 Paar zu 8,35 £. Was kostet 1 Paar in € bei einem Tageskurs von 1,604 für 1 £?

8 Berechnen Sie den Preis in € für 50 kg Kautschuk, wenn 1 pound (lb.) zu 53 cents (c) bei einem Kurs von 0,9714 angeboten wird. (1 lb. = 0,4536 kg; 1 US-$ = 100 c)

9 Wir erhalten 3 Angebote für ein gleichwertiges Material, und zwar aus der Bundesrepublik Deutschland, Amerika und England. Die Angebotspreise sind frei Wohnort des Käufers kalkuliert. Die Angebote lauten:
a) aus der Bundesrepublik Deutschland: 1 m zu 10,50 €;
b) aus Amerika: 1 yd. zu 6,80 US-$ (Kurs = 0,9625);
c) aus England: 1 yd. zu 4,05 £   (Kurs = 1,675).
Vergleichen Sie die Angebote und ermitteln Sie das günstigste.

10 In einem Angebot aus Glasgow wird 1 lb. zu 3,98 £ angeboten. Welcher Preis ergibt sich für 100 g in € bei einem Kurs von 1,635 für 1 £?

11 Eine Lederwarenfabrik bietet Handtaschen ab Lager zu 152,00 € an. Wie kann diese Tasche nach England angeboten werden? (Kurs: 1,655)

12 Ein Exporteur kalkuliert den Preis für 1 m einer Auslegeware mit 36,00 € FOB Hamburg. Wie lautet sein Angebot:
a) nach USA in $ für 1 yd. (Kurs 0,9612 für 1 US-$);
b) nach England in £ für 1 yd. (Kurs 1,587 für 1 £)?

13 Baumwolle notiert je lb.: in New York: 76,35 c; in Liverpool: 0,84 £. Berechnen Sie jeweils den Preis in € für 1 kg.
(Kurs für 1 US-$ 0,9723 und für 1 £ 1,652)

14 Wir beziehen Fleischkonserven (Cornedbeef) in Dosen mit einem Nettogewicht von 4 lbs. 15 ozs. Die Dose kostet 9,95 US-$. Wie hoch ist unser Preis für 125 g in € bei einem Kurs von 0,9732 und welches ist das Nettogewicht einer Dose in g?

15 Eine Exportware kostet 640,00 € je 100 kg CIF New York. Wie kann diese Ware in US-$-Währung für 1 cwt. (Kurs 0,9825) angeboten werden?

16 Eine Warenpackung (Büchse) hat ein Nettogewicht von 4¼ ozs.
Eine oz. kostet 42 c.
a) Wie viel € kostet eine Büchse bei einem Kurs von 0,9635 € je US-$?
b) Wie viel € kosten 1 000 g der betreffenden Ware?

17 354 Fässer mit einem Gewicht von je 48,5 lbs. werden nach Hamburg zu einem Frachtsatz von 2,43 £ für 1 cwt. verschifft. Wie hoch sind die Frachtkosten in € für 100 kg? (Tageskurs für 1 £ = 1,693)

18 Ein Bremer Tee-Importeur bezieht aus Colombo 10 Kisten Ceylontee, Bruttogewicht 1 170 lbs., Tara 15 lbs. je Kiste, zum Preis von 2.273,30 £. Berechnen Sie den Preis in € für 1 kg, wenn 1 £ mit 1,735 notiert.

19 Wir beziehen aus Bristol yds. 150.2.– Stoff zu 13,55 £ für 1 yd.
a) Wie viel € kostet 1 m bei einem Kurs von 1,582?
b) Wie viel m Stoff sind es?
c) Wie viel € haben wir für die ganze Sendung zu zahlen?

20 Eine deutsche Exportfirma bietet einen bestimmten Stoff zu 26,00 € FOB Hamburg für 1 m an. Wie kann sie diesen Stoff für 1 yd. in englischer Währung bei einem Umrechnungskurs von 1,602 nach England und in amerikanischer Währung nach den USA (Kurs: 0,9542) anbieten?

21 In London wird Kakao mit 1 382 £ je ton notiert. Welchem Preis in € für 50 kg entspricht diese Notierung, wenn 1 £ = 1,694 € ist?

22 Eine Importrechnung aus New Orleans ist über 73.2.— yds. ausgestellt. Der Preis beträgt 960 c je yd. Ermitteln Sie
a) den Rechnungsbetrag in US-$;
b) den Gegenwert in € bei einem Kurs von 0,9624.

23 Ein amerikanischer Pkw hat einen Benzinverbrauch von 8,75 gallons auf 100 miles. (Beachten Sie, dass hier das Flüssigkeitsmaß USA-gall. gemeint ist und dass 1 mile = 5000 feet.)
a) Welchem Verbrauch in l je 100 km entspricht das?
b) Wie viel km kann das Fahrzeug mit einer Tankfüllung von 25 USA-gall. zurücklegen?
c) Wie teuer ist eine Tankfüllung an einer deutschen Tankstelle, wenn das benötigte Superbenzin 1,059 € je l kostet?
d) Wie viel l fasst der Tank des Fahrzeugs?

24 Ein Spirituosen-Importeur erhält folgendes Angebot aus den USA: Whisky in Kartons zu je 6 Flaschen mit je 0,5 gallon Inhalt zum Preis von 159,90 US-$ je Karton. Berechnen Sie (Kurs: 0,9716)
a) den Preis für 20 Kartons in €
b) den Inhalt einer Flasche in l,
c) den Preis für 0,7 l in €.

9 Prozent- und Promillerechnung

Einführung

Die **Prozentrechnung** ist eine wichtige Rechenmethode, die in der kaufmännischen Praxis häufig angewendet wird, um Rechengrößen, Veränderungen und Entwicklungen von Wirtschaftsdaten zahlenmäßig vergleichen zu können, so in der Kalkulation (Rabatt, Skonti), beim Geschäftsumsatz, bei Gewinn- und Verlustrechnungen, dem Vergleich von Bilanzpositionen u. a.

Auch bei **Berechnungen im alltäglichen Leben** ist die Kenntnis der Prozentrechnung erforderlich, um sich ein begründetes Urteil über die Richtigkeit und den Aussagewert der Berechnungen bilden zu können. So werden die Angaben bei Gehaltserhöhungen, Preis- und Mietkostenänderungen, Rabattgewährungen usw. meist in Prozenten (prozentual) angegeben.

Für den Kaufmann ist die **Warenkalkulation** ein besonders wichtiges Anwendungsgebiet **der Prozentrechnung**, wie das folgende Beispiel zeigt:

Ein Einzelhändler kauft die folgenden Waren ein und erzielt dabei Gewinne:

Ware I	600 €	Einkaufspreis	–	96 €	Gewinn
Ware II	400 €	Einkaufspreis	–	80 €	Gewinn

Bei welcher Ware hat der Einzelhändler den höheren Gewinn erzielt?

Vergleicht man den **Stückgewinn** in absoluten Zahlen, dann ist der **Gewinn bei Ware I um 16 €** höher als bei Ware II. Bezieht man aber den Vergleich des erzielten Gewinns **auf 100 € der Ware I bzw. II,** dann erhält man folgendes Ergebnis:

Ware I	Ware II
Bei 600 € Warenwert (Grundwert)	Bei 400 € Warenwert (Grundwert)
entfallen von 96 € Gewinn (Prozentwert)	entfallen von 80 € Gewinn (Prozentwert)
auf 100 € Warenwert	auf 100 € Warenwert
96 : 6 = **16 € Gewinn = 16 %** (Prozentsatz).	80 : 4 = **20 € Gewinn = 20 %** (Prozentsatz).

Den höheren prozentualen Gewinn hat der Kaufmann an Ware II erzielt.

> **Merke**
>
> In der Prozentrechnung werden ungleiche absolute Zahlen vergleichbar gemacht, indem man sie auf die gemeinsame Vergleichszahl 100 (vom Hundert, pro centum) bezieht. Daraus ergibt sich als Verhältniszahl der Prozentsatz (%), der ungleiche absolute Zahlen vergleichbar macht.
>
> Folgende Größen sind bei der Prozentrechnung zu unterscheiden:
> 1. **Grundwert** (z. B. Warenwert)
> 2. **Prozentwert** (z. B. Gewinn)
> 3. **Prozentsatz** (vom Hundert, pro centum)
>
> **Vom Grundwert ist der 100. Teil = 1%.**

Promillerechnung

Die **Promillerechnung** wendet man bei kleineren absoluten Werten an. Statt mit der Vergleichszahl 100 (Prozent) wird mit der **Vergleichszahl 1000** = vom Tausend = pro mille = ‰ gerechnet. Dabei sind folgende Berechnungsgrößen zu unterscheiden:

1. Grundwert, 2. Promillewert, 3. Promillesatz.

Vom Grundwert ist der 1000. Teil = 1 ‰.
Im Übrigen gelten bei der Promillerechnung die Regeln der Prozentrechnung.

> **Beispiel**
> Auf eine Versicherung von 50.000 € (Grundwert) sind 2 ‰ (Promillesatz) Versicherungsprämie (Promillewert) zu zahlen:
> 50.000 : 1000 = 50 € = 1 ‰ ; 50 · 2 = 2 ‰ = 100 €.

9.1 Berechnen des Prozentwertes (Promillewertes)

> **Beispiel**
> Die Frachtkosten einer Sendung machen 2 % des Rechnungsbetrages aus, der 1.560,00 € beträgt. Wie hoch sind die Frachtkosten?
> Rechnen Sie: 1 % ($1/100$ des Grundwertes von 1.560,00 €) = 15,60 €;
> 2 % = 15,60 € · 2 = **31,20 €**.

> **Merke**
> $$\text{Prozentwert} = \frac{\text{Grundwert}}{100} \cdot \text{Prozentsatz}$$

1 Berechnen Sie, von 1 % ausgehend:
a) 2 % (4 %) von   310,00,   450,00,   72,00, 1.230,00,   8,00 €;
b) 5 % (3 %) von 1.480,00,   720,00,   62,00,   185,00,   920,00 €;
c) 8 % (6 %) von   120,00, 1080,00,   84,00,   242,00,   850,00 €.

2 a) ½ %, ⅓ %, ⅔ %, ⅕ %, ⅘ %, ⅛ %, ⅜ % von 720,00, 1.240,00, 800,00, 3.000,00, 3.600,00, 4.000,00, 816,00, 2.400,00, 960,00 €;
b) 2½ %, 1⅓ %, 4⅔ %, 2⅕ %, 2⅜ %, 3¼ %, 1¼ %, 5½ % von 480,00, 216,00, 2.400,00, 3.000,00, 1.280,00, 960,00, 4.200,00 €.

3 Berechnen Sie, von 1 ‰ (1 vom Tausend) ausgehend:
a) 2   ‰ von 2.800,00,   720,00, 18.600,00,   960,00,   90,00 €;
b) ¾ ‰ von 8.000,00, 2.800,00, 36.100,00, 32.800,00, 24.200,00 €;
c) 1½ ‰ von 4.000,00, 3.200,00,   640,00, 21.500,00, 48.000,00 €;

4 Gehen Sie von 1 % aus und berechnen Sie:
a) 2½ %, 5 %, 7½ %, 6⅓ %, 6⅔ %, 1⅔ %, 1¼ %, 4 %, 1½ % von
   18,00, 168,00, 288,00, 2.400,00, 3.200,00, 960,00 €;
b) 20 %, 40 %, 60 %, 80 %, 70 %, 35 %, 55 %, 42 %, 85 % von
   32,00, 152,00, 312,00, 600,00, 2.100,00, 780,00, 4.250,00, 1.200,00 €.

a) Wie viel sind 200 %, 500 %, 300 %, 400 %, 120 %, 250 %, 310 % von 104,00, 216,00, 1.080,00, 1.500,00, 2.100,00, 4.200,00, 12.000,00 €?

b) Drücken Sie das 3-, 2-, 2½-, 1¾ fache des Grundwertes in % aus.

Berechnen Sie den Zieleinkaufspreis (vgl. Kalkulation):

Listeneinkaufspreis	Rabatt	Listeneinkaufspreis	Rabatt
a) 8.112,00 €	13 %	d) 1.631,25 €	17 %
b) 9.618,30 €	24 %	e) 3.145,16 £	23 %
c) 4.734,70 €	14 %	f) 9.218,75 £	32 %

Berechnen Sie das Nettogewicht.

Bruttogewicht	Tara	Bruttogewicht	Tara
a) 2570,75 kg	6 %	d) 7208,4 kg	3 %
b) 3435,5 kg	2 %	e) 3164,6 kg	4 %
c) 1415,5 kg	5 %	f) 5918,8 kg	8 %

Berechnen Sie den Selbstkostenpreis (vgl. Kalkulation):

Bezugspreis		Allgemeine Geschäftskosten	
a) 1.860,00 €	(3.710,00 €)	26 %	(7 %)
b) 2.618,30 €	(2.240,20 €)	12 %	(11 %)
c) 945,00 €	(860,70 €)	15 %	(13 %)
d) 276,80 €	(1.524,00 €)	29 %	(21 %)
e) 2.106,20 €	(2.918,20 €)	18 %	(5 %)
f) 1.420,00 €	(712,50 €)	22 %	(8 %)
g) 542,00 €	(362,00 €)	13 %	(12 %)
h) 6.245,00 €	(4.138,00 €)	14 %	(15 %)

Berechnen Sie den Barverkaufspreis (vgl. Kalkulation):

Selbstkosten	Gewinn	Selbstkosten	Verlust
a) 192,80 €	16¼ %	e) 2.175,25 €	5¾ %
b) 8.240,40 €	30½ %	f) 129,80 €	12⅓ %
c) 654,00 €	21⅔ %	g) 1.780,45 €	15 %
d) 813,10 €	40 %	h) 946,00 €	8½ %

Die Berechnung des Prozentwertes ist viel einfacher, wenn der Prozentsatz eine genaue Teilzahl von 100 ist.

a) Welcher Teil vom Grundwert (100%) sind:
20 %, 25 %, 50 %, 33⅓ %, 40 %, 66⅔ %, 75 %, 80 %?

b) Wie viel vom Hundert sind:
½, ⅓, ¼, ⅕, ⅒, ⅙, ⅛, 1/25, 1/50, 1/75, 1/80 des Grundwertes?

11 Prägen Sie sich die folgende Tabelle, die so genannten **bequemen Prozentsätze,** auch in der Umkehrung gut ein.

1 % = ¹⁄₁₀₀	des Grundwertes	8⅓ % = ¹⁄₁₂	des Grundwertes
1⅓ % = ¹⁄₇₅	des Grundwertes	11⅑ % = ⅑	des Grundwertes
1¼ % = ¹⁄₈₀	des Grundwertes	12½ % = ⅛	des Grundwertes
1⅔ % = ¹⁄₆₀	des Grundwertes	16⅔ % = ⅙	des Grundwertes
2½ % = ¹⁄₄₀	des Grundwertes	20 % = ⅕	des Grundwertes
3⅓ % = ¹⁄₃₀	des Grundwertes	25 % = ¼	des Grundwertes
4⅙ % = ¹⁄₂₄	des Grundwertes	33⅓ % = ⅓	des Grundwertes
5 % = ¹⁄₂₀	des Grundwertes	50 % = ½	des Grundwertes
6¼ % = ¹⁄₁₆	des Grundwertes	66⅔ % = ⅔	des Grundwertes
6⅔ % = ⅕	des Grundwertes	75 % = ¾	des Grundwertes

12 Zur Einübung berechnen Sie:
a) die Prozentsätze der 1. Spalte von: 240,00, 600,00, 1.080,00 €;
b) die Prozentsätze der 2. Spalte von: 180,00, 900,00, 1.248,00 €.

13 Wenden Sie die Sätze der Tabelle Nr. 11 an (vgl. Kalkulation S. 153):
a) 2½ % Verpackung, Bruttogewicht 680 kg, Nettogewicht?
b) 8⅓ % Verpackung, Bruttogewicht 960 kg, Nettogewicht?
c) 12½ % Rabatt, Listeneinkaufspreis 64,80 €, Zieleinkaufspreis?
d) 16⅔ % Rabatt, Listeneinkaufspreis 846,00 €, Zieleinkaufspreis?
e) 6¼ % Bezugskosten, Bareinkaufspreis 6.400,48 €, Bezugspreis?
f) 3⅓ % Skonto, Zieleinkaufspreis 360,00 €, Barpreis?
g) 6⅔ % Verwaltungskosten, Bezugspreis 900,00 €, Selbstkostenpreis?
h) 33⅓ % Gewinn, Selbstkostenpreis 156,00 €, Barverkaufspreis?

14 Berechnen Sie:
a) 1¼ %, 3⅓ %, 25 %, 1½ %, 11 %, 16⅔ %, 8⅓ % von 240,00 €, 960,00 €, 56,00 €, 288,00 €, 624,00 €;
b) 33⅓ %, 15 %, 75 %, 30 %, 1¼ %, 12½ %, 20 % von 576,00 €, 640,00 €, 720,00 €, 1.920,00 €, 4.800,00 €;
c) 2½ % Skonto (33⅓ % Rabatt) von 96,00 €, 420,00 €, 721,00 €, 172,00 €, 1.260,00 €, 31,00 €, 1.500,00 €, 948,00 €.

15 Berechnen Sie
a) 2½ %, 6⅔ %, 7½ %, 1¼ %, 1⅔ % Gewichtsschwund beim Lagern von 1 020 (1 440) kg Kartoffeln;
b) 15 %, 40 %, 60 %, 35 %, 65 %, 42½ % Gewichtsschwund beim Dörren von 700 (1 260) kg Obst.

16 Berechnen Sie die Barzahlung.

	Rechnungsbetrag	Skonto		Rechnungsbetrag	Skonto
a)	1.286,40 €	2½ %	c)	672,50 €	1¼ %
b)	3.712,60 €	3⅓ %	d)	284,80 €	1⅔ %

17 Stellen Sie die Bilanzwerte fest.

	Buchwert	Abschreibung		Buchwert	Abschreibung
a)	7.245,00 €	9 %	c)	9.546,30 €	33⅓ %
b)	6.048,00 €	12½ %	d)	1.488,24 €	8⅓ %

Beachte 🔊 Durch geschicktes Zerlegen des Prozentsatzes können Sie die Rechnung vereinfachen:

$4\frac{1}{2}$ % = 5 % − $\frac{1}{10}$ von 5 %   15 % = 10 % + $\frac{1}{2}$ von 10 %
$7\frac{1}{2}$ % = 10 % − $\frac{1}{4}$ von 10 % $4\frac{4}{5}$ % = 4 % + $\frac{1}{5}$ von 4 %
2,2 % = 2 % + $\frac{1}{10}$ von 2 % $3\frac{3}{4}$ % = 3 % + $\frac{1}{4}$ von 3 %
9 % = 10 % − $\frac{1}{10}$ von 10 % $5\frac{1}{2}$ % = 5 % + $\frac{1}{10}$ von 5 %
11 % = 10 % + $\frac{1}{10}$ von 10 %   18 % = 20 % − $\frac{1}{10}$ von 20 %

Beispiele

$4\frac{5}{8}$ % von 480,00 €
4 % = 19,20 €
$\frac{4}{8}$ % = 2,40 €
+ $\frac{1}{8}$ % = 0,60 €
$4\frac{5}{8}$ % = 22,20 €

$2\frac{3}{4}$ % von 360,00 €
3 % = 10,80 €
− ¼ % = 0,90 €
$2\frac{3}{4}$ % = 9,90 €

$3\frac{3}{5}$ % von 1.280,00 €
3 % = 38,40 €
+ $\frac{3}{5}$ % = 7,68 € = $\frac{1}{5}$ von 3 %
$3\frac{3}{5}$ % = 46,08 €

Beachte 🔊 Deuten Sie durch einen Punkt am jeweiligen Grundwert **1%** an.

18 Berechnen Sie:

a)	1½ % von	80,00 €	i)	3¼ % von	360,00 €
b)	1¾ % von	300,00 €	k)	2⅖ % von	75,00 €
c)	5½ % von	120,00 €	l)	3⅞ % von	4.000,00 €
d)	3½ % von	90,00 €	m)	4½ % von	720,00 €
e)	⅝ % von	64,00 €	n)	2¾ % von	1.240,00 €
f)	7½ % von	200,00 €	o)	⅚ % von	300,00 €
g)	2,2 % von	96,00 €	p)	3⅗ % von	620,00 €
h)	5½ % von	1.200,00 €	q)	3⅚ % von	3.600,00 €

19 Berechnen Sie den Bareinkaufspreis:

	Zieleinkaufspreis	Skonto		Zieleinkaufspreis	Skonto
a)	1.632,00 €	$2\frac{1}{2}$ %	c)	2.736,40 €	$1\frac{3}{4}$ %
b)	675,20 €	$3\frac{1}{3}$ %	d)	948,30 €	$2\frac{5}{8}$ %

20 Auf den Listeneinkaufspreis wird ein Sonderrabatt gewährt:

	Listenpreis	Sonderrabatt		Listenpreis	Sonderrabatt
a)	1.562,00 €	$5\frac{1}{2}$ %	c)	2.812,20 €	$7\frac{1}{2}$ %
b)	480,00 €	$3\frac{3}{4}$ %	d)	96,50 €	$4\frac{1}{2}$ %

21 Berechnen Sie die Versicherungsprämie:

	Versicherungssumme		Prämiensatz	
a)	16.400,00 €	(35.000,00; 48.500,00)	$1\frac{1}{2}$ ‰	($1\frac{3}{4}$ ‰)
b)	9.600,00 €	(10.800,00; 25.000,00)	3 ‰	(0,5 ‰)
c)	12.500,00 €	(14.700,00; 22.500,00)	$2\frac{1}{2}$ ‰	($1\frac{1}{2}$ ‰)
d)	3.600,00 €	(56.400,00; 85.000,00)	$2\frac{3}{4}$ ‰	(1,25 ‰)
e)	5.800,00 €	(68.000,00; 12.500,00)	$3\frac{1}{4}$ ‰	($3\frac{4}{5}$ ‰)
f)	14.200,00 €	(21.500,00; 63.600,00)	2,2 ‰	($2\frac{1}{4}$ ‰)

22 Einer Firma liegen mehrere Angebote für eine Anbauküche vor:
1. Angebotspreis 7.860,00 € Zahlung ohne Abzug,
2. Angebotspreis 8.249,00 € mit 5 % Rabatt, sofortige Zahlung,
3. Angebotspreis 8.295,00 € mit 3 % Rabatt und 2 % Skonto.

Welches Angebot ist das vorteilhafteste?

> **Beachte** Berechnen Sie in den folgenden Aufgaben die Prozentwerte auf die vorteilhafteste Weise.

23 Im Sommerschlussverkauf werden die Preise stark herabgesetzt:
Damenmäntel um 15 %; bisherige Preise: 112,80; 96,00; 162,50 €,
Sportjacken um 29 %; bisherige Preise: 71,40; 48,25; 85,60 €.

24 Schepeler & Co. mischen 3 Sorten Rohkaffee: 18 kg zu je 8,39 €, 22 kg zu je 7,26 € und 12 kg zu je 6,54 €. Beim Rösten entsteht ein Gewichtsverlust von 18 %. Wie teuer wird $\frac{1}{4}$ kg Röstkaffee, wenn für Röstlohn, Gas und Strom 9,51 € gerechnet werden?

25
a) Selbstkostenpreis 3.170,60 €; Gewinn $16\frac{2}{3}$ %; Verkaufspreis?
b) Bezugspreis 2.450,00 €; Geschäftskosten 11 %; Selbstkosten?
c) Listeneinkaufspreis 1.890,00 €; Rabatt $17\frac{1}{2}$ %; Zieleinkaufspreis?

26
a) Rohgewicht 2 546 kg; Verpackung 4,4 %; Reingewicht?
b) Rohkaffee 720 kg; Röstverlust 19 %; Röstkaffee?

27
Ein Vertreter erhält für den Vertrieb von Ware I $3\frac{1}{2}$ %, von Ware II $2\frac{1}{4}$ % und Ware III $6\frac{2}{3}$ % Provision.
Wie hoch ist sein Einkommen im Monat Juli, wenn er von Ware I für 25.126,00 €, von Ware II für 8.713,00 €, von Ware III für 12.631,00 € verkauft und sein Fixum zz. 850,00 € beträgt?

28
Ein Kommissionär erhält auf die von ihm vermittelten Aufträge eine Provision; sie wird beim Einkauf zugeschlagen, beim Verkauf vom Verkaufserlös abgezogen.
Stellen Sie die Einkaufsrechnung bzw. die Verkaufsrechnung auf:
a) Einkauf: 3.120,75 €, Provision $2\frac{1}{4}$ %;
b) Verkauf: 1.820,60 €, Provision $3\frac{5}{8}$ %; Delkredereprovision $1\frac{1}{4}$ %;
c) Einkauf: 4.188,45 €, Provision $4\frac{4}{5}$ %.

29
Vom Listenverkaufspreis werden von dem Kunden nacheinander Rabatt und Skonto gekürzt:

Listenverkaufspreis:	1.620,80 €	2.745,60 €	874,75 €
Rabatt:	15 %	25 %	$7\frac{1}{2}$ %
Skonto:	$2\frac{1}{2}$ %	3 %	$1\frac{1}{4}$ %

30
Ein Großhändler bezieht aus Manchester 315.2.– yds. Stoff zu 13,12 £ für 1 Yard. Für Einkaufsspesen und Versicherung kalkuliert er mit $6\frac{1}{2}$ %.
Berechnen Sie den Preis für 1 m in €. (Kurs: 1,62 €)

31
Einem Einzelhändler werden Handtücher zu 7,36 € je Stück mit $2\frac{1}{2}$ % Skonto ab Fabrik angeboten. Eine andere Firma würde die Handtücher zu 47,29 € je 6er-Packung frei Lager liefern und auf diesen Preis 5 % Rabatt und $2\frac{1}{2}$ % Skonto gewähren. Welches Angebot ist günstiger?

32
Bei der Inventur werden auf die Gegenstände des Anlagevermögens Abschreibungen vorgenommen, und zwar:
auf Gebäude (232.800,00 €) 3 %, auf Fuhrpark (128.410,00 €) $16\frac{2}{3}$ %, auf Geschäftsausstattung (76.200,00 €) 11 %, auf Maschinen (36.112,00 €) $12\frac{1}{2}$ %. Mit welchem Buchwert stehen die Posten jetzt in der Bilanz?

33
Die Gemeinden erheben die Grundsteuer, indem sie den Steuermessbetrag festsetzen und auf diesen den so genannten Hebesatz, das ist ein Prozentsatz des Messbetrages, z. B. 200 %, anwenden.
Berechnen Sie die Grundsteuer, wenn

der Messbetrag:	191,00,	238,00,	517,00,	846,00 €,
der Hebesatz:	255 %,	110 %,	275 %,	325 % ist.

34
Ein Fachgeschäft bezieht 12 Markenfahrräder zum Listeneinkaufspreis von 171,28 € je Stück abzüglich 25 % Wiederverkäuferrabatt. Wie teuer ist die Sendung im Einkauf, wenn der Fahrradhändler noch $2\frac{1}{2}$ % Skonto vom Zieleinkaufspreis abzieht?

35 Ein Kaufhaus setzt die Preise für folgende Geräte zweimal herab:
Geschirrspüler 501,07 € zunächst um 10 %, dann um 5 %;
Elektroherd 444,82 € zunächst um 6 %, dann um 10 %;
Gefrierschrank 419,26 € zunächst um 7 %, dann um $12\frac{1}{2}$ %;
Waschmaschine 521,52 € zunächst um 15 %, dann um 6 %.
Wie hoch sind die neuen Preise nach der ersten und nach der zweiten Herabsetzung?

36 Im Ausverkauf kauft Frau M. die folgenden Reste:

	bisheriger Preis	Ermäßigung
0,90 m	19,60 €	$12\frac{1}{2}$ %
3,20 m	23,70 €	15 %
$2\frac{3}{4}$ m	16,40 €	18 %

Stellen Sie den Kassenzettel aus.

37 Ein Sportgeschäft gibt im Sommer einen Sonderrabatt auf Wintersportartikel. Berechnen Sie die Sommerpreise:
Rodelschlitten Winterpreis 44,43 € $8\frac{1}{3}$ % Rabatt
Schnallenskistiefel Winterpreis 122,20 € $22\frac{1}{2}$ % Rabatt
Langlaufskier Winterpreis 94,59 € 15 % Rabatt

9.2 Berechnen des Prozentsatzes (Promillesatzes)

Beispiel In einer Sendung von 400 Gläsern befinden sich 20 Bruchgläser. Wie viel vom Hundert (%) machen die Bruchgläser aus?

Lösung 1 20 sind von 400 der 20. Teil, also $\frac{1}{20}$ des Grundwertes, das sind 5 %.

Lösung 2 1 % von 400 = 4 · 20 Gläser sind sovielmal 1 %, wie 4 in 20 enthalten ist, also 5-mal, d. h. 5 %.

Merke
$$\text{Prozentsatz} = \frac{\text{Prozentwert} \cdot 100}{\text{Grundwert}} \%$$

Beachte Berechnen Sie zuerst 1 % des Grundwertes.

1 Wie viel v. H. (%) der Gläser sind zerbrochen, wenn:
a) unter 400 Gläsern 10 (40, 50);
b) unter 750 Gläsern 30 (15, 60) Bruchgläser sind?

2 Berechnen Sie den Prozentsatz.

	Rechnungsbetrag	Nachlass		Rohgewicht	Verpackung
a)	800,00 €	24,00 €	e)	3 000 kg	80 kg
b)	70,00 €	2,10 €	f)	250 kg	8,75 kg
c)	4.500,00 €	180,00 €	g)	120 kg	3 kg
d)	40,00 €	1,65 €	h)	75 kg	3 kg

3 Wie viel Prozent beträgt der Preisaufschlag?

	a)	b)	c)	d)
Alter Preis:	24,00 €	5,60 €	9,60 €	15,75 €
Neuer Preis:	26,40 €	6,30 €	12,00 €	18,90 €

	e)	f)	g)	h)
Alter Preis:	18,40 €	0,95 €	426,00 €	2,60 €
Neuer Preis:	20,70 €	1,16 €	479,25 €	2,99 €

4 Bei einem Konkurs fallen 84.230,00 € Kosten und bevorrechtigte Ansprüche an. Wie hoch ist die Konkursquote für die nicht bevorrechtigten Forderungen in Höhe von 824.400,00 €, wenn die Konkursmasse 264.380,00 € beträgt?

5 Preise in € für 1 kg auf dem Wochenmarkt

für	in der 1. Woche	2. Woche	3. Woche	4. Woche der Saison
Kirschen	3,40 €	2,80 €	1,60 €	1,20 €
Erdbeeren	4,20 €	3,60 €	2,80 €	2,20 €

Berechnen Sie in % die Preisveränderungen in den einzelnen Wochen.

6 Berechnen Sie den Skontoabzug in Prozent.

	Rechnungsbetrag	Skonto		Rechnungsbetrag	Barzahlung
a)	1.824,00 €	45,60 €	d)	72,00 €	70,92 €
b)	8.020,00 €	180,45 €	e)	6.122,70 €	5.918,61 €
c)	720,20 €	16,20 €	f)	580,00 €	566,95 €

7 Bei einem Konkurs betragen die Aktiva: Warenlager 185.000,00 €, Außenstände 82.000,00 €, Geschäftseinrichtung 126.000,00 €; die Passiva: Lieferantenschulden: 552.750,00 €. Bevorrechtigte Forderungen: Noch zu zahlende Gehälter 85.000,00 €, Steuern 76.000,00 €.
Wie viel % ihrer Forderungen erhalten die gewöhnlichen Konkursgläubiger?

8 Aus Anlass des Sommerschlussverkaufs hat eine Boutique ihre Preise herabgesetzt. Berechnen Sie den Prozentsatz der Preissenkung in Euro.

Nr. 624	Nr. 15	Nr. 615	Nr. 1 020	Nr. 76 a
36,00/30,60	72,00/63,35	6,20/4,16	132,00/112,20	65,00/57,20

9 Die Geschäftskosten betrugen in drei aufeinander folgenden Jahren:
   354.000,00 €;   409.375,00 €;   482.090,00 €.
In dieser Zeit betrugen die Wareneinkäufe (Bezugspreise):
   2.950.000,00 €; 3.275.000,00 €; 3.680.000,00 €.
Berechnen Sie den Prozentsatz der Geschäftskosten für die drei Jahre.

10 Wie viel Prozent sind:
a) 16,00 € von 800,00 €
b) 9,00 € von 1.200,00 €
c) 73,80 € von 24.600,00 €
d) 9,25 € von 18.500,00 €

11 Berechnen Sie den Prämiensatz in Prozent:

Versicherungssumme	Prämie		Versicherungssumme	Prämie
a) 34.000,00 €	59,50 €	c)	17.200,00 €	30,96 €
b) 5.000,00 €	13,75 €	d)	21.000,00 €	31,50 €

12 Berechnen Sie den Prozentsatz:
a) Rohgewicht   428 kg   Verpackung   6,42 kg
b) Rohgewicht   8 134 kg   Reingewicht   7 890 kg
c) Rohkaffee   382 kg   Röstkaffee   301,780 kg

13
a) Rechnungsbetrag   821,00 €   Nachlass   18,47 €
b) Rechnungsbetrag   2.160,00 €   Barzahlung   2.062,80 €
c) Buchwert   1.573,20 €   Abschreibung   131,10 €
d) Anschaffungswert   2.728,00 €   Bilanzwert   2.387,00 €

14 Wie viel % beträgt der Gewinn oder Verlust?

	Selbstkostenpreis	Verkaufspreis		Selbstkostenpreis	Verkaufspreis
a)	128,00 €	160,00 €	e)	940,00 €	864,80 €
b)	1.785,00 €	1.870,00 €	f)	103,50 €	91,02 €
c)	196,40 €	274,80 €	g)	820,00 €	754,40 €
d)	2.178,20 €	2.940,57 €	h)	1.650,00 €	1.542,75 €

15

Der Alkoholgehalt von Spiritus wird in % (Raumprozenten) angegeben.
Es werden gemischt:
a) 12 l reiner Alkohol   mit   4 l Wasser
b) 240 l reiner Alkohol   mit 60 l Wasser
c) 185 l reiner Alkohol   mit 210 l Wasser
d) 120 l 86%iger Spiritus   mit 60 l Wasser
e) 40 l 60%iger Spiritus   mit 14 l 45%igem Spiritus

Wie viel prozentig ist der Spiritus in den einzelnen Fällen?

16

Die Bilanz eines Unternehmens weist als Aktiva die folgenden Posten auf: Kasse 7.150,20 €, Postbankguthaben 13.428,30 €, Bankguthaben 22.712,50 €, Forderungen 25.614,00 €, Waren 41.925,70 € und Geschäftsausstattung 5.631,50 €. Auf der Passivseite stehen Verbindlichkeiten mit 19.284,00 € und Wechselschulden mit 21.785,00 €.
Berechnen Sie die prozentualen Anteile der einzelnen Posten (Aktiva und Passiva) an der gesamten Bilanzsumme. (eine Stelle nach dem Komma)

17

Ein Autozubehörgeschäft bietet beim Räumungsverkauf stark herabgesetzte Preise.
Berechnen Sie den jeweiligen Preisnachlass:

	regulärer Preis	herabgesetzter Preis
Lammfellschonbezug	109,00 €	79,50 €
Auto-Feuerlöscher	34,90 €	19,50 €
Batterieladegerät	59,00 €	39,50 €
Starthilfekabel	13,90 €	9,50 €

18

Eine Filiale einer Verbrauchermarktkette rechnet folgende Umsätze ab:

Nahrungsmittel	135.761,17 €	Getränke	67.435,30 €
Genussmittel	44.625,90 €	Non-Food-Artikel	23.616,32 €
Obst und Gemüse	15.677,89 €		

Errechnen Sie die prozentualen Anteile der einzelnen Artikelgruppen am Gesamtumsatz.

19

Außenhandel eines Staates	Einfuhr in Mio. €	Ausfuhr in Mio. €
Lebende Tiere	736	864
Nahrungsmittel tierischen Ursprungs	13.236	9.862
Nahrungsmittel pflanzlichen Ursprungs	34.348	12.194
Genussmittel	9.632	5.105
Rohstoffe	57.456	8.565
Halbwaren	86.794	41.038
Fertigwaren	254.034	456.209

a) Berechnen Sie in Prozent den Anteil der Ernährungswirtschaft und der gewerblichen Wirtschaft (im Ganzen) an der Gesamteinfuhr.
b) Wie viel Prozent betragen die einzelnen Positionen der Ausfuhr?

20 Die Steuereinnahmen des Bundes und der Länder betrugen 20.. insgesamt 223.536,29 Mio. €. Davon entfielen: 26.294,74 Mio. € auf die Umsatzsteuer, 75.482,12 Mio. € auf die Lohnsteuer, 14.606,59 Mio. € auf die Einkommensteuer, 16.277,49 Mio. € auf die Körperschaftsteuer, 7.389,19 Mio. € auf die Tabaksteuer, 2.767,11 Mio. € auf Zölle. Berechnen Sie den prozentualen Anteil der einzelnen Steuern an dem Gesamtaufkommen und die Steigerung gegenüber dem Vorjahr mit 212.030,18 Mio. € Steuereinnahmen.

21 Monatsumsätze und Kosten in Einzelhandelsgeschäften:

		Tabakwaren in €	Schuhgeschäft in €
Monatsumsatz	....	95.180,00	186.540,00
Kosten, und zwar:	Personalkosten	4.826,00	8.762,00
	Miete	1.275,00	2.798,00
	Steuern	2.312,00	6.342,00
	Werbung	196,00	1.761,00
	Sonstige Kosten	2.437,00	8.581,00

a) Setzen Sie die Kosten in Beziehung zum Umsatz und berechnen Sie die einzelnen Prozentsätze.
b) Berechnen Sie, wie viel % die Gesamtkosten vom Umsatz ausmachen.

9.3 Berechnen des Grundwertes

Beispiel

Von einer Rechnung wurden 2% Skonto = 25,60 € abgezogen. Wie groß war der Rechnungsbetrag?
  2 % des Rechnungsbetrages (Grundwert) =   25,60 €
  1 % des Rechnungsbetrages (Grundwert) =   12,80 €
100 % des Rechnungsbetrages (Grundwert) = 1.280,00 €
Kürzer:
  2 % =   25,60 €
100 % = 50 · 25,60 € = 1.280,00 €

Merke

$$\text{Grundwert} = \frac{\text{Prozentwert} \cdot 100}{\text{Prozentsatz}}$$

1 Stellen Sie den Rechnungsbetrag fest:

a) 4 % Nachlass = 28,00 €
b) 3 % Nachlass = 36,00 €
c) 5 % Nachlass = 45,00 €
d) 6 % Nachlass = 14,40 €
e) 2 % Nachlass = 7,20 €

f) 7 % Nachlass = 28,70 €
g) $8\frac{1}{3}$ % Nachlass = 8,00 €
h) $12\frac{1}{2}$ % Nachlass = 27,00 €
i) $2\frac{1}{2}$ % Nachlass = 0,70 €
k) $3\frac{1}{3}$ % Nachlass = 1,30 €

Berechnen Sie das Bruttogewicht und Nettogewicht bei:

a) 2½ % = 1,850 kg Tara
b) 6⅔ % = 4,100 kg Tara
c) 12½ % = 7,250 kg Tara
d) 33⅓ % = 9,450 kg Tara
e) 1¼ % = 30,200 kg Tara
f) 3⅓ % = 210,320 kg Tara
g) 8⅓ % = 73½ kg Tara
h) 1⅔ % = 1,81 kg Tara

Bei der Bezahlung von Rechnungen wurden für Skonto a) 1½ % = 18,72 €; b) 2½ % = 103,32 € und c) 3⅓ % = 26,35 € gekürzt.
Wie hoch waren die Rechnungsbeträge vor dem Abzug des Skontos?

Ein Einzelhandelsgeschäft hat für die Monate Jan., Febr. und März 9.270,62 €; 9.823,57 €; 10.414,35 € für Umsatzsteuer (15 %) an das Finanzamt überwiesen.
Berechnen Sie den Umsatz für die drei Monate.

a)	12 % Abschreibung	= 1.086,00 €;	Buchwert	= ?
b)	12½ % Abschreibung	= 875,00 €;	Bilanzwert	= ?
c)	35 % Umsatzsteigerung	= 31.570,00 €;	alter Umsatz	= ?
d)	12 % Rabatt	= 117,64 €;	Listenpreis	= ?
e)	7 % Umsatzsteuer	= 1.925,80 €;	Umsatz (netto)	= ?

Bei dem Konkurs eines ihrer Kunden erhält eine Firma nur 24 % (15 %) ihrer Forderung = 516,00 € (1.274,52 €) ausbezahlt. Wie hoch war diese?

Ein Vertreter erhält auf die von ihm vermittelten Aufträge:

a) 2½ % = 304,50 € Provision
b) 5 % = 432,03 € Provision
c) 8 % = 1.308,00 € Provision
d) 6½ % = 833,07 € Provision
e) 3½ % = 330,15 € Provision

Über welchen Betrag lauteten die Aufträge?

Ein Hausbesitzer hat im vergangenen Jahr für Instandhaltung seines Hauses 15 % der Bruttomiete = 6.175,00 € aufgewendet. Wie hoch war die Bruttomiete?

Ein Familienvater rechnet mit 16⅔ % seines mtl. Einkommens für die Wohnungsmiete. Er zahlt 780,50 €. Wie hoch ist das Einkommen?

Ein pensionierter Beamter erhält jetzt 75 % seines Gehaltes als Pension. Monatlich werden ihm netto, d. h. abzüglich 252,26 € für Lohnsteuer und Kirchensteuer, 1.849,92 € ausgezahlt.
Wie hoch war sein zuletzt bezogenes Jahresgehalt, als er noch im Dienst war?

Bei einem Hauskauf betrugen die zusätzlichen Kosten (Maklerprovision, Grunderwerbsteuer usw.) 14.176,00 € oder 8% des Kaufpreises. Wie hoch war der Kaufpreis?

An dem Kapital einer OHG sind A mit 40 %, B mit 35 % und C mit dem Rest von 78.750,00 € beteiligt. Der Reingewinn in Höhe von 136.325,00 € ist nach den Bestimmungen des HGB zu verteilen.

13 Ein Kommissionär in London berechnet seinem Auftraggeber in Solingen für die von ihm verkauften Waren 5 % Provision = 3.842,47 £.
a) Welchen Betrag hat er nach Solingen zu überweisen?
b) Wie viel € schreibt die Kreditbank in Solingen ihrem Kunden gut, wenn sie $\frac{1}{8}$ % Provision berechnet? (Kurs: 1,62 €)

14 Ein Reisender erhält ein Fixum von monatlich 1.486,00 € und $6\frac{1}{4}$ ($4\frac{1}{2}$ %) Provision. Welche Umsätze muss er erreichen, wenn er ein Jahreseinkommen von 78.000,00 € (46.000,00 €) erzielen will?

9.4 Verminderter und vermehrter Grundwert
9.4.1 Verminderter Grundwert (Rechnung „im Hundert")

Beispiel

Eine Rechnung wird nach Abzug von 2 % Skonto mit 1.254,40 € bezahlt. Wie hoch ist der Rechnungsbetrag?
Bei 2% Abzug ist die Zahlung 100 % − 2 % = 98 % des Rechnungsbetrages.

a) 98 % = 1.254,40 € (verminderter Wert) oder
    1 % = 1.254,40 € : 98 = 12,80 €
    100 % = 100 · 12,80 = 1.280,00 € (Grundwert)

b) 98 % = 1.254,40 €
   (1 % =   12,80 €)
  + 2 % =   25,60 €
  100 % = 1.280,00 €

Merke

Verminderter Grundwert + Prozentwert = Grundwert
98 % + 2 % = 100 %

1 Ermitteln Sie den vollen Rechnungsbetrag.
a) 4.032,00 € Barzahlung;   4 % Nachlass
b)   276,90 € Barzahlung; $2\frac{1}{2}$ % Nachlass
c) 6.146,70 € Barzahlung; $3\frac{1}{2}$ % Nachlass

2 Ermitteln Sie das Bruttogewicht.
a)   76,05 kg Nettogewicht;   2 % Verpackung
b) 2.900,70 kg Nettogewicht; $1\frac{1}{4}$ % Verpackung
c) 12.168,65 kg Nettogewicht; $3\frac{1}{2}$ % Verpackung
d)   257,64 kg Nettogewicht;   5 % Verpackung
e)   637,00 kg Nettogewicht; $4\frac{1}{2}$ % Verpackung

Beachte

Bei Prozentsätzen, die glatte Teile von 100 sind (20 %, 25 %, 10 % usw.), vereinfacht sich die Lösung erheblich.

Beispiel

Im Schlussverkauf wird der Preis für 1 Paar Schuhe um 12½ % herabgesetzt. Die Schuhe werden jetzt zu 98,00 € angeboten. Wie hoch war der alte Preis?

Lösung

Alter Preis	= ..... €	= 100 %	= 8/8
Kürzung	= ..... €	= 12 ½ %	= 1/8
Neuer Preis	= 98,00 €	= 87 ½ %	= 7/8

(verminderter Wert)

12½ % = 1/7 von 98,00 = 14,00 €
100 % = 14 · 8 = <u>112,00 €</u>

3 Ermitteln Sie den Selbstkostenpreis:

	Verkaufspreis	Verlust		Verkaufspreis	Verlust
a)	960,40 €	20 %	d)	841,12 €	6⅔ %
b)	66,30 €	15 %	e)	1.491,35 €	12½ %
c)	3.025,00 €	8⅓ %	f)	781,17 €	2½ %

4 Bei einem Ausverkauf wurde ein Posten Damenblusen mit einem Nachlass von 28 % zu 170,60 € verkauft. Wie groß war der Nachlass?

5 Ein Kommissionär überweist nach Abzug seiner Provision von 2½ % und seiner Auslagen (127,20 €) an den Auftraggeber 42.047,40 €. Berechnen Sie den Umsatz.

6 Eine Nähmaschinenfabrik gewährt Wiederverkäufern beim Bezug von Nähmaschinen Rabatt. Es ist der jeweilige Listeneinkaufspreis zu berechnen.

Zieleinkaufspreis:	a) 818,75 €;	b) 556,20 €;	c) 211,20 €
Rabatt:	15 %	25 %	12 %

7 Ein Schuhgeschäft hat im Schlussverkauf die Preise herabgesetzt. Wie hoch waren die Preise vorher?

	Herrenschuhe	Moonboots	Damenschuhe	Kinderschuhe
Ermäßigung:	12½ %	10 %	20 %	15 %
herabgesetzter Preis:	66,80 €	41,70 €	92,56 €	45,30 €
dgl.:	84,35 €	63,50 €	50,40 €	30,20 €

8 Eine Maschine wurde 3 Jahre hintereinander mit 15 % vom jeweiligen Bilanzwert abgeschrieben und steht am Ende des 3. Jahres mit 3.684,75 € in der Bilanz.
Wie hoch war der Anschaffungspreis?

9 Vom Listenpreis wurden 12½ % Rabatt und vom Zieleinkaufspreis 2½ % Skonto abgezogen, sodass der Bareinkaufspreis noch 2.711,57 € betrug.
Wie hoch war der Listenpreis?

10 Bei einer Insolvenz erhalten die nicht bevorrechtigten Gläubiger nur 15 % ihrer Forderungen. Gläubiger A werden 5.830,50 €, Gläubiger B 9.934,60 € ausgezahlt.
Wie viel € haben sie dabei verloren?

9.4.2 Vermehrter Grundwert (Rechnung „auf Hundert")

Beispiel

Das Gehalt einer Angestellten wurde um 6 Prozent erhöht und beträgt jetzt 3.869,00 €. Wie hoch war das Gehalt vorher?

Das erhöhte Gehalt (der vermehrte Grundwert) = 100 % + 6 % = 106 % des Grundwertes.

a) 106 % = 3.869,00 €
    1 % = 3.869,00 € : 106 = 36,50
  100 % = 3.650,00 €

b) 106 % = 3.869,00 €
  (1 % = 36,50)
  − 6 % = 219,00 €
  100 % = 3.650,00 €

Merke

Vermehrter Grundwert ./. Prozentwert = Grundwert
    106 %   ./.   6 %   =   100 %

1 Ermitteln Sie den alten Preis bzw. die frühere Miete:

	Neuer Preis	Aufschlag		Erhöhte Miete	Steigerung
a)	453,90 €	8 %	d)	952,00 €	12 %
b)	655,50 €	10 %	e)	828,46 €	15 %
c)	848,00 €	6 %	f)	937,08 €	20 %

2 Die 3-prozentigen Jahreszinsen wurden der Spareinlage am Jahresende gutgeschrieben, sodass der Sparbetrag jetzt 461,44 € beträgt.
Wie groß war er am Jahresanfang?

3 Berechnen Sie den früheren Preis.

	Erhöhter Preis	Erhöhung		Erhöhter Preis	Erhöhung
a)	381,60 €	20 %	c)	1.230,50 €	17 %
b)	198,48 €	12½ %	d)	1.749,65 €	22 %

4 Ermitteln Sie den Selbstkostenpreis.

	Verkaufspreis	Gewinn		Verkaufspreis	Gewinn
a)	574,75 €	4½ %	c)	7.968,32 €	21 %
b)	9.478,70 €	16⅔ %	d)	4.012,85 €	12 %

5 Ein Kommissionär schickt seinem Auftraggeber die Einkaufsrechnung über 17.809,00 € (einschließlich 3½ % Provision).
Berechnen Sie den reinen Einkaufswert.

6 In der Nachkalkulation werden die Materialkosten mit 399,50 € und die Löhne mit 232,40 € ermittelt. Die Materialkosten liegen damit um 6½ %, die Löhne um 8 % über dem Voranschlag.
Errechnen Sie die entsprechenden Zahlen der Vorkalkulation.

7 Die Umsätze für bestimmte Artikel betragen in diesem Jahr:
a) 65.871,00 € (112.255,00 €)   bei 30 %   (10 %) Steigerung
b) 26.395,20 € (441.881,50 €)   bei 8⅓ %   (2½ %) Steigerung
c) 73.071,84 € (105.550,00 €)   bei 4 %   (11 %) Steigerung

Berechnen Sie die Umsätze des Vorjahres.

8 Die Monatsmiete für ein Geschäftslokal war im 2. Geschäftsjahr um 12 % höher als im 1., im 3. Jahr um 5 % höher als im 2. Im 3. Jahr betrug sie 7.126,56 €.
Berechnen Sie die Miete bei der Übernahme des Geschäftes.

9 Ein Versandhaus hat seine Preise im Herbst-Winter-Katalog erhöht. Ermitteln Sie die Preise aus dem Frühjahr-Sommer-Katalog.

Cordblouson für Herren	5 % erhöht	jetzt 93,80 €
Cordjeans für Herren	4 % erhöht	jetzt 49,16 €
Veloursleder-Jacke	2½ % erhöht	jetzt 207,30 €

10 Eine Boutique hatte 40 Stück Damenblusen in verschiedenen Farben und Mustern bezogen und sie mit einem Aufschlag von 40 % (für Geschäftskosten, Gewinn und Umsatzsteuer) mit 89,40 € ausgezeichnet. Zu diesem Preis wurden auch 30 Stück abgesetzt. Die restlichen Blusen wurden im Sommerschlussverkauf zum Einkaufspreis verkauft.
a) Zu welchem Preis wurden die 10 Blusen verkauft?
b) Wie viel € Rohgewinn wurden an dem ganzen Posten verdient?

11 Unser Einkaufsvermittler aus Holland belastet uns mit 6.438,15 €. In diesem Betrag sind 87,30 € Kosten und 5 % Provision enthalten.
Wie hoch ist der Bareinkaufspreis in €?

12 Berechnen Sie den Bezugspreis:

	Selbstkostenpreis	Geschäftskosten		Selbstkostenpreis	Geschäftskosten
a)	12.375,00 €	12½ %	d)	915,80 €	8⅓ %
b)	3.494,40 €	12 %	e)	112,32 €	17 %
c)	60,49 €	15 %	f)	5.687,00 €	10 %

9.5 Muster- und Prüfungsaufgaben

1 Ein Artikel wird von einem Großhändler mit 15 % Gewinn zu 304,75 € verkauft. Berechnen Sie den Selbstkostenpreis.

2 Die Maurerarbeiten eines Neubaues werden gegenüber dem Voranschlag um $3\frac{1}{2}$ % billiger für 181.648,50 € ausgeführt. Wie hoch war der Voranschlag?

3 Herr Gerhard Seidel hat die Vertretung einer englischen Tuchfabrik im Großraum Hamburg gegen ein monatliches Fixum von 175 £ und 7 % Umsatzprovision übernommen.
Welchen Jahresumsatz muss er erzielen, wenn er an dieser Vertretung monatlich 2.000,00 € verdienen will? (Kurs: 1,62 €)

4 N. macht eine Erbschaft und muss an das Finanzamt 8 % oder 8.643,78 € Erbschaftsteuer bezahlen. Wie hoch war die Erbschaft?

5 Der Umsatz einer Firma betrug im Monat Juli 151.230,00 €, der Rohgewinn 27.003,59 €; die Geschäftskosten betrugen 16.302,20 €.
a) Wie hoch ist der Rohgewinn in Prozent vom Umsatz?
b) Wie hoch ist der Reingewinn in Prozent vom Umsatz?

6 Ein Kaufmann versichert sein Geschäftshaus bei einer Versicherungsgesellschaft mit 618.800,00 € gegen Brandschaden und Diebstahl und zahlt jährlich 1.701,70 € Prämie.
Wie viel je Tausend (‰) sind das?

7 Die Rechnung der Firma Schneider über geliefertes Heizöl wurde unter Abzug von 2% Skonto bezahlt. Für die Kalkulation wurden die Heizungskosten wie folgt verteilt:

    Auf Büroräume   entfallen 28 %,
    auf Lager A   entfallen 16 %,
    auf Labor   entfallen 21 %,
    auf Materiallager entfällt der Rest = 2.622,00 €.

Über welchen Betrag lautete die Rechnung?

8 Ein Kaufmann versichert ein Warenlager, das einen wirklichen Wert von 250.000,00 € hat, mit 150.000,00 € (Unterversicherung).
Welchen Betrag ersetzt die Versicherung bei einem Brandschaden von 125.000,00 €, wenn sie nur nach dem Verhältnis der Versicherungssumme zu dem Versicherungswert haftet?

9 Ein Händler mischt 3 Sorten einer Ware. Die 1. Sorte kostet im Einkauf 2,80 € je $\frac{1}{2}$ kg, die 2. Sorte ist $5\frac{1}{2}$ % billiger als die erste und die 3. Sorte 10 % teurer als die 2. Sorte.
Wie hoch ist der Verkaufspreis für 1 kg der Mischung bei einem Zuschlag von 45 %?

10 In einer Drogerie werden 30 l Spiritus von 75 % mit 54 l 60%igem Spiritus gemischt. Bestimmen Sie den Prozentgehalt der Mischung.

11 Wie hoch muss der Verleger den Ladenpreis eines Buches (einschl. 7 % Umsatzsteuer) ansetzen, wenn bei 12,80 € Herstellungskosten der Gewinn 20 % und der Buchhändlerrabatt 25 % betragen sollen?

12 Ein Händler erhält auf Kassetten-Stereo-Autoradios einen Wiederverkäuferrabatt von 22 % und verkauft sie zu dem von der Fabrik empfohlenen Preis von 495,00 € einschließlich Umsatzsteuer. Wie viel Gewinn (in %) bleibt ihm noch, wenn er aus der Verdienstspanne auch die Geschäftskosten in Höhe von 60,85 € decken muss?

13 Ein Kommissionär schreibt seinem Auftraggeber den Betrag von 5.906,52 € gut. Er berechnet dabei $2\frac{1}{2}$ % Provision und 1 % Delkredereprovision (Zielverkauf).
Berechnen Sie den vollen Verkaufserlös.

14 An einer Handelsgesellschaft (OHG) sind vier Teilhaber beteiligt, und zwar A mit 45 %, nämlich 97.560,00 €, B mit 23 %, C mit 15 % und D mit dem Rest des Kapitals.
a) Der Gewinn von 227.200,00 € soll nach den Einlagen verteilt werden. Wie viel erhält jeder?
b) Der Gewinn wird nach den Bestimmungen des HGB verteilt.

15 Die Firma Scheppler in Frankfurt (Main) überweist einem Hamburger Importhaus für eine Kaffeelieferung 2.635,25 € nach Abzug von 2 % Skonto. Wie viel kg brutto bezog die Firma, wenn 50 kg netto 850,00 € kosten und die Tara mit 3 % berechnet war?

16 Eine Konkursmasse beträgt 40.178,40 €. Die Gläubiger melden 150.265,24 € Forderungen an. Die Kosten des Verfahrens betragen 8.622,70 €.
a) Wie hoch ist die Konkursdividende?
b) Wie viel erhält Gläubiger A, der 1.860,20 € angemeldet hat?

17 Eine Kaffeerösterei will 365 kg (210 kg, 540 kg) Röstkaffee herstellen. Wie viel kg Rohkaffee werden dazu benötigt, wenn der Röstverlust $18\frac{1}{2}$ % (21 %) beträgt?

18 Ein Importeur in Hamburg bezieht aus Spanien 200 Kisten Apfelsinen zum Preis von 12,75 € je Kiste und versichert die Sendung zuzüglich 10 % imaginärem Gewinn zu $1\frac{1}{4}$ %. Die Fracht beträgt 0,38 £ je Kiste (Kurs: 1,62 €). Welche Prämie muss er bezahlen?

19 Eine zweifelhafte Forderung wurde zum 31. Dez. nach Abschreibung von 30 % ($12\frac{1}{2}$ %, 55 %) mit 23.486,40 € bewertet. Wie hoch war sie?

20 Bei einem Konkurs erhalten die nicht bevorrechtigten Gläubiger $35\frac{1}{2}$ % Konkursdividende. A hat 3.860,40 €, B 7.540,00 €, C 8.140,20 € und D 11.980,40 € zu fordern.
Wie viel € erhalten sie?

21 Jemand kauft einen Geschirrspüler gegen eine Anzahlung von 200,00 € und 6 Monatsraten von je 41,80 €. Er zahlt damit 12 % (Teilzahlungszuschlag) mehr als beim Barpreis.
Berechnen Sie diesen.

22 Der Feingehalt (Gehalt an Gold und Silber) der Silberlegierungen wird in Tausendstel des Gesamtgewichts ausgedrückt und durch einen eingeprägten Stempel kenntlich gemacht.
a) Eine goldene Uhrkette ist 17,09 g schwer und zeigt den Stempel $\boxed{585}$. Bestimmen Sie den Feingehalt.
b) Es sollen 1,2 kg (900 g) Goldlegierung mit einem Feingehalt von 750 und 2,4 kg (600 g) 800-haltiges Silber hergestellt werden.

23 Für Seeversicherung bezahlte eine Londoner Firma 12,15 £ = ³/₄ ‰. Der Wert der Ware in € ist zu ermitteln. (Kurs: 1,62 €)

24 Eine Möbelfabrik verkauft an einen Wiederverkäufer Küchen-Eckschränke zu 346,00 € das Stück. In diesen Preis sind nacheinander 10 % Gewinn, 2 % Skonto und 4 % Rabatt einkalkuliert. Ermitteln Sie den Reingewinn je Stück in €.

25 Eine AG mit einem Aktienkapital von 7,5 Mio. € verteilt den Reingewinn von 945.000,00 € folgendermaßen: Der gesetzlichen Rücklage werden 5 % zugeführt. Von dem Restbetrag werden 15% Tantieme für den Vorstand und 4 % Vordividende (für die Aktionäre) berechnet und abgesetzt. Von dem verbleibenden Betrag wird eine Tantieme von 12 % für den Aufsichtsrat berechnet. Vom Restbetrag erhalten die Aktionäre noch eine Zusatzdividende von 3 %.
Ermitteln Sie den Restbetrag des Reingewinns, der auf neue Rechnung vorgetragen wird.

26 Vollmilchschokolade besteht aus 14 % Kakaomasse, 20 % Kakaobutter, 28 % Vollmilchpulver und 38 % Zucker. Welche Mengen müssen von den einzelnen Bestandteilen genommen werden, wenn 110 000 Tafeln Schokolade zu je 100 g hergestellt werden sollen?

27 Eine Hamburger Firma bezieht aus Solingen 1 200 Stück einer Ware zu 7,15 € je Stück. 2½ % Skonto, Fracht und Rollgeld 18,75 €. Ihr Umsatz (zum Selbstkostenpreis) betrug im Vorjahr 687.325,00 €, die Geschäftskosten beliefen sich im gleichen Jahr auf 52.860,00 €.
a) Berechnen Sie den Geschäftskostenzuschlag.
b) Berechnen Sie den Selbstkostenpreis je Stück.

28 Die Seeversicherung für eine Sendung Baumwolle betrug ⅞ % = 1.463,00 €. Wie hoch war der reine Warenwert (einschließlich Frachtkosten), wenn die Versicherung auch noch einen imaginären Gewinn von 10 % einschließt?

29 Nach der Haushaltsstatistik gab ein 4-Personen-Arbeitnehmerhaushalt mit mittlerem Einkommen 20.. im Durchschnitt monatlich aus: Für Nahrungsmittel 320,58 €, für Miete 287,86 €, für Verkehrsmittel und Post 216,79 €, für Bildung und Unterhaltung 132,42 €, für Möbel und Hausrat 117,09 €, für Kleidung und Schuhe 120,15 €, für Versicherungen und Beiträge 70,05 €, für Heizung, Strom und Gas 106,35 €, für Genussmittel 55,73 €, für Körper und Gesundheitspflege 47,04 € und für verschiedene sonstige Ausgaben 132,42 €.
Errechnen Sie die Anteile der einzelnen Verbrauchsausgaben an den Gesamtausgaben.

30 Die Heizungskosten für die letzte Heizperiode werden von dem Hausbesitzer auf die Mieter umgelegt. Auf das Erdgeschoss entfallen 38%, auf den 1. Stock 34,3 %, auf den 2. Stock links 7,7 % und rechts 20 %. Der Heizölverbrauch betrug 12 700 l. Davon waren 5 000 l zu 36,00 €/100 l und der Rest zu 42,00 €/100 l eingekauft worden.
Welche Beträge hat der Hausbesitzer auf die einzelnen Mieter für die Heizungsperiode umzulegen?

31 Es werden gemischt: 15 l 70%iger, 30 l 75%iger und 25 l 80%iger Alkohol.
Bestimmen Sie den Prozentgehalt der Mischung.

32 36 Warnblinklampen kosteten im Einkauf 22,50 € je Stück. Porto und Verpackung machten 39,60 € aus. 10 Stück wurden zu je 28,50 €, 10 Stück zu je 26,75 €, die übrigen 16 Stück zu je 24,50 € verkauft.
a) Wie hoch (in Prozent) war der Aufschlag in den drei Fällen?
b) Mit welchem durchschnittlichen Aufschlag hätten die 36 Lampen verkauft werden können?

33 Auf einem Fabrikgebäude lastet eine 5%ige Hypothek. Für Verzinsung und Tilgung zahlte die Firma an den Hypothekengläubiger im letzten Jahr 7.840,00 €. Zu Beginn des Jahres betrug die Hypothek 89.750,00 €.
Wie viel € betrug im laufenden Jahr die Tilgung?

34 Die Süddeutsche Bank überließ uns unter Berechnung von $2\frac{1}{2}$ % Maklergebühr und $1\frac{1}{2}$ % Provision Schweizer Franken und belastete uns mit:
a) 2.300,00;   b) 1.800,40;   c) 2.580,60;   d) 3.190,50 €.
Wie viel sfrs kaufte die Bank in jedem Fall für uns? (Kurs: 62,14 €)

35 Wie groß war der durchschnittliche Prozentsatz der Geschäftskosten in den letzten 4 Jahren?

	01	02	03	04
Umsatz:	180.500,80	244.670,20	289.177,85	321.093,46 €
Geschäftskosten:	19.812,30	21.531,17	25.641,16	28.117,19 €

36 Bestimmen Sie den Grundwert und die Vermehrung oder Verminderung.

	Bezugskosten	Bezugspreis		Rabatt	Zieleinkaufspreis
a)	$33\frac{1}{3}$ %	680,00 €	c)	10 %	0.738,00 €
b)	10 %	665,50 €	d)	$6\frac{1}{3}$ %	1.526,00 €

37 Im Oktober betrugen die Kosten eines Betriebes 126.580,40 €, das waren $6\frac{1}{2}$ % mehr als im September. Im August lagen die Kosten $8\frac{1}{3}$ % über den Kosten vom Monat September.
Wie hoch waren die Kosten in den zwei vorausgegangenen Monaten?

38 Das Gehalt eines leitenden Angestellten wird um $6\frac{1}{2}$ % erhöht und beträgt jetzt 4.315,00 €.
Wie hoch war das Bruttogehalt vorher?

39 Ein Importeur ließ seinem Lieferer in Liverpool nach Abzug von 2 % Skonto und 10 % Rabatt 2.314,23 £ von seiner Bank überweisen.
  a) Wie hoch ist der Rechnungsbetrag in £?
  b) Mit wie viel € wird der Auftraggeber belastet, wenn die Bank $3/4$ % Devisenprovision und 14,60 € Ausgaben berechnet? Kurs: 1,62 (€)

40 Die Löhne einer Firma stiegen im 2. Jahr nach der Geschäftsgründung um $8\frac{1}{3}$ %, im 3. Jahr um 10 % gegenüber dem 2. Jahr und im 4. Jahr um 15 % gegenüber dem 3. Jahr. Zuletzt betrugen sie 765.800,00 € jährlich.
  Wie hoch waren sie im 1. Jahr nach der Geschäftsgründung?

41 Ein Einzelhändler überwies einem Lieferer nach Abzug von $12\frac{1}{2}$ % Rabatt und 2 % Skonto 518,20 €.
  Wie viel hätte er überweisen müssen, wenn 15% Rabatt netto Kasse vereinbart gewesen wären?

42 Herr Müller hat bei der Stadtsparkasse 8.500,00 € AEG-Aktien hinterlegt. Die Bank schreibt ihm am 15. März die Dividende für das abgelaufene Geschäftsjahr mit 796,88 € nach Abzug von 25 % Kapitalertragsteuer gut.
  Wie hoch (in Prozent) war die Dividende?

43 Ein Schweizer Kommissionär schickt seinem Frankfurter Auftraggeber die Einkaufsrechnung über 10.436,75 sfrs. Ermitteln Sie den Einkaufspreis der Ware in € (Kurs 1,6093), wenn die Provision $3\frac{1}{2}$ % betrug.

44 Von einem Posten Herrenmäntel wurden zunächst 35 Stück verkauft. Der Preis wurde dann um $12\frac{1}{2}$ % herabgesetzt; zu diesem Preis wurden weitere 20 Stück abgesetzt. Der Rest von 12 Stück wurde zu 229,00 € je Stück verkauft, nachdem der letzte Preis nochmals um 5 % gekürzt worden war.
  a) Mit welchem Preis waren die Mäntel ursprünglich ausgezeichnet?
  b) Wie viel € wurden durch den Verkauf im Ganzen erlöst?

45 Ein Haushaltungsgeschäft bezieht am 15. Juli 18 Bratpfannen zu je 12,35 € mit $7\frac{1}{2}$ % Rabatt und $2\frac{1}{4}$ % Skonto bei Zahlung innerhalb 8 Tagen.
  Welcher Betrag wird am 20. Juli überwiesen?

46 Der Inhaber eines Geschäfts muss monatlich mit etwa 18.400,00 € Kosten rechnen. Seine Verdienstspanne ist durchschnittlich 23 % von den Verkaufspreisen.
  a) Wie hoch muss der monatliche Umsatz sein, um aus dem Überschuss die Kosten zu decken?
  b) Wie hoch ist der Gewinn bei einem monatlichen Umsatz von 94.580,00 €?

47 Wie hoch ist der Verkaufspreis eines Artikels (einschließlich 16 % Umsatzsteuer), der zu 729,50 € eingekauft und mit einem Zuschlag von 48,5 % kalkuliert wurde?

48 Die von dem Arbeitgeber im Juni einbehaltenen Sozialversicherungsbeiträge betrugen 8.178,78 €.
a) Wie viel € entfallen von diesem Betrag auf die Krankenkasse, die Renten-, Pflege- und Arbeitslosenversicherung? (Verteilung bei der AOK erfragen.)
b) Welchen Betrag hat der Arbeitgeber insgesamt an die AOK zu überweisen?

49 Eine Bank in Hannover übernimmt von einem Kunden einen Scheck auf London zum Inkasso und schreibt ihm unter Berechnung von $\frac{1}{4}$ % Provision und 8,20 € Spesen 30.922,20 € gut (Kurs: 1,62 €). Über welchen Betrag (in englischer Währung) lautet der Scheck?

50 Ein Einzelhandelsgeschäft verkauft Haushaltswaren mit einer Handelsspanne von 22 %, Porzellanwaren mit einer Spanne von 35 % und Glaswaren mit einer Spanne von 28 %. Die Umsätze waren: in H. 48.000,00 €, in P. 32.400,00 € und in G. 27.200,00 €. Die Geschäftskosten betrugen 13.500,00 €.
Berechnen Sie den Gewinn in Prozent und berücksichtigen Sie dabei die Umsatzsteuer in Höhe von 16 %.

51 Aufgrund einer Mängelrüge gewährt der Verkäufer dem Kunden einen Nachlass von 29,50 €, sodass dieser nur 120,00 € zu zahlen hat. Berechnen Sie
a) den regulären Verkaufspreis,
b) wie viel Prozent Nachlass (Minderung) der Verkäufer gewährt hat.

52 Der Kurs des £ steigt um 2 % gegenüber der letzten Notierung und beträgt jetzt 1,64 (€). Wie hoch war der Kurs bei der letzten Notierung?

53 Ein Kunde kauft einen fabrikneuen Pkw, ohne einen Gebrauchtwagen in Zahlung zu geben. Dafür erhält er auf den Neuwagen einen Nachlass von 8 %. Er zahlt mit einem Scheck über 21.306,88 €. In diesem Betrag sind die Barauslagen für die Zulassung des Neufahrzeugs enthalten (65,00 €). Wie hoch war der reguläre Preis für den Neuwagen?

10 Zinsrechnung

Die **Zinsrechnung** ist eine angewandte Prozentrechnung unter Berücksichtigung der **Zeit** (Kreditlaufzeit). Dabei sind folgende Rechnungsgrößen zu unterscheiden:

- Grundwert = **Kapital (K)**
- Prozentsatz = **Zinssatz (p)**
- Prozentwert = **Zinsen (z)**
- Neue Größe = **Zeit (t)**

Ein Schuldner, der Geld (Kapital, Kredit) **geliehen bzw. bekommen hat**, muss dafür im Allgemeinen an den Gläubiger für das überlassene Geld einen **Preis** (Vergütung, Entgelt) **zahlen**. Diesen Preis nennt man **Zins**, dessen Höhe abhängig ist

- vom Kreditbetrag,
- vom vereinbarten Zinssatz
- und von der Laufzeit des Kredites.

In der kaufmännischen Praxis wird die Zinsrechnung vorwiegend für die Berechnung der Zinsen bei Bankkrediten, Darlehen, Zielgeschäften, Zahlungsverzug u. a. angewandt.

10.1 Berechnen der Zinsen

10.1.1 Berechnen von Jahreszinsen

Beantworten Sie: Wovon hängt die Höhe der Zinsen ab? Welche Werte müssen zur Berechnung der Zinsen gegeben sein?

Beispiel
Ein Kaufmann nimmt ein Kredit von 8.000,00 € auf. Der Zinssatz ist 6 %. Wie viel Zinsen hat er in 4 Jahren zu zahlen?

Lösung
6 % Zinssatz bedeutet 6,00 € Zinsen für 100,00 € Kapital in 1 Jahr!
in 1 Jahr: 80,00 € · 6 = 480,00 €;
in 4 Jahren: = 480,00 € · 4 = <u>1.920,00 €</u>

Merke

$$\text{Jahreszinsen} = \frac{\text{Kapital} \cdot \text{Zinssatz} \cdot \text{Jahre}}{100}$$

---

1 Berechnen Sie die Zinsen für 1 Jahr von

a) 480,00 € zu 4 %, $2\frac{1}{2}$ %,   3 %,   5 %, $1\frac{1}{2}$ %, $3\frac{1}{3}$ %

b) 160,00 € zu 2 %, $2\frac{1}{4}$ %, $5\frac{1}{8}$ %, $3\frac{3}{4}$ %, $4\frac{1}{2}$ %, $1\frac{3}{4}$ %

Berechnen Sie die jährlichen Hypothekenzinsen von:
a) 35.000,00 € zu 6,5 %
b) 88.500,00 € zu 7,5 %
c) 12.800,00 € zu 5,8 %
d) 76.100,00 € zu 7,25 %
e) 28.500,00 € zu 6,75 %
f) 23.900,00 € zu 5,75 %

2

Berechnen Sie die Zinsen:
a) 600,00 € zu 7 % in 2 Jahren
b) 300,00 € zu 8 % in 4 Jahren
c) 500,00 € zu 4 % in 3 Jahren
d) 2.200,00 € zu 5 % in 3 Jahren
e) 3.000,00 € zu 3 % in 2 Jahren
f) 2.500,00 € zu 6 % in 5 Jahren

3

Berechnen Sie die Zinsen von:
a) 4.150,00 €   zu 4,75 %   in 4 Jahren   (zu $6\frac{1}{2}$ % in 6 Jahren)
b) 1.025,00 €   zu 2,5 %   in $3\frac{1}{2}$ Jahren   (zu $7\frac{1}{2}$ % in 2 Jahren)
c)   784,00 €   zu 4,2 %   in $2\frac{1}{4}$ Jahren   (zu $8\frac{1}{3}$ % in 3 Jahren)
d) 8.575,00 €   zu 3,33 %   in 2 Jahren   (zu $6\frac{3}{4}$ % in 4 Jahren)
e) 3.408,00 €   zu 2,75 %   in 4 Jahren   (zu $5\frac{1}{2}$ % in 2 Jahren)
f)   974,50 €   zu 3,25 %   in 3 Jahren   (zu $6\frac{1}{2}$ % in 2 Jahren)
g) 12.568,00 € zu 4,0 %   in $2\frac{1}{2}$ Jahren   (zu $8\frac{1}{2}$ % in 6 Jahren)
h) 5.103,70 €   zu 3,75 %   in 4 Jahren   (zu $9\frac{1}{2}$ % in 6 Jahren)

4

10.1.2 Berechnen von Monatszinsen

Beispiel
Wie viel Zinsen sind für ein Darlehen von 2800,00 € in 8 Monaten bei 9 % zu zahlen?

Lösung

Die Zinsen für 1 Jahr $= 28 \cdot 9$

Die Zinsen für 1 Monat $= \dfrac{28 \cdot 9}{12}$

Die Zinsen für 8 Monate $= \dfrac{28 \cdot 9 \cdot 8}{12} = \underline{168,00\ €}$

Merke

$$\text{Monatszinsen} = \frac{\text{Kapital} \cdot \text{Zinssatz} \cdot \text{Monate}}{100 \cdot 12}$$

Berechnen Sie die Zinsen von:
a) 2.156,00 € zu 8,5 %   in 6 Monaten   (zu 5 % in 9 Monaten)
b) 7.248,00 € zu 4,5 %   in 4 Monaten   (zu 7 % in 6 Monaten)
c) 9.328,00 € zu $3\frac{1}{2}$ % in 4 Monaten (zu 6 % in 8 Monaten)
d) 1.020,00 € zu $4\frac{1}{4}$ % in $1\frac{1}{2}$ Monaten (zu 4 % in 5 Monaten)

1

2 In vielen Fällen ist es vorteilhaft, den **Jahreszinssatz für die Monate umzurechnen**; so entspricht z. B. ein Zinssatz von 3 % für 1 Jahr einem Zinssatz von 1 % für 4 Monate. Rechnen Sie ebenso um:

a)	3 % in 6 Monaten	d)	9 % in 4 Monaten	g)	6 % in 2 Monaten
b)	4 % in 3 Monaten	e)	4 % in 9 Monaten	h)	4 % in 4 Monaten
c)	8 % in 6 Monaten	f)	3 % in 3 Monaten	i)	4½ % in 4 Monaten

3 Berechnen Sie die Zinsen, indem Sie zuvor den Prozentsatz für die Monate feststellen.

a)	3.650,00 €	zu 3 % in 4 Monaten	(zu 2 % in 6 Monaten)
b)	4.968,30 €	zu 4 % in 3 Monaten	(zu 6 % in 2 Monaten)
c)	1.104,80 €	zu 3 % in 6 Monaten	(zu 4 % in 6 Monaten)
d)	5.325,00 €	zu 3 % in 8 Monaten	(zu 3 % in 9 Monaten)
e)	12.750,00 €	zu 3 % in 2 Monaten	(zu 2 % in 4 Monaten)
f)	6.028,00 €	zu 4 % in 6 Monaten	(zu 4 % in 2 Monaten)
g)	9.781,90 €	zu 3 % in 3 Monaten	(zu 9 % in 6 Monaten)
h)	4.125,00 €	zu 2½ % in 4 Monaten	(zu 2½ % in 3 Monaten)

4 Berechnen Sie die Rückzahlung folgender Darlehen einschließlich Zinsen:

a)	8.350,00 €	(12.418,00 €)	zu 3 % in	9	Monaten
b)	2.495,70 €	(8.703,80 €)	zu 4 % in	8	Monaten
c)	9.732,00 €	(6.054,00 €)	zu 3½ % in	6	Monaten
d)	2.186,50 €	(7.923,75 €)	zu 4½ % in	4	Monaten
e)	6.646,00 €	(26.324,80 €)	zu 3 % in	5	Monaten
f)	1.275,00 €	(1.226,00 €)	zu 2½ % in	10	Monaten
g)	3.516,80 €	(5.872,65 €)	zu 3½ % in	4½	Monaten
h)	9.321,00 €	(3.468,50 €)	zu 4½ % in	2½	Monaten

10.1.3 Berechnen von Tageszinsen

Beachte

Bei der Berechnung der Zinstage unterscheidet man folgende Methoden:
Bei der **Eurozinsmethode** (auch **französische** Methode genannt) wird das **Jahr mit 360 Tagen** angenommen, **die Monate aber** werden **taggenau** berechnet. Diese Methode wird seit 1990 in den EU-Staaten, also auch in der kaufmännischen Praxis (nicht aber im bürgerlichen Rechtsverkehr) in Deutschland angewandt.[1]

Bei der **englischen Methode** werden das **Jahr mit 365 Tagen und die Monate taggenau** berechnet. Diese Methode wird in Großbritannien und den USA, aber auch im bürgerlichen Rechtsverkehr der Bundesrepublik Deutschland verwendet.

Die frühere **deutsche Methode**, nach der die Monate generell mit 30 Tagen angesetzt wurden, wird heute offiziell nur noch in Norwegen und der Schweiz angewandt.

[1] Die Eurozinsmethode soll innerhalb des Währungsgebietes der EWU verbindlich vorgeschrieben werden.

1 Berechnen Sie die Anzahl der Zinstage nach der Eurozinsmethode:
a) 12. März bis 28. Juli
   26. April bis 8. Jan.
   2. Jan. bis 30. Aug.
b) 31. Mai bis 30. Dez.
   1. Juni bis 1. Nov.
   30. Juli bis 31. Dez.
c) 4. März bis 3. Okt.
   30. Jan. bis 1. Juli
   26. Okt. bis 2. Febr.

> **Merke**
> In der kaufmännischen Praxis werden das Jahr zu 360 Tagen, die Monate aber taggenau berechnet.
> Banken und Sparkassen rechnen die Zinsen i. d. R. nur von den €-Beträgen; Cents werden gestrichen, nicht gerundet. Nur bei der Verzinsung von Spareinlagen wird centgenau gerechnet.

Bei der Berechnung der Zinstage geht man zweckmäßigerweise zunächst davon aus, dass alle in den betreffenden Zeitraum fallenden Monate 30 Tage haben und addiert dann für die bisher unberücksichtigt gebliebenen Monatsenden von Januar, März, Mai, Juli, August, Oktober und Dezember jeweils einen Tag. Fällt das Monatsende von Februar in den Zeitraum, dann sind zwei Tage (bei sog. Schaltjahren ein Tag) abzuziehen.

> **Beispiel**
> Wie viele Tage sind es vom 7. Februar bis 18. Dezember?
> Vom 7. Febr. bis 7. Dez. sind es 10 Monate = 300 Tage
> vom 7. Dez. bis 18. Dez. sind es = 11 Tage
> dazu 31. März/Mai/Juli/Aug./Okt. = 5 Tage
> abzüglich 2 Tage im Februar = – 2 Tage   = 314 Tage

2 Berechnen Sie die Anzahl der Zinstage vom 20. Okt. bis zum 5. März n. J.

3 Wie viele Zinstage sind es
a) vom 25. Juli bis 3. Dez.,
b) vom 2. Jan. bis 12. Aug.,
c) vom 18. Jan. bis 5. Juli,
d) vom 29. Febr. bis 1. Okt.?

Zinsberechnung mit Zinszahlen (#)

> **Beispiel**
> Wie viel € betragen die Zinsen von 630,00 € zu 4 % vom 28. März bis 4. Aug.?
>
> Die Zinsen für 1 Jahr $= 6{,}30 \cdot 4$
>
> Die Zinsen für 1 Tag $= \dfrac{6{,}30 \cdot 4}{360}$
>
> Die Zinsen für 129 Tage $= \dfrac{6{,}30 \cdot 4 \cdot 129}{360} = \underline{9{,}03\ €}$
>
> $$\text{Tageszinsen} = \frac{\text{Kapital} \cdot \text{Zinssatz} \cdot \text{Tage}}{100 \cdot 360}$$
>
> Diese Zinsformel lässt sich durch Kürzen des Zinssatzes gegen den Nenner 360 vereinfachen, weil der Zinssatz in den meisten Fällen eine Teilzahl von 360 ist. Unsere Rechnung sieht jetzt so aus:
>
> $$\text{Tageszinsen} = \frac{630 \cdot 4 \cdot 129}{100 \cdot 360} = \frac{6{,}30 \cdot 129}{90} = \frac{812{,}7}{90} = 9{,}03\ €$$

Das Produkt der beiden verbleibenden Zahlen im Zähler (1 % des Kapitals · Tage) 812,7 nennt man **Zinszahl** (Zeichen: #). Sie ist immer auf eine ganze Zahl kaufmännisch zu runden, in unserem Beispiel also auf 813. Der Nenner, der sich durch die Division von 360 durch den Zinssatz ergibt, heißt **Zinsteiler** oder **Zinsdivisor**.

> **Merke**
>
> $$\text{Tageszinsen} = \frac{\text{Zinszahl}}{\text{Zinsdivisor}}$$

Dabei bedeutet: **Zinszahl (#) = 1% des Kapitals · Tage**
Zinsdivisor = 360 : Zinssatz

Die Lösung des Beispiels hätte nach der gefundenen Formel so erfolgen können:

$$\text{Tageszinsen} = \frac{6{,}3 \cdot 129}{90} = \frac{813}{90} = \underline{9{,}03\ €}$$

> **Beachte**
>
> Zinszahlen sind immer ganze Zahlen, werden also kaufmännisch gerundet.

4 Prägen Sie sich die in der Übersicht zusammengestellten Zinsteiler ein.

bei Zinssatz	Zinsdivisor	Zinssatz	Zinsdivisor
1 %	360	$3\frac{3}{5}$ %	100
$1\frac{1}{5}$ %	300	$3\frac{3}{4}$ %	96
$1\frac{1}{4}$ %	288	4 %	90
$1\frac{1}{3}$ %	270	$4\frac{1}{2}$ %	80
$1\frac{1}{2}$ %	240	5 %	72
$1\frac{2}{3}$ %	216	6 %	60
2 %	180	$6\frac{2}{3}$ %	54
$2\frac{1}{4}$ %	160	$7\frac{1}{5}$ %	50
$2\frac{1}{2}$ %	144	$7\frac{1}{2}$ %	48
$2\frac{2}{3}$ %	135	8 %	45
3 %	120	9 %	40
$3\frac{1}{3}$ %	108	10 %	36

> **Beachte**
>
> Viele Zinsdivisoren lassen sich voneinander ableiten und daher leichter behalten. Vergleichen Sie die folgenden Beispiele:

a)	Zinssatz:	10 %	5 %	$2\frac{1}{2}$ %	$1\frac{1}{4}$ %
	Zinsdivisor:	36	72	144	288
b)	Zinssatz:	1 %	2 %	4 %	8 %
	Zinsdivisor:	360	180	90	45
c)	Zinssatz:	10 %	$3\frac{1}{3}$ %	$6\frac{2}{3}$ %	$13\frac{1}{4}$ %
	Zinsdivisor:	36	108	54	27

5 Berechnen Sie die Zinsen von:

a)	4.000,00 €	in 30 Tagen	6 %	i)	8.000,00 €	in 40 Tagen	$4\frac{1}{2}$ %
b)	2.000,00 €	in 60 Tagen	4 %	k)	120,00 €	in 20 Tagen	$3\frac{3}{5}$ %
c)	600,00 €	in 45 Tagen	4 %	l)	40,00 €	in 72 Tagen	$2\frac{1}{2}$ %
d)	2.400,00 €	in 18 Tagen	5 %	m)	575,00 €	in 96 Tagen	$3\frac{3}{4}$ %
e)	3.000,00 €	in 30 Tagen	3 %	n)	1.000,00 €	in 120 Tagen	$1\frac{1}{2}$ %
f)	80,00 €	in 36 Tagen	5 %	o)	6.400,00 €	in 80 Tagen	$4\frac{1}{2}$ %
g)	64,00 €	in 48 Tagen	$7\frac{1}{2}$ %	p)	608,00 €	in 10 Tagen	$3\frac{3}{5}$ %
h)	1.200,00 €	in 90 Tagen	8 %	q)	350,00 €	in 108 Tagen	$3\frac{1}{3}$ %

Zinsberechnung mit Normaltagen

Lösung zu den Aufgaben „m" und „o" (s. oben)

m) Zinsen = $\frac{5{,}75 \cdot 96}{96}$ = 5,75 €   o) Zinsen = $\frac{64 \cdot 80}{80}$ = 64,00 €

Der Zinsdivisor ist in diesen Aufgaben genauso groß wie die Zinstage. Das Ergebnis ist daher 1 % des Kapitals, 5,75 € bzw. 64,00 €.

Merke Wenn Zinstage und Zinsdivisor übereinstimmen, sind die Zinsen 1 % des Kapitals. Die Zinstage heißen in diesem Fall **Normaltage**.

Normaltage = Zinsdivisor

Es ist häufig vorteilhaft, die Zinsen mithilfe der Normaltage zu berechnen, indem die Zinstage geschickt zerlegt werden.

Beispiel Lösen Sie das Eingangsbeispiel zur Zinsberechnung mit Zinszahlen mithilfe der Normaltage:

Zinsen = $\frac{6{,}30 \cdot 129}{90}$ =

	6,30 €	für	90 Tage (Normaltage)
+	2,10 €	für	30 Tage
+	0,42 €	für	6 Tage
+	0,21 €	für	3 Tage
+	9,03 €	für	129 Tage

6 Wie zerlegt man also vorteilhaft bei:

a) 6 %: 63, 48, 72, 24, 80, 86, 16, 75, 62, 35, 126 Zinstage?
b) $4\frac{1}{2}$ %: 42, 22, 96, 36, 72, 30, 28, 84, 120, 18, 32 Zinstage?
c) 5 %: 78, 26, 40, 80, 84, 48, 96, 16, 44, 144, 108 Zinstage?

7 Lösen Sie jetzt die Aufgaben Nr. 5 a) bis q) noch einmal mithilfe der Normaltage. Zerlegen Sie die Zinstage, wie Sie es in Aufgabe Nr. 6 geübt haben.

8 Berechnen Sie die Zinsen für folgende Kapitalien nach der Tageszinsformel:

a)	2.635,00 €	zu 4¾ %	vom	26. Januar	bis	1. Oktober
b)	512,75 €	zu 8,5 %	vom	16. März	bis	8. Juli
c)	8.150,00 €	zu 4½ %	vom	31. Mai	bis	16. September
d)	1.203,40 €	zu 3⅓ %	vom	30. Juni	bis	12. Oktober
e)	18.540,00 €	zu 7½ %	vom	10. Januar	bis	31. Dezember
f)	702,80 €	zu 6,5 %	vom	1. Februar	bis	15. August
g)	495,50 €	zu 5⅗ %	vom	29. April	bis	4. Juni
h)	3.112,00 €	zu 9,5 %	vom	8. Juli	bis	5. Dezember

9 Berechnen Sie die Kreditzinsen mithilfe der Normaltage:

a)	15.000,00 €	(18.000,00 €)	zu 4 %	vom 10. Febr.	bis	10. Okt.
b)	32.000,00 €	(46.000,00 €)	zu 5 %	vom 30. Jan.	bis	20. Sept.
c)	10.000,00 €	(20.000,00 €)	zu 4½ %	vom 12. März	bis	2. Nov.
d)	8.200,00 €	(6.400,00 €)	zu 3¾ %	vom 1. Mai	bis	31. Aug.

10 Berechnen Sie die Rückzahlung einschließlich der aufgelaufenen Darlehenszinsen.

	Darlehensbetrag		Zinssatz	Aufnahme		Rückzahlung	
a)	6.100,00 €	(4.900,00)	3⅓ %	15. Jan.	(25. Febr.)	30. Mai	(31. Juli)
b)	25.000,00 €	(16.000,00)	4½ %	1. März	(31. März)	21. Juni	(30. Juni)
c)	280,00 €	(315,00)	6½ %	7. Febr.	(2. Apr.)	19. Juli	(5. Nov.)
d)	5.500,00 €	(6.200,00)	7,5 %	10. April	(29. Juni)	5. Aug.	(28. Dez.)
e)	60,00 €	(50,00)	9½ %	6. Okt.	(1. Aug.)	31. Okt.	(1. Okt.)

11 Ein Kunde ist mit der Begleichung von 3 Rechnungen seit längerer Zeit im Rückstand:

Rechnung AR 393: 432,00 €, fällig am 8. März
Rechnung AR 612: 1.850,00 €, fällig am 31. März
Rechnung AR 806: 708,00 €, fällig am 3. Mai

Wie hoch ist unsere Forderung zum 30. Juni einschließlich 5 % Verzugszinsen?

12 Eine Hypothek im Betrag von 214.500,00 € wird am 1. März eines Jahres aufgenommen. Sie wird mit 6,5 % verzinst und mit 1 % getilgt.
Welcher Betrag ist erstmalig am 1. Sept. für Zinsen und Tilgung zu zahlen?

13 Ein Kredit von 18.750,00 € ist mit 8,75 % zu verzinsen. Welcher Betrag ist einschließlich Zinsen am 15. Okt. zurückzuzahlen, wenn das Darlehen am 22. Jan. in Anspruch genommen wurde?

14 Laut Rechnungskopie sandten wir der Firma Gebr. Becker am 16. Mai Waren im Wert von 8.840,00 €. Die Zahlungsbedingung lautet: 3 Monate Ziel. Wiederholte Mahnungen waren bisher erfolglos. Wir ziehen daher den überfälligen Betrag zuzüglich 6,70 € Mahnspesen und 6½ % Verzugszinsen am 15. Dez. durch Postnachnahme ein.
a) Wie hoch ist der Gesamtbetrag unserer Forderung?
b) Welcher Betrag wird auf dem anhängenden Zahlschein eingesetzt?

Zinssätze, die nicht ohne Rest in 360 enthalten sind

Bisher kamen nur Zinssätze vor, für die es einen bequemen Zinsdivisor gibt, also Zinssätze, die restlos in 360 enthalten sind. Wie rechnet man aber mit solchen Zinssätzen, die nicht ohne Rest in 360 enthalten sind?

Beispiel

Wie viel € betragen die Zinsen von 4800,00 € vom 15. Mai bis 12. Oktober zu a) $3\frac{1}{2}$ %, b) $4\frac{3}{4}$ %?

Lösung

zu a): + Zinsen zu 3 % = $\frac{48 \cdot 150}{120}$ = 60,00 €

+ Zinsen zu $\frac{1}{2}$ % = 60 : 6 = 10,00 €

Zinsen zu $3\frac{1}{2}$ % = 70,00 €

zu b): + Zinsen zu 5 % = $\frac{48 \cdot 150}{72}$ = 100,00 €

− Zinsen zu $\frac{1}{4}$ % = 100 : 20 = 5,00 €

Zinsen zu $4\frac{3}{4}$ % = 95,00 €

Merke

Zinssätze, die nicht ohne Rest in 360 enthalten sind und daher keinen bequemen Zinsdivisor ergeben, können zerlegt werden.

So berechnet man bei $5\frac{1}{2}$ % zuerst die 5%igen Zinsen und dann die $\frac{1}{2}$%igen als $\frac{1}{10}$ der Zinsen zu 5 %. Bei $2\frac{2}{3}$ % = 2 % + $\frac{2}{3}$ % (= der 3. Teil der Zinsen von 2 %) oder 3 % − $\frac{1}{3}$ % (= der 9. Teil der Zinsen von 3 %).

Beachte

Ist der Zinssatz nicht ohne Rest in 360 enthalten, so kann man auch folgendermaßen rechnen:

Zinsen = $\frac{\text{Zinszahl} \cdot \text{Zinssatz}}{360}$

Lösung

zu a): Zinsen = $\frac{7\,200 \cdot 3,5}{360}$ = 70,00 €

zu b): Zinsen = $\frac{7\,200 \cdot 4,75}{360}$ = 95,00 €

Berechnen Sie die Zinsen von:

a) 420,00 €   (780,00)   zu $4\frac{1}{3}$ % ($4\frac{3}{4}$ %)   vom 10. Juni   bis 16. Sept.
b) 7.850,00 €   (8.360,00)   zu $5\frac{1}{4}$ % ($5\frac{1}{2}$ %)   vom 28. März   bis 31. Aug.
c) 946,30 €   (552,70)   zu $8\frac{1}{2}$ % ($8\frac{1}{4}$ %)   vom 30. Aug.   bis 31. Dez.
d) 21.853,00 € (61.305,00)   zu $9\frac{5}{6}$ % ($9\frac{1}{5}$ %)   vom 11. Juni   bis 1. Nov.
e) 791,75 €   (102,50)   zu $4\frac{7}{8}$ % ($4\frac{1}{5}$ %)   vom 1. Juni   bis 15. Okt.
f) 5.525,00 €   (6.475,00)   zu $3\frac{5}{8}$ % ($3\frac{7}{8}$ %)   vom 15. Febr. bis 3. Juni

16 Wie kann man die folgenden Zinssätze zerlegen?
a) $5\frac{1}{2}$ %   c) $3\frac{1}{4}$ %   e) $4\frac{3}{8}$ %   g) $2\frac{1}{4}$ %   i) 11 %
b) $4\frac{1}{3}$ %   d) 7 %   f) $4\frac{1}{4}$ %   h) $2\frac{3}{4}$ %   k) $5\frac{1}{4}$ %
(z. B.: $4\frac{3}{8}$ % = 4 % + $\frac{1}{4}$ % + $\frac{1}{8}$ % oder: 5 % – $\frac{5}{8}$ %)

17 Berechnen Sie für die folgenden überfälligen Rechnungsbeträge die Verzugszinsen und die nunmehr von den Kunden zu zahlenden Beträge:

	Rechnungsbetrag	Rechnungsdatum	Ziel	Verzugszinsen	Stichtag
a)	15.000,00 €	10. Jan.	2 Monate	$5\frac{1}{2}$ %	30. April
b)	650,00 €	31. Jan.	3 Monate	$4\frac{3}{4}$ %	30. Juni
c)	812,40 €	1. Juni	1 Monat	$5\frac{1}{4}$ %	15. Sept.
d)	4.532,80 €	15. Aug.	2 Monate	$6\frac{1}{3}$ %	31. Dez.

18 Berechnen Sie die Darlehensrückzahlung einschließlich Zinsen.
a) 275,00 € (6.180,00 €) zu $8\frac{1}{2}$ % vom 31. März bis 30. Dez.
   (vom 30. März bis 31. Aug.)
b) 4.136,00 € (702,00 €) zu $6\frac{2}{3}$ % vom 18. Jan. bis 2. Juni
   (vom 28. März bis 12. Sept.)
c) 8.325,00 € (7.615,00 €) zu $5\frac{1}{2}$ % vom 21. Mai bis 15. Okt.
   (vom 1. Febr. bis 31. Dez.)
d) 692,00 € (875,00 €) zu $7\frac{7}{8}$ % vom 6. Juli bis 1. Nov.
   (vom 5. Mai bis 11. Nov.)

19 Ein Geschäftsmann nahm am 12. März bei seiner Bank ein Darlehen in Höhe von 18.600,00 € auf. Am 10. Juni desselben Jahres zahlte er 5.200,00 € und am 15. Juli 8.400,00 € zurück. Wie groß ist die Restzahlung am 10. Aug., wenn er die Gesamtschuld mit $7\frac{1}{4}$ % verzinsen muss?

20 Berechnen Sie die Rückzahlung für folgende Resthypotheken einschließlich Zinsen:
a) 55.000,00 € zu $6\frac{3}{4}$ % vom 30. März d. J.   bis 16. Juni d. J.
b) 21.000,00 € zu $7\frac{7}{8}$ % vom 30. Juni d. J.   bis 31. August d. J.
c) 8.750,00 € zu $5\frac{1}{2}$ % vom 15. Oktober v. J.   bis 10. Februar d. J.
d) 3.625,00 € zu $9\frac{2}{3}$ % vom 10. Dezember v. J.   bis 1. Juni d. J.

21 Berechnen Sie die Zinsen von:
a) €   38.175,20 zu $3\frac{3}{4}$ vom 15. März d. J.   bis 19. Juni d. J.
b) sfrs 16.840,75 zu $6\frac{1}{4}$ vom 28. Mai d. J.   bis 12. September d. J.
c) €   210.320,60 zu $5\frac{1}{2}$ vom 7. April d. J.   bis 25. Juli d. J.
d) skr 49.260,45 zu $7\frac{5}{8}$ vom 22. Juli d. J.   bis 15. Oktober d. J.
e) €   85.745,30 zu $8\frac{5}{8}$ vom 15. August d. J.   bis 22. November d. J.

Englische Tageszinsenberechnung

Beachte: In England werden die Monate kalendermäßig und das Jahr mit 365 Tagen gerechnet.

Die **englische Tageszinsen-Formel** lautet also:

$$\text{Zinsen} = \frac{\text{Kapital} \cdot \text{Tage} \cdot \text{Zinssatz}}{100 \cdot 365}$$

Dadurch ergibt sich für das Rechnen ohne Rechenmaschinen oder Taschenrechner der schwerwiegende Nachteil, dass sich der Zinssatz im Zähler nur noch in wenigen Fällen gegen die 365 im Nenner kürzen lässt. Um mit denselben Zinsdivisoren, die wir bei der Eurozinsmethode erlernt haben, auch hier arbeiten zu können, erweitern wir den rechten Term der Formel mit 360:

$$\text{Zinsen} = \frac{\text{Kapital} \cdot \text{Tage} \cdot \text{Zinssatz}}{100 \cdot 365} \cdot \frac{360}{360} = \frac{\text{Kapital} \cdot \text{Tage} \cdot \text{Zinssatz}}{100 \cdot 360} \cdot \frac{360}{365}$$

oder:
$$\text{Zinsen} = \frac{\text{Zinszahl}}{\text{Zinsdivisor}} \cdot \frac{72}{73}$$

Merke: Bei englischer Art der Zinsberechnung rechnet man zunächst nach der Euro-Zinsmethode. Dann zieht man von dem vorläufigen Ergebnis den 73. Teil ab.

Beispiel: Berechnen Sie die Zinsen von 982,78 £ zu 3% vom 25. Juni bis 15. Oktober.

Zinstage = 112

$$\text{Zinsen} = \frac{9,8278 \cdot 112}{120} = 9,173 \text{ £}$$

$-0,126$ ($\frac{1}{73}$ des Ergebnisses)

$9,047 = \underline{9,05 \text{ £}}$

Beachte: Berechnungen immer mit 3 Dezimalen! Warum?

Berechnen Sie die Guthaben einschließlich Zinsen nach englischer Art.

a) 48,60 £ zu 6½ % vom 1. April bis 15. Aug. (21. Mai bis 31. Dez.)
b) 16,43 £ zu 3⅓ % vom 30. März bis 30. Juni (3. März bis 30. Nov.)
c) 244,55 £ zu 8½ % vom 10. Juli bis 31. Dez. (1. Juni bis 1. Okt.)
d) 36,25 £ zu 5¼ % vom 26. Jan. bis 31. Juli (31. Jan. bis 30. Aug.)
e) 582,73 £ zu 4¾ % vom 8. Febr. bis 10. Juni (11. Febr. bis 3. Okt.)
f) 75,87 £ zu 7⅞ % vom 12. Mai bis 4. Nov. (5. Mai bis 15. Juli)

10.2 Berechnen der Zinseszinsen

Wenn die Zinsen in bestimmten Zeitabständen gutgeschrieben und im folgenden Zeitabschnitt mitverzinst werden, spricht man von Zinseszinsen. Hierbei werden also außer dem Kapital auch die jeweils aufgelaufenen (kapitalisierten) Zinsen mitverzinst.

Beispiel

Auf welchen Betrag wächst ein Kapital von 30.000,00 € bei jährlichem Zinszuschlag von 6 % in 4 Jahren an?

Anfangskapital	= 30.000,00 €	
+ Zinsen für 1. Jahr	= 1.800,00 €	
	31.800,00 €	= Kapital am Anfang des 2. Jahres
+ Zinsen für 2. Jahr	= 1.908,00 €	
	33.708,00 €	= Kapital am Anfang des 3. Jahres
+ Zinsen für 3. Jahr	= 2.022,48 €	
	35.730,48 €	= Kapital am Anfang des 4. Jahres
+ Zinsen für 4. Jahr	= 2.143,83 €	
	37.874,31 €	= Kapital am Ende des 4. Jahres

Diese Art der Berechnung ist – besonders wenn es sich um viele Jahre und unbequeme Zinssätze handelt – zeitraubend und umständlich. Daher werden in der Praxis Tabellen (Zinseszinstafeln) oder EDV-Programme benutzt. In diesen sind die Zinseszinsen für eine lange Folge von Jahren und für die üblichen Zinssätze, ausgehend von 1,00 € Grundbetrag, berechnet. In den Tabellen kann man ablesen, auf welchen Endbetrag 1,00 € Anfangsbetrag in einer bestimmten Anzahl von Jahren zu einem bestimmten Zinssatz anwächst.

In dem Eingangsbeispiel finden wir in der Tabelle bei 4 Jahren und 6 % den Endbetrag von 1,26248. Die Beträge sind auf 5 Dezimalen berechnet, damit das Ergebnis bei größeren Kapitalien noch möglichst genau wird. Wir wissen also jetzt, dass ein Betrag von 1,00 € in 4 Jahren bei 6 % Zinsen mit Zinseszinsen auf 1,26248 € anwächst. Mithin wachsen 30.000,00 € auf 37.874,40 € an. Der Unterschied von 9 Cent gegenüber unserer Rechnung ist ein Rundungsfehler.

In der ersten Spalte (n) sind die Jahre (1–20) angegeben. Aus den folgenden Spalten kann abgelesen werden, auf welchen Betrag 1,00 € in einer bestimmten Anzahl von Jahren zu dem jeweiligen Zinssatz einschließlich Zinseszinsen anwächst. Diese Tabellenwerte heißen **Aufzinsungsfaktoren**.

p\n	4,5 %	5 %	5,5 %	6 %	7 %	8 %	p\n
1	1,045	1,05	1,055	1,06	1,07	1,08	1
2	1,09203	1,1025	1,11303	1,1236	1,1449	1,1664	2
3	1,14117	1,15763	1,17424	1,19102	1,22504	1,25971	3
4	1,19252	1,21551	1,23882	1,26248	1,31080	1,36049	4
5	1,24618	1,27628	1,30696	1,33823	1,40255	1,46933	5
6	1,30226	1,34010	1,37884	1,41852	1,50073	1,58687	6
7	1,36086	1,40710	1,45468	1,50363	1,60578	1,71382	7
8	1,42210	1,47746	1,53469	1,59385	1,71819	1,85093	8
9	1,48610	1,55133	1,61909	1,68948	1,83846	1,99900	9
10	1,55297	1,62889	1,70814	1,79085	1,96715	2,15893	10
11	1,62285	1,71034	1,80209	1,89830	2,10485	2,33164	11
12	1,69588	1,79586	1,90121	2,01220	2,25219	2,51817	12
13	1,77220	1,88565	2,00577	2,13293	2,40985	2,71962	13
14	1,85194	1,97993	2,11609	2,26090	2,57853	2,93719	14
15	1,93528	2,07893	2,23248	2,39656	2,75903	3,17217	15
16	2,02237	2,18287	2,35526	2,54085	2,95216	3,42594	16
17	2,11338	2,29202	2,48480	2,69277	3,15882	3,70002	17
18	2,20848	2,40662	2,62147	2,85434	3,37993	3,99602	18
19	2,30786	2,52695	2,76565	3,02560	3,61653	4,31570	19
20	2,41171	2,65330	2,91776	3,20714	3,86968	4,66096	20

> **Merke**
>
> Endkapital = Aufzinsungsfaktor (lt. Tabelle) x Anfangskapital
> Anfangskapital = Endkapital : Aufzinsungsfaktor (lt. Tabelle)
>
> In Formeln dargestellt: dabei bedeuten:
>
> $K_n = K_0 \cdot q^n$
>
> $K_0 = K_n : q^n$
>
> K_0 = Anfangskapital
> K_n = Endkapital
> q_n = Aufzinsungsfaktor

1 Berechnen Sie das Endkapital mit Zinseszinsen.

a) Anfangskapital	2.000,00 €	6 Jahre	8 %	(15 Jahre	5½ %)
b) Anfangskapital	8.000,00 €	10 Jahre	5,5 %	(6 Jahre	8 %)
c) Anfangskapital	10.000,00 €	7 Jahre	4½ %	(11 Jahre	7 %)
d) Anfangskapital	900,00 €	15 Jahre	6 %	(5 Jahre	4,5 %)
e) Anfangskapital	35.000,00 €	20 Jahre	7 %	(18 Jahre	6 %)
f) Anfangskapital	6.500,00 €	4 Jahre	4½ %	(6 Jahre	5,5 %)

2 Ermitteln Sie das Endergebnis:
a) mit einf. Zinsen, b) mit Zinseszinsen, c) Stellen Sie den Unterschied fest.

a) Anfangskapital	4.530,00 €	5 Jahre 6 %	(14 Jahre	8 %)
b) Anfangskapital	625,00 €	12 Jahre 8 %	(7 Jahre	5,5 %)
c) Anfangskapital	3.180,00 €	9 Jahre 5 %	(3 Jahre	6 %)
d) Anfangskapital	50.000,00 €	16 Jahre 7 %	(19 Jahre	4,5 %)
e) Anfangskapital	775,00 €	4 Jahre 8 %	(6 Jahre	5,5 %)

3 Berechnen Sie das Anfangskapital.

a)	14.142,63 €	(3.394,23 €)	5 Jahre 4,5 %
b)	8.667,00 €	(43.349,75 €)	16 Jahre 7 %
c)	2.018,81 €	(1.448,30 €)	15 Jahre 6 %
d)	4.714,01 €	(808,12 €)	20 Jahre 8 %
e)	7.030,57 €	(44.336,95 €)	8 Jahre 5,5 %

4 Welchen Betrag muss ein Vater für die Aussteuer seiner Tochter, die drei Jahre alt geworden ist, bei 4,5 % Verzinsung auf ein Sparkonto einzahlen, wenn der Tochter an ihrem 21. Geburtstag ein Sparguthaben von 10.000,00 € von der Bank ausgezahlt werden soll?

5 Ein Junge im Alter von 6 Jahren erhält ein Erbteil in Höhe von 15.000,00 €. Sein Vormund legt diesen Betrag auf einem Sparkonto an. Der Zins ist unverändert 5 %. Über welchen Betrag kann der Junge an seinem 25. Geburtstag verfügen?

6 Drei Kinder im Alter von 2, 6 und 10 Jahren sollen jeweils im Alter von 21 Jahren ein Sparguthaben von 12.000,00 € besitzen.

Welchen Gesamtbetrag müssen die Eltern einzahlen, wenn sie von einer laufenden Verzinsung ihrer Einlagen mit mindestens 4,5 % (6 %) ausgehen?

7 Ein Sparbrief Typ A der XY-Bank hat eine Laufzeit von 4 Jahren und einen Zinssatz von 5,5 %. Ein Sparer erwirbt einen Brief von 26.000,00 € Nennwert. Der Ausgabepreis ist der Nennwert abzüglich Zinsen und Zinseszinsen. Die Rückzahlung erfolgt am Fälligkeitstag zum Nennwert.

Wie hoch war der Ausgabepreis?

10.3 Berechnen von Kapital, Zinssatz und Zeit

Die Tageszinsformel lautet in unverkürzter Form:

$$\text{Zinsen} = \frac{\text{Kapital} \cdot \text{Zinssatz} \cdot \text{Zeit}}{100 \cdot 360}$$

Diese Formel wird nach der Größe „Kapital" aufgelöst. Zu diesem Zweck werden die beiden Seiten der Gleichung erst mit 100, dann mit 360 multipliziert. Danach werden die beiden Seiten der Gleichung erst durch den Zinssatz und dann durch die Zeit dividiert. Das ergibt:

$$\frac{100 \cdot 360 \cdot \text{Zinsen}}{\text{Zinssatz} \cdot \text{Zeit}} = \frac{\text{Kapital} \cdot \text{Zinssatz} \cdot \text{Zeit} \cdot 100 \cdot 360}{100 \cdot 360 \cdot \text{Zinssatz} \cdot \text{Zeit}}$$

Man kürzt auf der rechten Seite der Gleichung 100 gegen 100, 360 gegen 360, Zinssatz gegen Zinssatz und Zeit gegen Zeit. Dann bleibt die Formel übrig:

$$\text{Kapital} = \frac{\text{Zinsen} \cdot 100 \cdot 360}{\text{Zinssatz} \cdot \text{Zeit}}$$

Auf die gleiche Weise ergeben sich die Formeln für Zinssatz und Zeit:

$$\text{Zinssatz} = \frac{\text{Zinsen} \cdot 100 \cdot 360}{\text{Kapital} \cdot \text{Zeit}} \qquad \text{Zeit} = \frac{\text{Zinsen} \cdot 100 \cdot 360}{\text{Kapital} \cdot \text{Zinssatz}}$$

> **Beachte** Die drei Formeln haben den gleichen Zähler. Er lautet: Zinsen · 100 · 360.
> Die Nenner enthalten die jeweils noch fehlenden beiden übrigen Größen.

Die Formel kann auch mithilfe des Dreisatzes abgeleitet werden:

Welches Kapital bringt zu 4 % in 216 Tagen 29,76 € Zinsen?

$$4{,}00 \text{ € Zinsen in 360 Tagen von } 100 \text{ € Kapital}$$

$$1{,}00 \text{ € Zinsen in 360 Tagen von } \frac{100}{4} \text{ € Kapital}$$

$$29{,}76 \text{ € Zinsen in 360 Tagen von } \frac{100 \cdot 29{,}76}{4} \text{ € Kapital}$$

$$29{,}76 \text{ € Zinsen in 1 Tag von } \frac{100 \cdot 29{,}76 \cdot 360}{4} \text{ € Kapital}$$

$$29{,}76 \text{ € Zinsen in 216 Tagen von } \frac{100 \cdot 29{,}76 \cdot 360}{4 \cdot 216} = \underline{1.240{,}00 \text{ € Kapital}}$$

Also lautet die Formel:

$$\text{Kapital} = \frac{\text{Zinsen} \cdot 100 \cdot 360}{\text{Zinssatz} \cdot \text{Zeit}}$$

---

1 Welches Kapital bringt im Jahr
- a) bei 5 % 30,00 € Zinsen?
- b) bei 3⅓ % 50,00 € Zinsen?
- c) bei 4 % 32,00 € Zinsen?
- d) bei 2½ % 19,00 € Zinsen?
- e) bei 3 % 120,00 € Zinsen?
- f) bei 4½ % 90,00 € Zinsen?

Beachte In der Formel für die Berechnung des Kapitals wird hier die Zeit mit 360 Tagen eingesetzt werden; dann hebt sich 360 gegen 360 auf und es bleibt die Formel übrig:

$$\text{Kapital} = \frac{\text{Zinsen} \cdot 100}{\text{Zinssatz}}$$

100 : Zinssatz nennt man den **Kapitalisierungsfaktor**.
Er ist bei der Aufgabe Nr. 1 a = 100 : 5 = 20. Das bedeutet: **Man multipliziert die Zinsen mit dem Kapitalisierungsfaktor und erhält das Kapital**.
Lösen Sie die Aufgabe Nr. 1 mithilfe des Kapitalisierungsfaktors.

---

2 Welches Kapital bringt
- a) vom 15. Juni bis 15. Nov.   bei 6½ % 230,00 € Zinsen?
- b) vom 30. Juli bis 30. Nov.   bei 8¼ % 195,00 € Zinsen?
- c) vom 12. März bis 31. Juli   bei 5¾ % 848,75 € Zinsen?
- d) vom 12. Febr. bis 30. Juli bei 4½ % 910,50 € Zinsen?

---

3 Die Firma Otto Darmstädter erhielt am 10. Mai von ihrer Bank einen Kredit zu 8,5 % und zahlte am 30. Sept. 740,00 € Zinsen. Wie hoch war demnach der gegebene Kredit?

---

4 Wie hoch war der Kredit, den ein Geschäftsmann bei seiner Bank in Anspruch nahm, wenn er für die Zeit vom 10. Mai bis 25. Nov. bei einem Sollzinssatz von 7 % 282,10 € Zinsen zu zahlen hatte?

---

5 Ein säumiger Schuldner überwies seinem Lieferer für die Zeit vom 25. Juli bis 31. Dez. bei 6 % 116,25 € Verzugszinsen. Von welchem Rechnungsbetrag wurden die Zinsen berechnet?

---

6 Berechnen Sie den Zinssatz.
- a) 12.500,00 €   am 6. Febr. ausgel. u. am 31. Dez. mit 13.343,75 € zurückgezahlt.
- b) 7.890,00 €   am 14. März ausgel. u. am 30. Nov. mit 8.268,72 € zurückgezahlt.
- c) 24.550,00 €   am 11. April ausgel. u. am 6. Aug. mit 25.275,42 € zurückgezahlt.

7 Die Stadtsparkasse in M. gewährte Herrn R. am 1. März eine Hypothek von 42.000,00 €. Herr R. bezahlt erstmals am 1. Sept. 1.680,00 € für das abgelaufene Halbjahr. Dieser Betrag enthält Zinsen und 1% Tilgung.
 a) Welcher Zinssatz (pro Jahr) war vereinbart?
 b) Welcher Betrag war ab 1. März des nächsten Jahres zu verzinsen?

8 Ein Kredit in Höhe von 9.600,00 € wurde am 16. Juli eingeräumt und nach einem Vierteljahr einschließlich Zinsen mit 9.756,00 € zurückgezahlt.
 Zu wie viel Prozent wurde das ausgeliehene Kapital verzinst?

9 Ein Rechnungsbetrag in Höhe von 4.384,00 € war am 26. Mai fällig. Er wurde am 1. Okt. zuzüglich Mahnkosten von 3,40 € und Verzugszinsen mit 4.493,96 € beglichen.
 Wie viel Prozent Verzugszinsen wurden dem Kunden berechnet?

10 Berechnen Sie den Tag der Rückzahlung für:
 a) 1.200,00 € am 15. Jan. ausgel. u. bei 8½ % mit 1.235,70 € zurückgezahlt
 b) 3.450,00 € am 31. März ausgel. u. bei 7¾ % mit 3.607,45 € zurückgezahlt
 c) 7.820,00 € am 6. Aug. ausgel. u. bei 9½ % mit 8.022,23 € zurückgezahlt

11 Eine Bank hat einem Geschäftsmann ein Darlehen von 40.000,00 € gewährt, wofür er monatlich 225,00 € Zinsen bezahlen muss. Für einen Teil des Darlehens, das sind 25.000,00 €, bezahlt er 6 % Zinsen.
 Wie hoch ist der Zinssatz des Restdarlehens?

12 Wann wurde ein Darlehen von 1.600,00 € zu 9 % gegeben, wenn am 31. Dez. einschließlich Zinsen 1.674,40 € zurückgezahlt wurden?

13 Ein Kredit von 9.800,00 € wurde am 15. März zu 6,5 % gewährt.
 Wann wurde er zuzüglich Zinsen mit 10.000,00 € zurückgezahlt?

14 Ein Gebäude im Wert von 485.000,00 € wirft einen Reinertrag von 31.525,00 € ab.
 Wie hat sich das investierte Kapital verzinst?

> **Merke**
> $$\text{Effektive Verzinsung} = \frac{\text{Jahresertrag} \cdot 100}{\text{Kapitaleinsatz}}$$

Die effektive Verzinsung nennt man auch **Rendite**.

15 Welches Kapital bringt in 60 Tagen zu 5¼ % Zinsen genauso viel Zinsen wie 75.540,00 € in 30 Tagen zu 7,5 %?

16 Der Firma Müller wird ein Haus zum Kauf angeboten. Kaufpreis 180.000,00 €; I. Hypothek 80.000,00 € zu 5 % verzinslich. Jährliche Kosten (welche?) etwa 2.000,00 €. Monatliche Miete = 1.155,00 €. Wie hoch verzinst sich das in dem Haus angelegte eigene Kapital?
Vergleichen Sie damit die gegenwärtige Verzinsung von Spareinlagen und festverzinslichen Wertpapieren (Pfandbriefen, Schuldverschreibungen).

17 An der Firma Dörr & Sohn ist Herr Baldung als stiller Teilhaber mit 75.000,00 € beteiligt. Nach dem Gesellschaftsvertrag erhält er 5 % Zinsen von seinem Kapital und zusätzlich 8 % von dem Jahresgewinn, soweit dieser 200.000,00 € jährlich übersteigt.

Jahresgewinne:	1. Jahr	2. Jahr	3. Jahr
	234.248,70 €	267.994,40 €	291.070,40 €

a) Wie viel Zinsen erhielt B. am Ende des jeweiligen Geschäftsjahres?
b) Wie hoch ist der durchschnittliche Zinssatz in den drei Jahren?

18 Ein Makler bietet S. ein Mietshaus zum Kauf an, das mit einer Hypothek von 125.000,00 € zu $5\frac{1}{2}$ % belastet ist. Die monatlichen Mieteinnahmen betragen 2.535,00 €, die laufenden Kosten jährlich 4.680,00 €. Welchen Kaufpreis kann S. höchstens anlegen, wenn er sein Kapital mit mindestens 6 % verzinsen will?

19 Ein Kaufmann nimmt bei einer Bank am 15. Juni einen Kredit von 10.500,00 € auf und zahlt ihn am 30. Sept. einschließlich Zinsen und $\frac{1}{4}$ % Kreditprovision je Monat (? % je Jahr) mit 10.821,58 € wieder zurück.
a) Welcher Zinssatz war vereinbart?
b) Wie teuer war der Kredit im Ganzen?

20 Ein Kaufmann erwirbt zum Bau einer Lagerhalle das günstig gelegene Nachbargrundstück. Hierfür erhält er am 12. Mai eine Hypothek über 125.000,00 €. Zum Jahresende belastet die Bank sein Konto für Zinsen mit 4.947,92 €.
Welcher Zinssatz wurde vereinbart?

21 Wir erhalten eine Rechnung über 75.190,00 €, zahlbar in 60 Tagen oder mit 2 % Skonto bei Zahlung innerhalb 10 Tagen.
a) Welchem Zinssatz entspricht der Skontoabzug von 2 %?
b) Lohnt es sich, gegebenenfalls für 14 Tage einen Bankkredit in Anspruch zu nehmen, um den Skontoabzug ausnutzen zu können? Die Bank berechnet 8 % Sollzinsen.

22 M. Reich kauft ein Geschäftshaus für 650.400,00 €. 300.000,00 € bringt er selbst auf; 250.000,00 € stellt ihm die Stadtsparkasse als I. Hypothek zum Zinssatz von $5\frac{1}{4}$ % zur Verfügung, den Restbetrag beschafft er sich als II. Hypothek. Halbjährlich bezahlt er für Hypothekenzinsen 10.327,50 €. Wie hoch war der Zinssatz für die II. Hypothek?

23 Auf dem Gutschriftzettel einer Banküberweisung ist als Verwendungszweck vermerkt: „Einschließlich $5\frac{1}{2}$ % Verzugszinsen für die Zeit vom 15. Juni bis 3. Sept. und 4,80 € Mahngebühren". Die Überweisung lautet über 6.580,23 €. Da noch mehrere Rechnungen dieses Schuldners offen sind, ist festzustellen, welcher Rechnungsbetrag hier ausgeglichen wurde.

10.4 Summarische Zinsrechnung

Beispiel
Berechnen Sie die Bankschuld eines Kaufmanns zum 31. Dez. zuzüglich 8 % Sollzinsen bei folgenden Schuldbeträgen: 3.000,00 €, fällig 3. Aug.[1], 800,00 €, fällig 14. Sept., 4.200,00 €, fällig 1. Nov., 2.000,00 €, fällig 25. Nov.

Die Zinsberechnung für die einzelnen Beträge ergibt:

1. Betrag	2. Betrag	3. Betrag	4. Betrag
$\dfrac{3 \cdot 150}{45}$	$\dfrac{8 \cdot 108}{45}$	$\dfrac{42 \cdot 60}{45}$	$\dfrac{20 \cdot 36}{45}$
= 100,00 €	= 19,20 €	= 56,00 €	= 16,00 €

$$\begin{aligned}\text{Gesamtbetrag der Schuld} &= 10.000,00\ \text{€} \\ +\ \text{Gesamtbetrag der Zinsen} &= 191,20\ \text{€} \\ \hline \text{Bankschuld per 31. Dez.} &= 10.191,20\ \text{€}\end{aligned}$$

Die gesonderte Zinsberechnung für die einzelnen Beträge ist unpraktisch, weil die 4 Nenner (Zinsteiler) gleich sind. Diesen Vorteil nutzt man aus. Man rechnet für jeden einzelnen Betrag zunächst den Zähler aus, das ist die Zinszahl #. Also (30 · 150) und (8 · 108) und (42 · 60) und (20 · 36).

Die **Summe der Zinszahlen** wird **durch** den **gemeinsamen Zinsdivisor** geteilt.

Beachte
Zinszahlen werden immer auf **ganze Zahlen** gerundet (z. B. 6,32 = 6; 127,65 = 128).
Zinszahlen werden also nie mit Dezimalen eingesetzt.
Machen Sie bei solchen und ähnlichen Aufgaben immer erst eine *übersichtliche Aufstellung in einwandfreier Form und sauberer Schrift.*

Lösung

Betrag	Fälligkeit	Tage	#
3.000,00 €	fällig am 3. Aug.	150	4.500
800,00 €	fällig am 14. Sept.	108	864
4.200,00 €	fällig am 1. Nov.	60	2.520
2.000,00 €	fällig am 25. Nov.	36	720
10.000,00 €		8.604 : 45 =	191,2
+ 191,20 €	Zinsen (8 %)		
10.191,20 €	Bankschuld per 31. Dez.		

Merke
Wenn **zwei oder mehrere Beträge** verzinst werden sollen, werden zuerst **die einzelnen Zinszahlen berechnet**; dann wird die **Summe der Zinszahlen** durch den Zinsdivisor geteilt.

---

[1] Fällig 3. Aug. oder fällig am 3. Aug. oder Wert 3. Aug. oder val. 3. Aug. (valuta = Wert) heißt: von diesem Tag an wird verzinst.

1 Die ABC-Bank hat dem Kaufmann X einen Kredit von 15.000,00 € eingeräumt. X verfügt über diesen Kredit, indem er am 15. Juli 4.180,00 € und am 1. Aug. weitere 3.645,00 € abhebt, ferner am 10. Sept. 6.720,00 € und am 16. Okt. den verbliebenen Restbetrag an Lieferer überweist. Mit welchem Betrag belastet die Bank sein Konto zum 31. Dez., wenn sie $7\frac{1}{2}$ % (Soll-) Zinsen und $\frac{1}{8}$ % Provision berechnet?

2 Berechnen Sie die Bankschuld in folgenden Fällen:

a) per 31. Dez. bei $6\frac{1}{2}$ % Sollzinsen und folgenden Belastungen:

    2.500,00 € per 12. Aug., 300,00 € per 3. Sept., 4.600,00 € per 10. Dez.

b) per 30. Juni: bei 6 % Sollzinsen und folgenden Belastungen:

118,60 €	Wert 31. Dez. (v. J.)	908,00 €	Wert 5. Jan.
36,75 €	Wert 8. Jan.	53,40 €	Wert 1. März
82,00 €	Wert 11. März	201,00 €	Wert 21. Mai
173,00 €	Wert 29. Mai	76,50 €	Wert 18. Juni
398,60 €	Wert 23. Juni	450,00 €	Wert 25. Juni

c) per 31. Dez. bei $5\frac{1}{2}$ % Sollzinsen und folgenden Belastungen:

1.550,00 €	per 4. Juli	708,00 €	per 6. Juli
2.050,00 €	per 31. Juli	64,00 €	per 1. Sept.
3.140,00 €	per 18. Okt.	182,00 €	per 12. Dez.

d) per 31. Dez. bei $7\frac{1}{2}$ % Sollzinsen und folgenden Lastschriften:

1.285,50 €	per 5. Juli	658,70 €	per 2. Okt.
695,00 €	per 11. Aug.	3.428,00 €	per 17. Nov.
4.933,20 €	per 3. Sept.	5.000,00 €	per 4. Dez.

3 Berechnen Sie die Bankguthaben:

a) per 30. Juni bei 2 % Habenzinsen und folgenden Gutschriften:

2.400,00 € per 15. Febr.		380,00 € per 25. April
1.000,00 € per 10. Mai		560,00 € per 10. Juni

b) per 31. Dez. bei $2\frac{1}{2}$ % Habenzinsen und folgenden Gutschriften:

475,00 € per 12. Juli		145,00 € per 31. Aug.
2.060,00 € per 4. Okt.		86,00 € per 1. Nov.
355,00 € per 15. Nov.		62,00 € per 20. Dez.

c) per 30. Juni bei $1\frac{1}{2}$ % Habenzinsen und folgenden Gutschriften:

2.150,00 € per 31. Dez.		318,50 € per 12. Jan.
106,75 € per 3. April		825,00 € per 31. März
1.007,00 € per 1. Juni		693,40 € per 16. Juni
850,20 € per 20. Juni		726,50 € per 22. Juni

d) per 31. Dez. bei $2\frac{1}{4}$ % Habenzinsen mit folgenden Gutschriften:

1.780,00 € per 27. Juli		890,00 € per 5. Aug.
2.140,60 € per 25. Aug.		475,10 € per 12. Okt.
1.350,00 € per 25. Nov.		560,00 € per 15. Dez.

4 Bei einer Sparkasse zahlen wir am 12. April 450,00 €, am 8. Juni 120,00 €, am 27. August 360,00 €, am 12. September 550,00 € und am 17. Oktober 200,00 € ein. Sie vergüten 3½ % Zinsen.
a) Wie hoch ist das Sparguthaben einschließlich Zinsen am 31. Dezember?
b) Wie hoch wäre das Guthaben, wenn wir am 20. November 150,00 € und am 5. Dezember 100,00 € abgehoben hätten?

> **Beachte** 🔊 Das einleitende Beispiel kann auch mithilfe der sog. **Zinsstaffel** gelöst werden.

Der Gang der Rechnung ist folgender:

			Tage	
3. Aug.	S	3.000,00 €	42	1 260
14. Sept.	S	800,00 €		
	S	3.800,00 €	48	1 824
1. Nov.	S	4.200,00 €		
	S	8.000,00 €	24	1 920
25. Nov.	S	2.000,00 €		
31. Dez.	S	10.000,00 €	36	3 600
31. Dez.	S	191,20 €		8 604 : 45 = 191,20
31. Dez.	S	10.191,20 €	Bankschuld per 31. Dez.	

Welche der Berechnungsarten ist die vorteilhafteste?

5 Lösen Sie die Aufgaben Nr. 1, 2 und 3 mithilfe der Zinsstaffel.

6 Ein Kommissionär verkauft für seinen Auftraggeber:
am 15. April für 2.180,00 € gegen Kasse
am 26. Mai für 960,00 € Ziel 30 Tage
am 18. Juni für 1.625,60 € Ziel 60 Tage
Welchen Betrag hat er am 30. Sept. zu überweisen, wenn er 6½ % Zinsen zu vergüten und 5 % Provision zu beanspruchen hat?

7 Jemand hat am 15. März ein Darlehen von 20.000,00 € aufgenommen und darauf am 28. Aug. 8.200,00 €, am 15. Okt. 3.000,00 € und am 20. Dez. den Rest des Darlehens einschließlich Zinsen mit 9.592,00 € zurückgezahlt.
Welcher Zinssatz war mit dem Darlehensnehmer vereinbart?

8 Der Einzelhändler Schulz schuldet uns für gelieferte Waren: 1.260,00 €, fällig am 17. April, 6.175,50 €, fällig am 5. Mai, 3.817,40 €, fällig am 22. Juni, und 822,80 €, fällig am 15. Juli.
Welchen Betrag hat er am 31. Juli einschließlich 5½ % Verzugszinsen zu überweisen?

11 Diskontrechnung

Bei einem **Handelsgeschäft** kann vereinbart werden, dass die **Zahlung der Kaufsumme durch einen Wechsel** erfolgt, in welchem der Verkäufer (Aussteller) dem Käufer (Bezogenen) die unbedingte Anweisung erteilt die Kaufsumme (Wechselsumme) an einem bestimmten Ort (Zahlungsort), zu einem festgelegten Zeitpunkt (Verfall) an den Berechtigten (Wechselnehmer) zu zahlen.

Der Wechselinhaber hat mehrere **Verwendungsmöglichkeiten** für den Wechsel. So kann er ihn z. B. bis zum Verfalltag als Sicherheit behalten oder zur Bezahlung eigener Schulden weitergeben.

Eine weitere Möglichkeit hat der Wechselinhaber, wenn er den **Handelswechsel vor Fälligkeit (Verfall) an ein Kreditinstitut verkauft,** das dem Wechseleinreicher im Rahmen eines **Wechseldiskontkredites die Wechselsumme** (Kaufsumme) **abzüglich eines Diskonts** (= Zinsen zum Diskontsatz gerechnet vom Ankaufstag bis zum Fälligkeitstag) **als Barwert gutschreibt.** Dadurch erhält der Wechseleinreicher noch vor Zahlungseingang der Kaufsumme neue liquide Mittel. Die Abrechnung erfolgt nach der **Eurozinsmethode** (Zinstage genau, Jahr zu 360 Tagen).

Vor der Einführung des Euro wurde der Diskontsatz von der Deutschen Bundesbank festgesetzt. Seit dem 1. Januar 1999 kann die **Höhe des Diskontsatzes** (Abrechnungszinssatz) zwischen Kunden und Kreditinstitut **frei vereinbart** werden. Als Orientierungsgröße dient der von der Bundesbank vorgegebene **Basiszinssatz,** dessen Höhe seinerseits vom Zinssatz des längerfristigen Refinanzierungsgeschäftes (Basistender) der EZB (Europäische Zentralbank) abhängig ist. Die Höhe des Diskontsatzes wird auch von der Qualität des Wechselmaterials und der Bonität des Kunden (Einreichers) bestimmt.

Merke

Unter **Diskontieren** versteht man die Berechnung des **Barwertes** einer später fälligen Forderung. Ihre Anwendung findet diese Rechenart vorzugsweise bei dem Diskontgeschäft der Kreditinstitute, d. h. bei dem Ankauf von Wechseln durch eine Bank.

Beispiel

Die Firma Emmel & Co., Frankfurt (Main), hat von der Firma Adam Müller, Hanau, zur Begleichung einer Warenrechnung einen Wechsel folgenden Inhalts erhalten:

Ort, Tag, Monat und Jahr der Ausstellung	LZB-Ortsnr.	Zahlungsort	Verfalltag
Hanau, 6. Juli 20..			

Gegen diesen **Wechsel** – erste Ausfertigung – zahlen Sie am 6. Oktober 20..

an eigene Order   EUR 3.000,00

EURO dreitausend——————

Bezogener Becker & Sohn

in Schillerstr. 31, 70173 Stuttgart

Zahlbar in Stuttgart   BLZ 508 501 50
bei Sparkasse Stuttgart z. L. Konto Nr. 456 234 123

Adam Müller
Frankfurter Landstraße 7
63452 Hanau

Adam Müller
Hanau, 6. Juli 20..

Angenommen für 3.000,00 €
Stuttgart, 7. Juli 20..
Becker & Sohn
Dieter Becker

Erklären Sie die geschäftlichen Beziehungen zwischen den genannten Firmen. Wie können Emmel & Co. den Wechsel verwerten? Emmel & Co. verkaufen diesen Wechsel am 22. Aug. an die Gewerbebank. Welche Vorteile bietet ihnen die Diskontierung? Welche Bedeutung hat das Diskontgeschäft für die Banken?

Die folgende Darstellung zeigt den Ablauf zeichnerisch:

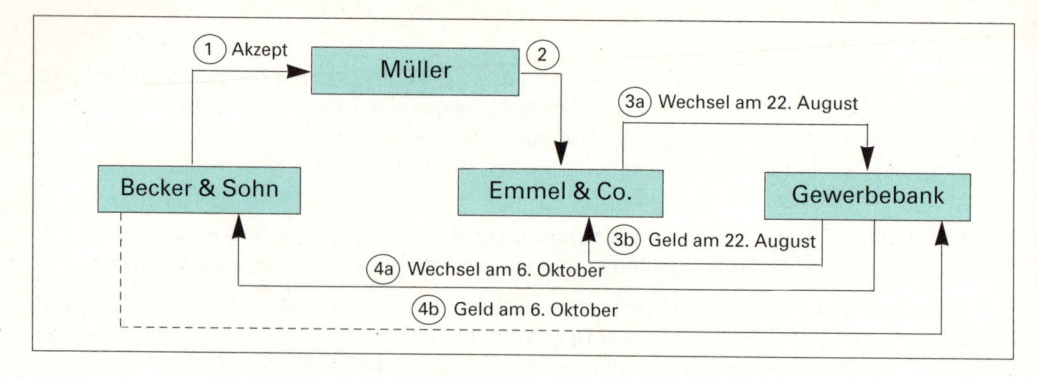

```
         ① Akzept    ┌─────────┐    ②
         ──────────▶ │ Müller  │ ──────────┐
         │           └─────────┘           │    ③a) Wechsel am 22. August
         │                │                │    ──────────────────────┐
         │                ▼                ▼                           ▼
    ┌─────────────┐                  ┌─────────────┐            ┌─────────────┐
    │ Becker&Sohn │                  │ Emmel & Co. │            │ Gewerbebank │
    └─────────────┘                  └─────────────┘            └─────────────┘
         ▲                                  ▲
         │           ③b) Geld am 22. August │
         │           ◀──────────────────────┘
         │           ④a) Wechsel am 6. Oktober
         │           ──────────────────────────────────────────▶
         └────────── ④b) Geld am 6. Oktober ──────────────────┘
```

Die Gewerbebank diskontiert den Wechsel am 22. August wie folgt:

Beispiel

Frankfurt (Main), den 22. August ..
  3.000,00 €   Wechsel, fällig am 6. Oktober
−   30,00 €   Diskont $4\frac{5}{8}\%$ [1]
  2.970,00 €   Barwert am 22. August

Die Gewerbebank stellt bereits am 22. Aug., d. h. 45 Tage vor dem Fälligkeitstag des Wechsels, der Firma Emmel & Co. bares Geld im Betrag von 2.970,00 € zur Verfügung. Sie erhält den Gegenwert am 6. Okt. von der Firma Becker & Sohn, jedoch in Höhe von 3.000,00 €. Die Bank hat Emmel & Co. also für 45 Tage Kredit gewährt und dabei den Diskont verdient.

Merke

$$\text{Diskont} = \frac{\text{Zinszahl}}{\text{Zinsdivisor}}$$

Beachte

Ist der Diskontsatz nicht ohne Rest in 360 enthalten, so kann man ihn zerlegen oder den Diskont auch so berechnen:

$$\text{Diskont} = \frac{\text{Zinszahl} \cdot \text{Diskontsatz}}{360}$$

Unterscheiden Sie:

Zeitwert = Nennwert des Wechsels, der Wechselbetrag;

Diskontbetrag = Abgezogener Zins. Er wird bestimmt vom Wechselbetrag, von der Wechsellaufzeit vom Diskontierungstag bis zum Verfalltag und vom Diskontsatz.

Barwert = Betrag, der am Tag der Diskontierung durch die Bank bar ausgezahlt oder gutgeschrieben wird (Wechselsumme ./. Diskont).

Beachte

Das Jahr wird zu 360 Tagen, die Monate werden aber taggenau gerechnet. Bei der Berechnung der Zinszahlen werden, der Bankpraxis entsprechend, Centbeträge weggelassen.
Wenn *mehrere Wechsel* gleichzeitig diskontiert werden, erfolgt die Abrechnung wie bei der summarischen Zinsberechnung.

---

[1] Lesen Sie: 45 Tage zu 8 %.

11.1 Wechselverkauf an Kreditbanken

Beispiel 1 Diskontieren Sie am 22. Juni einen Wechsel über 4.200,00 €, fällig am 9. August, bei $6\frac{1}{2}$ % Diskont.

Lösung

4.200,00 €	Wechsel, fällig 9. August
− 36,40 €	Diskont 48/$6\frac{1}{2}$ %
4.163,60 €	Barwert am 22. Juni (= Tageswert)

Beispiel 2 Diskontieren Sie am 3. Sept. folgende Wechsel mit $7\frac{1}{4}$ % Diskont:
2.400,00 € per 21. Sept., 600,00 € per 8. Okt., 3.000,00 € per 12. Dez.
8.160,00 € per 26. Nov., 5.640,00 € per 30. Nov., 800,00 € per 1. Dez. ..

Lösung

1. Schritt: Fertigen Sie eine Aufstellung der eingereichten Wechsel an und erweitern Sie diese zu einem Lösungsschema mit folgender Kopfzeile:

Lfd. Nr.	Nennwert	fällig am	Tage	#

2. Schritt: Errechnen Sie die Tage, die Zinszahlen und deren Summe und tragen Sie Ihre Ergebnisse in das Schema ein:

Lfd. Nr.	Nennwert	fällig am	Tage	#
1	2.400,00 €	21. Sept.	18	432
2	600,00 €	8. Okt.	35	210
3	3.000,00 €	12. Okt.	39	1 170
4	8.160,00 €	26. Nov.	84	6 854
5	5.640,00 €	30. Nov.	88	4 963
6	800,00 €	1. Dez.	89	712
	20.600,00 €			14 341

3. Schritt: Errechnen Sie den Diskont in einer Nebenrechnung:
$7\frac{1}{4}$ % hat keinen ganzzahligen Zinsdivisor, also kann man den Diskontsatz zerlegen, z. B. in $7\frac{1}{2}$ % − $\frac{1}{4}$ %,

$7\frac{1}{2}$ %	14 341	: 48 =	298,771
− $\frac{1}{4}$ %	298,771	: 30 =	9,959
$7\frac{1}{4}$ %			288,812
	Diskont =		288,81 € oder so rechnen:

Berechnung ohne Zerlegen: Diskont = $\dfrac{14\,341 \cdot 7{,}25}{360}$ = 288,81 €

Beachte *Zwischenergebnisse* haben mindestens eine Nachkommastelle mehr als das Endergebnis und *werden nicht gerundet*.

Lösung

4. Schritt: Vervollständigen Sie Ihr Lösungsschema und errechnen Sie den Barwert, der für die Summe aller eingereichten Wechsel am Diskontierungstag ausgezahlt bzw. gutgeschrieben wird:

Lfd. Nr.	Nennwert	fällig am	Tage	#
1	2.400,00 €	21. Sept.	18	432
2	600,00 €	8. Okt.	35	210
3	3.000,00 €	12. Okt.	39	1 170
4	8.160,00 €	26. Nov.	84	6 854
5	5.640,00 €	30. Nov.	88	4 963
6	800,00 €	1. Dez.	89	712
	20.600,00 €			14 341
−	288,81 €	Diskont $7\frac{1}{4}$ %		
	20.311,19 €	Barwert am 3. Sept.		

Neben dem Diskont werden oft noch besondere Gebühren berechnet. Für Wechsel mit kurzer Restlaufzeit oder niedrigem Wechselbetrag wird ein **Mindestdiskontbetrag** in Rechnung gestellt. Eine **Inkassogebühr** kommt für solche Wechsel hinzu, die nicht an einem Bankplatz zahlbar gestellt sind.

1 Berechnen Sie den Diskont und den Barwert für folgende Wechsel:

a) 3.000,00 €   60/7   %
b) 7.200,00 €   45/6½   %
c) 4.000,00 €   20/7½   %
d) 6.500,00 €   18/6   %
e) 1.200,00 €   25/7⅕ %
f) 16.000,00 €   135/8   %

2 Die Firma Nungesser erhält von ihrem Lieferer 60 Tage Ziel und bei Zahlung innerhalb 10 Tagen 2 % Skonto. Zur Ausnutzung des Skontos beschafft sie sich finanzielle Mittel durch Diskontierung eines Wechsels. Ihre Bank berechnet 9 % Diskont.

a) Welchen Barwert ergibt ein Zweimonatswechsel von 3.000,00 €?
b) Wie viel € muss die Firma Nungesser für eine Rechnung in Höhe von 3.000,00 € bei Zahlung innerhalb von 10 Tagen überweisen?
c) Lohnt sich die Diskontierung des Wechsels?
Welchem Zinssatz entspricht der Skonto von 2 %?

3 Die Firma Peter Schmidt, Stuttgart, benötigt dringend finanzielle Mittel. Sie hat einen Wechsel mit erstklassigen Unterschriften im Tresor. Der Wechsel lautet über 68.000,00 € und ist am 15. Nov. fällig. Schmidt gibt den Wechsel seiner Bank zum Diskont. Diese rechnet ihn per 26. Sept. zu einem Diskontsatz von 8½ % ab. Wie lautet die Diskontabrechnung?

4 Einzelabrechnungen von Wechseln bei einer Bank am 6. März:

a) 26.400,00 €,   fällig 30. April
b) 7.050,00 €,   fällig 2. Mai
c) 1.825,00 €,   fällig 6. Juni
d) 10.350,00 €,   fällig 1. April
e) 91,80 €,   fällig 31. Mai
f) 3.612,00 €,   fällig 29. März

Diese Bank berechnet bei bundesbankfähigen Wechseln ab 20.000,00 € den Leitzinssatz (3 %) + 2 % p. a., ab 5.000,00 € den Leitzinssatz + 2½ % p. a., unter 5.000,00 € den Leitzinssatz + 3 % p. a., bei sonstigen Wechseln 8 %. Mindestdiskont 5,00 € je Wechsel.
Die Wechsel a), b) und d) sind bundesbankfähig.

5 K. Stieler, Berlin, gibt am 12. Juni einen am 28. April ausgestellten und am 3. Mai akzeptierten 3-Monats-Wechsel im Betrag von 75.268,00 € seiner Bank zum Diskont. Die Bank berechnet 6 % Diskont. Welchen Betrag schreibt sie gut?

6 Fritz Klatt, Mainz, erhielt am 1. Sept. von seinem Schuldner einen am 31. Juli ausgestellten und am 1. August akzeptierten Wechsel im Betrag von 14.726,00 €, fällig am 31. Okt. Er wird am 2. Sept. bei der Handelsbank zum Diskont eingereicht. Die Bank berechnet 8 % Diskont. Welchen Betrag schreibt sie ihrem Kunden gut?

7 Die Firma Gebr. Stoll, Essen, schuldet ihrer Bank lt. Kontoauszug einen Betrag von 15.816,00 € per 30. Juni. Gebr. Stoll wollen das Konto glattstellen. Sie übergeben daher ihrer Bank am 8. Juli einen Wechsel im Betrag von 15.430,00 € per 28. August. Die Bank berechnet den Wechsel mit $6\frac{5}{6}$ % netto. Welchen Betrag müssen die Gebr. Stoll noch überweisen?

8 Für die Firma Heist bestehen zwei Möglichkeiten: Einen Wechsel über 24.670,00 €, fällig 20. April, am 10. Febr. zu $6\frac{1}{4}$ % Diskont bei der Bank zu diskontieren (Wert 10. Febr.) und den Betrag gutschreiben zu lassen oder den Wechsel erst später zum Inkasso einzureichen und per Verfall gutschreiben zu lassen. Ermitteln Sie den Unterschied auf dem Kontokorrentkonto beim Abschluss am 30. Juni (Habenzinssatz $1\frac{1}{4}$ %).

9 Rechnen Sie die Diskontabrechnung der Bank nach.

An die
DEUTSCHE BANK
AKTIENGESELLSCHAFT

Von
Jürgen Kaufmann
Textilgroßhandel
Weserstraße 6
Fernsprecher 3 17 41

60329 Frankfurt

Datum
17. Jan. ..

Wechselverzeichnis

Anbei folgen zum Diskont/~~Einzug~~

Konto-Nr.
24 68

Vom Einreicher auszufüllen				Von der Bank auszufüllen					
€-Betrag	Verfall n. Daten geordn.	Zahlungsort	Nummer	Tage	Diskont % Zinszahlen		Diskont % Zinszahlen	Einzugs- spesen	Ausgeh. W.- Steuermarken
136,25	2. Apr.	Idstein		76			103	2,00	o. Bek.
803,50	10. Apr.	Goch		84			675		Domiz.
5.400,00	16. Apr.	Oberwesel		90	4860				
6.339,75	← Gesamtbetrag Nur bis hier ausfüllen!			Zins- zahlen	4860		778	2,00	
				Zinsen = DM	87,75		16,20		
103,95		Diskont							
2,00		Spesen							
		Auskunftsspesen							
105,95		Auslagen							
6.233,80	Wert 17. Jan...								

Jürgen Kaufmann i. V.
Kraft

Firmenstempel und Unterschrift
(Vor Erteilung der Unterschrift bitten wir die Blaublätter zu entfernen)

Zur Beachtung! Die Bank händigt über diese Einlieferung eine Empfangsbescheinigung mit zwei Unterschriften oder der Handzeichnung des Kassierers und einem Maschinenautdruck laut Aushang im Schalterraum aus.

10 Diskontieren Sie am 1. Febr. folgende Wechsel mit 7¼ % Diskont:

Nr. 1:	32.800,00 €	(27.400,00 €),	fällig 28. Febr.	(29. Febr.)
Nr. 2:	925,00 €	(865,00 €),	fällig 1. März	(3. März)
Nr. 3:	1.050,00 €	(4.035,00 €),	fällig 31. März	(1. April)
Nr. 4:	100,00 €	(500,00 €),	fällig 8. Mai	(11. Mai)
Nr. 5:	14.160,00 €	(18.375,00 €),	fällig 10. Mai	(16. Mai)
Nr. 6:	705,00 €	(612,00 €),	fällig 21. Mai	(27. Mai)

11 Berechnen Sie die Gutschrift für folgende bundesbankfähige Wechsel, die am 31. Mai zu den in Aufgabe 4 genannten Bedingungen abgerechnet werden:

Nr. 1:	2.000,00 €	(5.000,00 €),	fällig 12. Juni	(17. Juni)
Nr. 2:	1.000,00 €	(700,00 €),	fällig 4. Juli	(11. Juli)
Nr. 3:	303,70 €	(06,40 €),	fällig 10. Aug.	(23. Aug.)

12 Prüfen Sie folgende Abrechnungen nach. Wenn Sie Fehler entdecken, geben Sie an, welcher Art diese sind und wie sie sich auswirken. Stellen Sie gegebenenfalls Fehler richtig.

a) Diskontabrechnung für Firma Schwind, Celle:

    15.340,00 € Wechsel, fällig am 31. Aug.
 −   75,00 € Diskont 41/7⅕ %
    15.265,00 € Wert 21. Juli

b) Diskontabrechnung für Firma Eugen Müller, Ludwigshafen:

		Tage	#
2.800,00 €	Wechsel per 30. Juli	7	196
116,00 €	Wechsel per 8. Aug.	16	17
1.027,00 €	Wechsel per 12. Sept.	51	195
92,00 €	Wechsel per 27. Sept.	66	5 888
304,00 €	Wechsel per 4. Okt.	71	22
4.339,00 €			6 318
− 140,40 €	Diskont 8 %		
4.198,60 €	Barwert am 23. Juli		

13 Ermitteln Sie den Barwert folgender *Privatdiskonte* (erstklassige Bankakzepte, die über mindestens 100.000,00 € lauten und zu einem Vorzugssatz [Privatdiskontsatz] diskontiert werden), die am 14. Juni zu einem Vorzugssatz von 4⅞ % netto abgerechnet werden:

Nr. 1:	150.000,00 €	(190.000,00 €),	Verfall 10. Juli	(30. Juni)
Nr. 2:	185.000,00 €	(115.000,00 €),	Verfall 1. Aug.	(31. Juli)
Nr. 3:	165.000,00 €	(160.000,00 €),	Verfall 11. Aug.	(1. Sept.)
Nr. 4:	170.000,00 €	(155.000,00 €),	Verfall 29. Aug.	(9. Sept.)
Nr. 5:	155.000,00 €	(170.000,00 €),	Verfall 3. Sept.	(14. Sept.)

Am 23. Mai werden folgende Privatdiskonte eingereicht und zum Vorzugssatz von $3\frac{3}{5}$ % netto abgerechnet. Ermitteln Sie die Gutschrift für den Einreicher:

Nr. 1:	100.000,00 €	(450.000,00 €),	fällig 1. Juli	(25. Juni)
Nr. 2:	250.000,00 €	(375.000,00 €),	fällig 15. Juli	(13. Juli)
Nr. 3:	300.000,00 €	(125.000,00 €),	fällig 1. Aug.	(3. Aug.)

14

11.2 Wechseldiskontierung unter Kaufleuten

Wird eine an einem bestimmten Tag fällige Schuld mit einem am gleichen Tag fälligen Wechsel beglichen, so wird der Wechsel in Höhe des Nennwertes gutgeschrieben. Weichen Fälligkeit der Schuld und Verfalltag des Wechsels nur um ein Geringes voneinander ab, so wird im Allgemeinen ebenfalls kein Diskont berechnet. Bei größeren Abweichungen zwischen der Fälligkeit einer Verbindlichkeit und dem Verfalltag des Wechsels wird aber in der Regel ein Diskont berechnet und dem Schuldner belastet.

Der Diskont unterliegt in diesem Fall der Umsatzsteuer, weil die Kreditierung durch Wechsel eine Nebenleistung der Warenleistung darstellt.

Merke Die Berechnung von **Diskont** zwischen Kaufleuten unterliegt der **Umsatzsteuer,** wenn der Wechselkredit eine Nebenleistung der Warenleistung (Hauptleistung) ist.

Beispiel Berechnung der Diskontbelastung bei Abrechnung eines Kundenwechsels über 14.395,00 €, fällig am 17. Juli, am 24. Mai zu 6,25 %.

Lösung
	Diskont 54/6,25 %	134,95 €
+	Umsatzsteuer 16 %	21,59 €
	Lastschrift an Kunden	156,54 €

Beachte Die Umsatzsteuer von 16 % ist jeweils zu berücksichtigen, auch wenn dies in der Aufgabenstellung nicht ausdrücklich erwähnt wird.

Die Firma Reimann & Co., Kiel, schuldet der Firma Franz Weil, Würzburg, einen Betrag in Höhe von 13.400,00 € zum 1. März. Diese Schuld wird mit einem Wechsel in gleicher Höhe beglichen, der aber erst am 15. Mai fällig ist. Welchen Betrag schreibt die Firma Weil gut, wenn der Wechsel mit $8\frac{1}{3}$ % diskontiert wird?

1

Der Kaufmann Oskar Lotz, Jena, hat eine Forderung an die Firma Walter Schäfer, Arnstadt, in Höhe von 12.814,50 € per 10. Sept. Zum teilweisen Ausgleich erhält er von ihr am 26. Aug. zwei 2-Monats-Wechsel über je 6.250,00 €. Der eine Wechsel ist am 12. Aug. und der andere am 24. Aug. ausgestellt. Lotz reicht beide Wechsel am 1. Sept. seiner Bank zum Diskont ein. Die Bank rechnet $7\frac{1}{3}$ % Diskont. Wie groß ist die Restforderung von Lotz an Schäfer?

2

3 Zur Begleichung einer am 10. Juni fälligen Schuld von 15.738,00 € übersendet der Kaufmann Karl Frank, Hannover, seinem Gläubiger am 8. Juni zwei 3-Monats-Wechsel, und zwar: Nr. 1 über 8.920,00 €, ausgestellt am 25. April, und Nr. 2 über 6.806,00 €, ausgestellt am 2. Mai.

Welchen Betrag schuldet er noch, wenn die Wechsel so angerechnet werden, wie sein Gläubiger diese bei seiner Bank diskontiert? (9 % Diskont)

4 Wie ist der Kontostand, wenn eine am 27. Mai fällige Schuld von 15.875,00 € mit zwei am 16. Aug. fälligen Wechseln über 10.850,00 € und 5.040,00 € ($6\frac{5}{6}$ % Diskont) beglichen wird?

5 Die Großhandelsfirma Mayer & Sohn, Passau, hat lt. Rechnung vom 15. Jan. von der Maschinenfabrik Herz & Co. einen Posten Waren zum Preis von 31.814,00 €, Ziel 3 Monate, bezogen. Mayer & Sohn übersenden ihrem Lieferanten zum teilweisen Ausgleich der Rechnung drei Wechsel, und zwar über 17.400,00 €, fällig am 15. April, 10.000,00 €, fällig am 10. Mai, und 4.250,00 €, fällig am 2. Juni. Die Wechsel gehen am 25. März bei Herz & Co. ein. Diese verkaufen die Wechsel am 30. März an ihre Bank, die sie mit $7\frac{1}{2}$ % Diskont abrechnet.

Welchen Betrag schreiben Herz & Co. ihrem Kunden gut?

11.3 Sicherheits- und Auftragswechsel der Deutschen Bundesbank

Die **Bundesbank kaufte** bis zur Einführung des Euro über ihre Landeszentralbanken **Handelswechsel** von Kreditinstituten zu einem günstigen von ihr festgesetzten **Diskontsatz an.** Die **Diskontpolitik** war für die Bundesbank ein Mittel zur mengenmäßigen Steuerung der Geldmenge (Offenmarktpolitik). Die Kreditinstitute hatten mit der Rediskontierung von Handelswechseln über die LZB eine Möglichkeit der **kostengünstigen Refinanzierung.**

Mit der Einführung des Euro am 1. Januar 1999 wurde die **Deutsche Bundesbank** Teil des „**Europäischen Systems der Zentralbanken**" (ESZB), bestehend aus der „**Europäischen Zentralbank**" (EZB) und den nationalen Zentralbanken der EWU-Staaten. Die wichtigste **Aufgabe der EZB** besteht darin, innerhalb des EWU-Raumes die **Preisniveaustabilität** unabhängig von Weisungen der Politik zu sichern.

Die praktische **Umsetzung der geldpolitischen** und weiterer **Aufgaben der EZB** obliegt weiterhin der **Deutschen Bundesbank** als nationaler Zentralbank. Sie wird dabei von ihren 9 Landeszentralbanken (LZB-Hauptverwaltungen) im „operativen Geschäft" unterstützt. Dazu zählen insbesondere **Offenmarktgeschäfte** (z. B. Sicherheits- und Auftragswechsel), die Abwicklung des bargeldlosen Zahlungsverkehrs, die Ausgabe und Pflege des Bargeldes u. a. Der Einsatz neuer Kommunikationsmittel hat wesentliche Änderungen in den Verfahrensabläufen zur Bewältigung dieser Aufgaben gebracht.

Zur Umsetzung der geldpolitischen Ziele der **EZB** setzt die Bundesbank im Rahmen des Offenmarktgeschäftes **neue geldpolitische Instrumente** ein. Anstelle der früheren Diskontpolitik (Refinanzierung durch Ankauf von Handelswechseln) tätigt die Bundesbank **„befristete Kreditgeschäfte gegen Verpfändung von Sicherheiten"**. Zu den im Sicherheitsverzeichnis der EZB aufgeführten Sicherheiten gehört auch der Handelswechsel, der damit im EWU-Raum den ehemaligen Rediskontkredit ersetzt und weiter **als Pfandwechsel eine Refinanzierungsmöglichkeit** bietet. Allerdings entfallen mit dem Wegfall des „günstigen Diskontsatzes" der Bundesbank und dem schrumpfenden Volumen von Wechselgeschäften spezielle Anreize und die Möglichkeiten zur umfangreichen Nutzung dieses Instrumentes. Neu ist das Angebot der Bundesbank, Handelswechsel als **Auftragswechsel zum Einzug** anzunehmen.

Im Rahmen ihrer **„geldpolitischen Geschäfte"** (Offenmarktgeschäfte) nimmt die Bundesbank über die LZB Handelswechsel unter folgenden Bedingungen an:

Sicherheitswechsel (Pfandwechsel)

Die Bundesbank nimmt von Geschäftspartnern in Deutschland zahlbare Handelswechsel (Inlandswechsel) zur Gutschrift auf ein Pfandkonto herein, wenn sie die Voraussetzungen für die Beleihung erbringen und formgerecht ausgefüllt sind:

1. **Inlandswechsel auf Euro oder nationale Währung lautend,**
2. **zwei Unterschriften (eine davon Nichtbankenunterschrift),**
3. **zahlbar an einem Bankplatz,**
4. **Laufzeit bis 6 Monate,**
5. **Mindestlaufzeit 1 Monat,**
6. **Abrechnung nach der Eurozinsmethode,**
7. **Bewertungsabschlag 2 %.**

Auftragswechsel (Einzugswechsel)

Die Bundesbank nimmt über ihre Landeszentralbanken **Handelswechsel zum Einzug** unter folgenden Bedingungen an:

1. **Wechsel auf Euro lautend,**
2. **zahlbar innerhalb von 3 Monaten an einem Bankplatz.**
3. **Mindestlaufzeit 5 Geschäftstage**
4. **Restlaufzeit von 5–10 Tagen = Direktversand (Provision)**

Die neuen geldpolitischen Instrumente **Sicherheits- und Auftragswechsel** sollen der **EZB** im Rahmen ihrer Geldpolitik mit dazu dienen, die **Preisniveaustabilität** im EWU-Raum zu erhalten.

> **Beachte**
>
> Die Landeszentralbank berechnet
> a) beim Ankauf von Auftragswechseln, die an einem Sonnabend, einem Sonntag, einem gesetzlichen Feiertag oder an einem 24. Dezember fällig sind, die Zinsen bis zum nächsten Geschäftstag.
> b) für jeden Wechsel mit einer Restlaufzeit von 10 oder weniger Tagen neben dem Diskont eine Gebühr von 2,00 € bzw. eine Provision.

Abrechnung von Auftragswechseln

Beispiel einer Diskontabrechnung:

Am 28. Juni reicht die XY-Bank AG, Frankfurt (Main), bei der Landeszentralbank 6 Wechsel mit der folgenden Abrechnung ein:

Inlandswechsel Frankfurt (Main), 28. Juni 20..

Ankaufsrechnung

über an die Landeszentralbank in Hessen, Hauptstelle Frankfurt (Main), der Deutschen Bundesbank verkaufte Auftragswechsel

Bezogener	Zahlungsort	Verfalltag Tag	Verfalltag Monat	Zinstage	Zinszahlen	Wechselbetrag €
Karl Noll	Darmstadt	5.	Juli	7	875	12.500,00
G. Mahler	Wiesbaden	6.	Juli	8	64	800,00
Metz & Co.	Stuttgart	8.	Juli	10	140	1.400,00
Hans Knoll	Gießen	30.	Juli	32	19	60,00
Robert Groß	Regensburg	7.	Aug.	40	2 000	5.000,00
L. König	Kassel	30.	Aug.	63	32	50,00
					3 130	19.810,00
			– 3 % Diskont			26,08
			– Gebühren			6,00
			Betrag empfangen			19.777,92

Stück 6   durch Gutschrift auf unser Girokonto

Unterschrift: XY-Bank AG

Erklärung: Die Gebühr von 6,00 € setzt sich aus je 2,00 € für die ersten drei Wechsel zusammen.

1 Die Deutsche Bank AG, Frankfurt (Main), reicht am 25. Mai bei der Landeszentralbank einen Auftragswechsel im Betrag von 4.125,00 €, fällig am 4. Juni, ein. Wie lautet die Abrechnung bei 5 % Diskont?

2 Stellen Sie die Diskontabrechnung über folgende Auftragswechsel auf, die am 28. März bei einer Landeszentralbank zu 5 % eingereicht werden:

Nr. 1:   94,80 €,   fällig 21. März,   Nr. 3:   82,50 €,   fällig 31. Mai,
Nr. 2:   5.000,00 €,   fällig 7. April,   Nr. 4:   6.307,00 €,   fällig 8. Juni.

3 Die Dresdner Bank AG, Frankfurt (Main), reicht am 25. Mai bei der Landeszentralbank zu $4\frac{1}{2}$ % Diskont ein:

Nr. 1: 714,50 € per 10. Juli;   Nr. 2: 3.105,00 € per 8. Aug.

4 Einzelabrechnungen von Wechseln:

a)	2.085,00 €,	Fälligkeit 31. Aug.,	diskontiert 21. Aug.,	Diskont $3\frac{1}{2}$ %
b)	74,00 €,	Fälligkeit 1. Nov. (Sa.),	diskontiert 23. Okt.,	Diskont $3\frac{1}{2}$ %
c)	6.915,00 €,	Fälligkeit 11. Aug.,	diskontiert 1. Juni,	Diskont $4\frac{1}{2}$ %
d)	1.050,00 €,	Fälligkeit 7. Sept.,	diskontiert 29. Aug.,	Diskont 4 %

5 Berechnen Sie den Barwert der 6 Wechsel, die am 18. Febr. bei einer Landeszentralbank zu $4\frac{1}{2}$ % Diskont eingereicht werden:

Nr. 1:	8.125,00 €	(7.314,00 €),	fällig am 27. Febr.	(28. Febr.)
Nr. 2:	3.078,00 €	(165,00 €),	fällig am 1. März	(3. März)
Nr. 3:	95,00 €	(2.046,00 €),	fällig am 6. März	(11. März)
Nr. 4:	5.000,00 €	(64,00 €),	fällig am 10. April	(18. April)
Nr. 5:	71,80 €	(5.000,00 €),	fällig am 30. April	(2. Mai)
Nr. 6:	298,00 €	(95,00 €),	fällig am 18. Mai	(3. Mai)

6 Die Kreditbank AG in Mannheim diskontiert am 15. Okt. 5 Wechsel zu $7\frac{1}{5}$ % Diskont und reicht sie am 1. Nov. bei der Landeszentralbank in Baden-Württemberg, Hauptstelle Mannheim, ein ($5\frac{1}{2}$ % Diskont). Welcher Gewinn verbleibt der Bank?

Nr. 1:	52,80 €	(1.215,00 €),	fällig am 8. Nov.	(10. Nov.)
Nr. 2:	7.625,00 €	(82,50 €),	fällig am 9. Nov.	(11. Nov.)
Nr. 3:	100,00 €	(301,60 €),	fällig am 10. Dez.	(12. Dez.)
Nr. 4:	12.482,00 €	(15.126,00 €),	fällig am 31. Dez.	(28. Dez.)
Nr. 5:	72,40 €	(100,00 €),	fällig am 7. Jan. n. J.	(7. Jan.)

7 Suchen Sie die Fehler in folgender LZB-Diskontabrechnung und stellen Sie sie richtig:

			Tage	#
Nr. 1:	6.200,00 €,	fällig 3. Nov.	8	434
Nr. 2:	47,00 €,	fällig 5. Nov.	10	5
Nr. 3:	162,00 €,	fällig 11. Nov.	16	259
Nr. 4:	5.000,00 €,	fällig 30. Nov.	35	1 750
Nr. 5:	59,80 €,	fällig 1. Dez.	35	21
Nr. 6:	2.104,00 €,	fällig 31. Dez.	66	1 389
	13.572,80 €			3 858
−	37,51 €	Diskont $3\frac{1}{2}$ %		
−	4,00 €	Gebühr		
	13 535,29 €	Barwert am 26. Okt.		

11.4 Umwandlung von Buchforderungen in Wechselforderungen

Beispiel

Die Firma Kaiser hat an die Firma Schulz eine Forderung in Höhe von 3.000,00 €, fällig 15. März. Vereinbarungsgemäß zieht Kaiser am 15. März auf Schulz einen Wechsel, fällig am 14. Mai, und reicht ihn am gleichen Tag bei seiner Bank zum Diskont ein. Die Bank berechnet 9 % Diskont. Auf welchen Betrag lautet der Wechsel?

Beachte

Gehen Sie von der Annahme aus, der Wechselbetrag (= 100 %) wäre bekannt. Fertigen Sie die Aufstellung an. (Pfeil A):

Lösung

Die **Lösung** erfolgt von unten nach oben (Pfeil L):

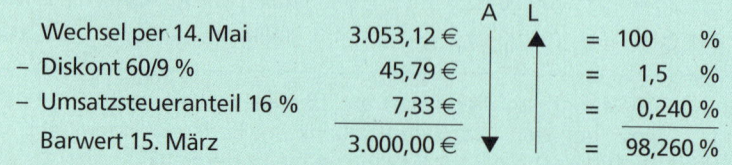

		A	L	
Wechsel per 14. Mai	3.053,12 €	↑	=	100 %
− Diskont 60/9 %	45,79 €		=	1,5 %
− Umsatzsteueranteil 16 %	7,33 €		=	0,240 %
Barwert 15. März	3.000,00 €	↓	=	98,260 %

Der Diskont wird als Prozentsatz des gesuchten Wechselbetrages ausgedrückt (9 % pro Jahr = 1,5 % für 60 Tage).

Die Umsatzsteuer wird als Prozentanteil des Diskonts berechnet (16 % von 1,5 % = 0,240 %).

Der Barwert von 3.000,00 € ist ein verminderter Wert. Er entspricht hier 98,260 %.

Bei der Probe geht man von dem errechneten Wechselbetrag aus:

3.053,12 €	Wechsel, f. a. 14. Mai
− 45,79 €	9 % Diskont für 60 Tage
3.007,33 €	Barwert am 15. März
− 7,33 €	16 % USt von 45,79 €
3.000,00 €	Forderung am 15. März

---

1 Stellen Sie den Diskontsatz auf die jeweilige Laufzeit des Wechsels um.

a) Laufzeit 2 Monate − Diskontsatz: 6 %, 7 %, 5 %, 7½ %
b) Laufzeit 3 Monate − Diskontsatz: 4 %, 6 %, 8 %, 8½ %
c) Laufzeit 45 Tage − Diskontsatz: 5 %, 6 %, 7½ %, 8 %
d) Laufzeit 75 Tage − Diskontsatz: 6½ %, 7 %, 8½ %, 9 %

---

2 Berechnen Sie die der Laufzeit entsprechenden Prozentsätze für den Diskont, 16 % Umsatzsteuer vom Diskont und den Barwert (= umzuwandelnde Buchforderung).

a) Laufzeit 2½ Monate − Diskontsatz: 4 %, 4½ %, 5 %, 5½ %
b) Laufzeit 60 Tage − Diskontsatz: 3 %, 6 %, 9 %, 4½ %
c) Laufzeit 3 Monate − Diskontsatz: 8 %, 4 %, 5½ %, 6 %

3 Eine Forderung in Höhe von 5.000,00 €, fällig 25. Mai, soll durch einen Wechsel eingezogen werden, der am 23. Aug. fällig ist.
a) Auf welchen Betrag lautet der Wechsel, wenn $7\frac{1}{2}$ % Diskont berechnet werden?
b) Kann der Wechsel auch über 5.000,00 € ausgestellt werden und unter welcher Bedingung?

4 Berechnen Sie den Betrag eines Wechsels per 30. Aug., mit dem eine am 1. Juli fällige Schuld in Höhe von 1.250,00 € beglichen werden soll. Es liegen der Berechnung 8 % Diskont zugrunde.

5 Auf welchen Betrag muss ein Wechsel per 10. Dez. lauten, mit dem eine bereits am 29. Sept. fällige Schuld im Betrag von 8.834,00 € beglichen werden soll? Zu berücksichtigen ist, dass der Gläubiger den Wechsel mit dem Nettodiskontsatz von $7\frac{3}{4}$ % an seine Bank verkaufen kann.

6 Ein Kaufmann bezieht am 6. Febr. Waren im Wert von 12.640,00 €, Ziel 3 Monate. Am 30. April bittet er den Lieferer, zum Ausgleich einen Wechsel per 20. Juli auf ihn zu ziehen. (Er erklärt sich bereit für Nachteile aufzukommen.) Der Lieferer stellt den Wechsel aus und lässt ihn am 31. Mai bei seiner Bank zu $7\frac{1}{2}$ % Diskont diskontieren. Berechnen Sie den Wechselbetrag.

7 Eine Stereoanlage kostet bei Barzahlung 1.650,00 €. Der Kunde zahlt vereinbarungsgemäß 300,00 € an und den Rest in 5 Raten, fällig in 1, 2, 3, 4 und 5 Monaten. Über welchen Betrag lauten die 5 Wechsel, die der Kaufmann auf den Kunden ausstellt (8 % Diskont)?

8 Ein Kaufmann schuldet zum 15. Juli einen Rechnungsbetrag von 28.910,40 €. Am 13. Juli überweist er einen Betrag von 15.680,00 € auf das Postbankkonto und bittet für den Restbetrag sein Akzept, fällig am 29. Aug., in Zahlung zu nehmen.
Über welchen Betrag wird der Wechsel ausgestellt (8 % Diskont)?

9 Ein Bankkredit von 7.500,00 €, den wir am 19. März aufgenommen haben, ist am 15. Sept. einschließlich 7 % Zinsen zur Rückzahlung fällig. Da uns zz. die flüssigen Mittel fehlen, soll die Bankschuld durch unser Akzept, fällig am 14. Nov., abgelöst werden.
Berechnen Sie den Betrag dieses Wechsels ($7\frac{1}{2}$ % Diskont).

10 Ein Rechnungsbetrag von 2.560,40 € ist seit 16. Aug. fällig. Der Lieferer belastet den Schuldner mit $6\frac{1}{2}$ % Verzugszinsen und stellt am 10. Sept. auf ihn einen Wechsel per 30. Okt. aus.
Über wie viel Euro lautet dieser Wechsel? ($7\frac{1}{2}$ % Diskont).

11 Über welchen Betrag muss ein am 31. Okt. fälliger Wechsel ausgestellt werden, wenn damit eine am 11. Juni fällige Schuld von 6.495,00 € umgewandelt werden soll? 9 % Diskont und anteilige Umsatzsteuer sind zu berücksichtigen.

11.5 Prolongationswechsel (Verlängerung der Wechsellaufzeit)

Wenn der Bezogene sein Akzept voraussichtlich am Verfalltag nicht einlösen kann, wendet er sich zumeist rechtzeitig vorher an den Aussteller mit der Bitte, ihm den Betrag zur Einlösung des Wechsels vorzustrecken. Gleichzeitig wird ein neuer Wechsel (Prolongationswechsel) ausgestellt, der an dem vereinbarten späteren Termin fällig ist. Der neue Wechsel wird **entweder** auf den gleichen Betrag ausgestellt – dann müssen die Diskontspesen vom Bezogenen sofort vergütet werden – **oder** über einen Betrag, der die Diskontspesen mit einschließt.

> **Beachte**
> Beim Prolongationswechsel muss vom Diskont der Umsatzsteueranteil (16 %) in den Wechsel eingerechnet werden.

1 Ein am 8. Juni fälliger Wechsel im Betrag von 5.400,00 € soll auf Wunsch des Bezogenen vom Aussteller um 3 Monate verlängert (prolongiert) werden.
Über welchen Betrag lautet der neue Wechsel, wenn $7\frac{1}{2}$ % Diskont eingerechnet werden?

2 Der Aussteller eines Wechsels, der am 24. Jan. in Höhe von 8.400,00 € fällig ist, erklärt sich bereit die Laufzeit um 2 Monate zu verlängern.
Wie hoch ist der neue Wechselbetrag, wenn 8 % Diskont berücksichtigt werden?

3 Ein Lieferer hatte am 1. Sept. einen 3-Monats-Wechsel im Betrag von 36.840,00 € ausgestellt. Kurz vor Verfall bittet der Bezogene um Stundung des Betrages. Da es sich um einen sonst zahlungsfähigen Kunden handelt, gewährt der Lieferer Prolongation des Wechsels bis zum 1. Febr. des folgenden Jahres. Der Bezogene akzeptiert den neuen Wechsel am 6. Dez. und sendet ihn dem Lieferer, der ihn am 10. Dez. mit 7 % Diskont an seine Bank verkauft.
Auf wie viel Euro lautet der neue Wechsel mit Spesen?

4 Prolongieren Sie am 15. März einen am 12. März fälligen Wechsel in Höhe von 16.250,00 € per 2. Juni. Der Betrag des neuen Wechsels soll $7\frac{1}{5}$ % Diskont einschließen.
Über welchen Betrag wird demnach dieser Prolongationswechsel ausgestellt?

5 Kaufmann M. ist gezwungen den Aussteller seines am 15. Aug. fälligen Akzeptes über 16.500,00 € um Prolongation für 45 Tage zu bitten. 4.400,00 € kann er selbst aus eigenen Mitteln aufbringen.
Über welchen Betrag lautet der Prolongationswechsel, wenn 8 % Diskont und 1 ‰ des Wechselbetrages für Inkassogebühr eingerechnet werden?

6 Wie wäre die Rechnung, wenn der Prolongationswechsel der Einfachheit halber über den Betrag der Restschuld ausgestellt wird, die Diskontspesen also nicht in den Wechselbetrag eingerechnet werden?

11.7 Ausgleichswechsel

Beispiel

Die Firma Groß & Co. hat an die Firma Schultz eine Forderung in Höhe von 10.500,00 € per 8. Juli. Schultz hat zum teilweisen Ausgleich 3 Wechsel an Groß & Co. übersandt, und zwar 1.400,00 € per 24. Juli, 710,00 € per 1. Aug., 7.500,00 € per 6. Sept. Über den Betrag der Restforderung ziehen Groß & Co. einen Wechsel auf Schultz, den sie, wie auch die vorher erhaltenen Wechsel, mit 8 % Diskont an ihre Bank verkaufen. Wie hoch ist der Betrag des Ausgleichswechsels, wenn dieser am 21. Sept. fällig sein soll?

Lösung

a) **Diskontierung der zum teilweisen Ausgleich erhaltenen Wechsel per 8. Juli:**

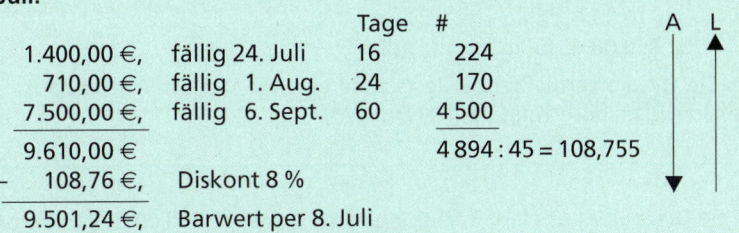

		Tage	#	A L
1.400,00 €,	fällig 24. Juli	16	224	
710,00 €,	fällig 1. Aug.	24	170	
7.500,00 €,	fällig 6. Sept.	60	4 500	
9.610,00 €			4 894 : 45 = 108,755	
− 108,76 €,	Diskont 8 %			
9.501,24 €,	Barwert per 8. Juli			

b) **Berechnung der Restforderung per 8. Juli:**

    10 500,00 € Forderung per 8. Juli
−   9 501,24 € Barwert der Leistungen per 8. Juli
      998,76 € Restforderung per 8. Juli

c) **Berechnung des Ausgleichswechsels per 21. Sept.:**

		A L		
Wechsel per 21. Sept.	1.018,45 €		= 100	%
− Diskont 75/8 %	16,97 €		= 1,667	%
− Umsatzsteueranteil 16 %	2,72 €		= 0,267	%
Restforderung per 8. Juli	998,76 €		= 98,066	%

Beachte

Für den Ausgleichswechsel gelten bezüglich der 16 % Umsatzsteuer die gleichen Bedingungen wie beim Prolongationswechsel.

---

1 Eine Schuld in Höhe von 16.350,00 €, fällig am 31. März, wird durch Übersendung von 4 Wechseln teilweise beglichen: 3.000,00 €, fällig 28. April, 600,00 €, fällig 3. Mai, 8.740,00 €, fällig 22. Mai, 3.900,00 €, fällig 10. Juni. Diese Wechsel werden zum Diskont eingereicht; die Bank rechnet 7½ % netto. Über den Betrag der Restschuld wird ein Wechsel ausgestellt, der am 30. Mai fällig sein soll. Berechnen Sie den Betrag des Ausgleichswechsels, der Diskont und anteilige Umsatzsteuer mit einschließt.

2 Zum Ausgleich einer Rechnung über 6.560,40 €, fällig am 12. Jan., überweisen wir am 10. Jan. auf das Bankkonto des Lieferers 1.500,00 € und übersenden ihm gleichzeitig 2 Wechsel über 1.450,00 €, fällig am 30. März, und 1.680,00 €, fällig am 15. Mai. Über den Restbetrag zieht der Lieferer einen Wechsel, fällig am 12. April. Auf welchen Betrag lautet dieser Ausgleichswechsel, wenn 5 % Diskont eingerechnet werden?

3 Eine Schuld in Höhe von 8.670,20 €, fällig am 20. März, wird durch zwei Wechsel teilweise ausgeglichen:

        2.684,00 €, fällig am 10. April
        3.271,00 €, fällig am 25. Juni

Über die Restschuld ist ein Ausgleichswechsel, fällig am 30. Juni, auszustellen, der 7½ % Diskont einschließen soll. Die beiden Wechsel werden zu den gleichen Sätzen abgerechnet.

4 Ein Großhändler bezieht am 16. Febr. für 10.340,00 € Ware, Ziel 3 Monate oder bei Zahlung innerhalb 14 Tagen mit 2 % Skonto. Am 10. Mai sendet er drei Wechsel:

        5.000,00 €, fällig am 16. Mai
          210,00 €, fällig am 18. Juni
        2.860,00 €, fällig am 1. Juli

Stellen Sie für die verbleibende Restschuld einen 2-Monats-Wechsel aus, vom Fälligkeitstag der Restschuld an gerechnet. (7½ % Diskont)

5 Die Firma O. schuldet uns laut Rechnung vom 10. Mai 16.850,00 €. Zahlungsbedingung: 60 Tage Ziel oder Barzahlung mit 2 % Skonto. Am 10. Juli überreicht sie unserer Firma zwei Wechsel über:

        6.170,00 €, fällig am 1. Aug.
        4.200,00 €, fällig am 15. Sept.

a) Wir nehmen die Wechsel mit 6 % Diskont in Zahlung. Wie hoch ist die Restschuld?
b) Wir ziehen zum Ausgleich der Restschuld auf den Kunden einen Wechsel, fällig nach 45 Tagen. Wie hoch ist der Ausgleichswechsel bei 6 % Diskont?

6 Die Firma Otto Heinemann nimmt am 15. Febr. einen Bankkredit in Höhe von 12.000,00 € auf. Die Bank berechnet 7½ % Zinsen und ½ ‰ Bereitstellungsprovision.

a) Wie hoch ist die Schuld nach drei Monaten?
b) Wie groß ist die Restschuld, wenn die Bank am 15. Mai folgende Wechsel mit 7½ % Diskont in Zahlung nimmt:

        6.400,00 €, fällig am 20. Juni
        4.250,00 €, fällig am 10. Juli

c) Die Bank zieht zum Ausgleich der verbleibenden Restschuld am 15. Mai einen 3-Monats-Wechsel auf die Firma Otto Heinemann und rechnet 7½ % Diskont in die Wechselsumme ein.

7 Zum teilweisen Ausgleich seiner Schuld über 6.578,60 €, fällig am 23. Okt., übersendet uns ein Kunde einen Verrechnungsscheck über 2.500,00 € und einen Wechsel über 3.000,00 €, fällig am 23. Nov., den wir mit 8,5 % Diskont in Zahlung nehmen. Über den Restbetrag ziehen wir einen Wechsel, fällig am 15. Dez.

12 Währungsrechnen

Unter Währung versteht man das gesetzlich geordnete Geldwesen (Geldverfassung) eines Staates oder einer Währungsgemeinschaft, wie z. B. der Europäischen Währungsunion (EWU).

Als Währung bezeichnet man u. a. auch die Geldeinheit, die in einem Staat als gesetzliches Zahlungsmittel ausgegeben wurde. Seit dem 1. Jan. 1999 ist in den Mitgliedsländern der EWU der **Euro (EUR) = 100 Cent** als gemeinsame offizielle Währung eingeführt und damit die D-Mark (DEM) als gesetzliches Zahlungsmittel abgelöst worden. Als nationales Zahlungsmittel blieb die D-Mark bis zum 31. Dez. 2001 gültig (für Barzahlungen in DM bis zum 28. Febr. 2002).

Währungen außerhalb des Gebietes der EWU bezeichnet man als Fremdwährungen (Auslandswährungen oder Nicht-EWU-Währungen), so ist z. B. der Dollar für die USA (USD) die Landeswährung, das Pfund Sterling (GBP) für Großbritannien, der kanadische Dollar (CAD) für Kanada usw.

Zur Bezahlung ausländischer Warenlieferungen (Importe) oder für den zwischenstaatlichen Reiseverkehr stellen die Kreditinstitute die benötigten ausländischen **Zahlungsmittel (Sorten)** bereit oder tauschen ausländische Zahlungsmittel (aus Exportgeschäften, nicht verbrauchte Reisezahlungsmittel) in die inländische Währung um. Den Ankauf oder Verkauf von Sorten durch Banken bezeichnet man als **Sortengeschäft**.

Auf ausländische Währung lautende Forderungen nennt man **Devisen**; dazu zählen insbesondere Bankguthaben, Wechsel und Schecks. Das **Devisengeschäft** wird, wie das Sortengeschäft, ebenfalls über Banken abgewickelt

12.1 Sortenrechnung

Sorten sind ausländische Zahlungsmittel (Bargeld in Form von Banknoten und Münzen), die man bei Kreditinstituten zumeist an der Sortenkasse kaufen oder verkaufen kann. Ausländische Münzen werden i. A. beim Sortenhandel von den Banken nicht angenommen bzw. nur mit hohen Kursabschlägen gehandelt.

Das Sortengeschäft der Banken umfasst den **Verkauf** von Fremdwährungen (ausländischen Banknoten) vorwiegend für Barzahlungen im Geschäfts- und Reiseverkehr außerhalb des EWU-Währungsgebietes und den **Ankauf** von ausländischen Banknoten gegen Euro (EUR = €). Zum Sortenhandel gehört auch ein **Sortentausch von Fremdwährungen** untereinander.

Wechselkurse

Wechselkurse drücken das **Tauschverhältnis einer Währung zu einer anderen Währung aus**, wobei die folgenden Bezugsgrößen jeweils aus der Sicht der Banken unterschieden werden:

nach der Notierung	nach dem Handelsgeschäft	nach der Handelsart
– Mengennotierung – Preisnotierung	– Geldkurs (Ankauf) – Briefkurs (Verkauf)	– Sortenkurse (Banknoten) – Devisenkurse (z. B. Reisezahlungsmittel, Währungsforderungen u. a.)

Das Umtauschverhältnis verschiedener Währungen untereinander wird durch den **Wechselkurs** ausgedrückt. Bis zum 31. Dezember 1998 war die Preisnotierung die übliche Kursberechnung.

Mit der Einführung des Euro (1. Jan. 1999) wurde nach der Preisangabenverordnung die **Mengennotierung** als Berechnungsmethode vorgeschrieben. Seitdem wird die **Menge der Auslandswährung notiert, die für 1 EUR (€) gekauft werden kann.** Die Notierungen (Preise) sind immer aus der Sicht der Banken zu sehen. Die Handelswährung ist der Euro, der von den Banken zum Geldkurs angekauft und zum Briefkurs verkauft wird. Nach der Schließung der Devisenbörsen (31. Dez. 1998) wird der Sortenkurs von den einzelnen Kreditinstituten (oder deren Spitzeninstituten) unter Berücksichtigung der Marktlage festgesetzt.

> **Merke**
>
> Bei der **Mengennotierung** wird durch den Wechselkurs angegeben:
> **Die Menge der ausländischen Währung, die für 1 Einheit der inländischen Währung (z. B. 1 €) erworben werden kann.**
> (Beispiele: 1 EUR (€) = 0,9124 US-$, 1 EUR (€) = 1,5271 CHF (sfrs).
>
> Bei der **Preisnotierung**[1] wird der Wechselkurs angegeben als:
>
> **Preis für 100 (bzw. 1 oder 1 000) Einheiten ausländischer Währung in inländischer Währung:**
> (z. B. 100 sfrs = 64,12 €, 1 US-$ = 0,9938 €)
>
> An den Devisenbörsen Zürich, Kopenhagen, Stockholm werden die Kurse zz. noch nach der Preisnotierung festgestellt.

12.1.1 Ankauf und Verkauf von Sorten

Banken kaufen Sorten (ausl. Banknoten) an oder verkaufen Sorten, die im Geschäfts- und Reiseverkehr über die Grenzen des EWU-Raumes hinaus (Ausland) erworben bzw. benötigt werden. Die Kurse (Preise) für den Sortenankauf oder -verkauf werden unter den Banken des EWU-Raumes und des Auslands nach Angebot und Nachfrage, im sog. Freiverkehr, gebildet.

Für Bankkunden legen die Kreditinstitute bzw. deren Zentralinstitute den jeweiligen **Schalterankaufkurs (= Geldkurs)** und den **Schalterverkaufkurs (= Briefkurs)** für jede Auslandswährung (Nicht-EWU-Währung) selbstständig fest. Die Sortenkurse werden dabei nach der **Mengennotierung** bestimmt, d. h. **1 EUR (€) = Menge der Auslandswährung**, d. h. für die Banken im Euroland ist der EUR (€) die Grundwährung beim Sortenhandel. Die Sortenkurse werden in Kurstabellen zusammengestellt.

Die **Sortenkurse sind Nettokurse**, d. h. in der Kursdifferenz zwischen Brief- und Geldkurs ist die Provision der Bank zur Deckung der Kosten für den Sortenumtausch bereits enthalten.

Sortenkurse

Geldkurs		Briefkurs
Bank kauft EUR an, verkauft Fremdwährung an Kunden, z. B. Notierung: 0,9146 US-$: Kunde erhält für 1 € = 0,9146 US-$.	Kursdifferenz zwischen Brief- und Geldkurs= Provision der Bank	Bank verkauft EUR, kauft Fremdwährung von Kunden an, z. B. Notierung: 0,9298 US-$: Kunde zahlt für 1 € = 0,9298 US-$.

---

1 Bis zur Einführung des Euro-Bargeldes (1. Jan. 2002) wurde die Wechselkursberechnung nach der Preisnotierung in den meisten Kurstabellen von den Banken beibehalten. Für die Übergangszeit vom 1. Jan. 1999 bis zum 31. Dez. 2001 galten die nationalen Währungen der EWU-Länder zum EUR (€) noch als gesetzliche Zahlungsmittel, so z. B. auch die DM (für Barzahlungen in DM bis zum 28. Febr. 2002). Allerdings waren die Wechselkurse dieser EWU-Währungen am 1. Jan. 1999 (bzw. Drachme 1. Jan. 2001) unwiderruflich festgesetzt (fixiert) worden.1 EUR (€) = DEM 1,95583, ATS 13,7603, BEF 40,3399, ESP 163, FIM 5,94573, FRF 6,55957, IEP 0,787564, ITL 1936,27, LUF 40,3399, NLG 2,20371, PTE 200,482, GRD 340,75. Bei der Umrechnung von EWU-Währungen untereinander durften die fixierten Wechselkurse nicht gerundet oder gekürzt werden. Alle EWU-Währungseinheiten, die in eine andere EWU-Währung umgerechnet wurden, waren zunächst in EUR (€) umzurechnen und konnten dann nach Rundung auf nicht weniger als 3 Dezimalstellen in die gewünschte EWU-Währung umgerechnet werden. Da die Wechselkurse der EWU-Währungen nicht verändert werden durften, verlangten die Banken zur Deckung ihrer Kosten für den Umtausch dieser Sorten bis zu 5 % Provision.

Sortenkurse für 1 Euro				
3. Sept. 2001		Referenzkurse EZB	Preise am Bankschalter[2]	
			Verkauf Geld	Ankauf Brief
USA	US-$ (USD)	0,90720	0,8800	0,9350
Japan	Yen (JPY)	107,92000	103,7000	113,7000
Großbrit.	£ (GBP)	0,62350	0,6080	0,6520
Schweiz	sfr (CHF)	1,51560	1,4830	1,5480
Kanada	kan. $ (CAD)	1,40750	1,3300	1,4700
Schweden	skr (SEK)	9,50990	8,9700	10,1200
Norwegen	nkr (NOK)	8,03050	7,6500	8,7000
Dänemark	dkr (DKK)	7,44440	7,1150	7,8050
Australien[1]	A-$ (AUD)	1,72250	1,6075	1,8075
Neuseeland[1]	NZ-$ (NZD)	2,07600	1,8950	2,3450
Tschechien[1]	tschech. Krone (CZK)	34,21700	31,8000	37,8000
Polen	Zloty (PLZ)	3,83870	3,4500	4,3550
Südafrika[1]	Rand (ZAR)	7,66810	6,3500	9,9500
Hongkong	HK-$ (HKD)	7,07600	6,2800	8,5800
Singapur[1]	S-$ (SGD)	1,57820	1,4750	1,7800
Ungarn	Forint (HUF)	249,32000	246,2400	254,9600

1 Mitgeteilt von der WestLB Girozentrale, Düsseldorf

Beispiel

In einer Frankfurter Bank notiert der **USD (US-$) G (Geldkurs): 0,8800 B (Briefkurs): 0,9350**. Ein amerikanischer Geschäftsmann benötigt für einen Geschäftsabschluss in Deutschland EUR und kauft diese bei der Frankfurter Bank gegen US-$ ein. **Die Bank verkauft ihm EUR (€) zum Briefkurs.** Nach Abschluss des Geschäftes tauscht er die restlichen EUR gegen US-$. **Die Bank kauft EUR (€) an zum Geldkurs.**

Sortenverkauf: Die Frankfurter Bank verkauft dem amerikanischen Geschäftsmann EUR gegen US-$ zum **Briefkurs**. Für 1 € muss er 0,9350 US-$ zahlen.

Sortenankauf: Die Frankfurter Bank kauft dem amerikanischen Geschäftsmann EUR zum **Geldkurs** ab. Für 1 € erhält er 0,8800 US-$.

12.1.2 An- und Verkaufsrechnungen

Verkauf von Fremdwährung

Eine Münchener Bank notiert: CHF (sfr) Geld: 1,5271; Brief: 1,5311.

Für eine Geschäftsreise in die Schweiz benötigt ein Einkäufer CHF. An der Sortenkasse der Bank zahlt er 5.000,00 € ein. Wie viel CHF (sfr) erhält er ausgezahlt?

Lösung

Die Bank kauft EUR (€) zum Geldkurs an und verkauft CHF (sfr).

1 € — 1,5271 sfrs

5.000 € — x sfrs $\quad x = \dfrac{1{,}5271 \cdot 5.000}{1} = 7.635{,}50$ sfrs

Formel: **Auslandswährungsbetrag = Ankaufskurs (Geldkurs) · €-Betrag**

Ankauf von Fremdwährung

Eine Münchener Bank notiert CHF (sfr) Geld: 1,5296; Brief: 1,5354.

Von der Geschäftsreise zurückgekehrt, tauscht der Einkäufer an der Sortenkasse dieser Bank die restlichen 2.242,50 sfrs in EUR (€) um. Wie viel EUR erhält er ausgezahlt?

Lösung

Die Bank verkauft EUR (€) zum Briefkurs und kauft CHF (sfr) an.

1,5354 sfrs — 1 €

2.242,50 sfrs — x € $\quad x = \dfrac{1 \cdot 2.242{,}50}{1{,}5354} = 1.460{,}53$ €

Formel: **€-Betrag = $\dfrac{\text{Auslandswährungsbetrag}}{\text{Verkaufskurs (Briefkurs)}}$**

12.1.2.1 Aufgaben zum Ankauf und Verkauf von Sorten

Die Kurse können der Tabelle S. 113 bzw. aktualisiert dem Internet, vom Videotext oder aus dem Wirtschaftsteil der Tagespresse entnommen werden.

1 Ein Geschäftsmann kauft bei seiner Frankfurter Hausbank Sorten für Geschäftsreisen ins Ausland ein. Welche Gesamtsumme in EUR (€) muss der Kunde jeweils zahlen?

a) 2.014,00 GBP (£)   6.432,00 USD (US-$)   4.876,00 CAD (kan.$)

b) 1.342,00 DKK (dkr)   8.288,00 NOK (nkr)   6.754,00 SEK (skr)

2 Ein Exporteur verkauft Sorten an seine Hausbank. Auf welche Gesamtsumme lautet jeweils die Gutschrift in EUR (€) auf seinem Girokonto?

a) 15.822,00 CHF (sfr)   88.343,00 CZK (tschech. Krone)

b) 12.482,00 AUD (A-$)   25.604,00 HKD (HK-$)

3 Für eine Auslandsreise kauft ein Kunde bei seiner Hausbank folgende Sorten ein:

5.000 CHF, 8.000 ZAR (Rand) und 10.000 HKD (HK-$). Mit wie viel EUR (€) wird sein Girokonto belastet?

4 Ein Bankkunde lässt sich von seiner Hausbank berechnen, wie viel CHF, GBP, USD, CAD, HUF er jeweils für 5.000,00 EUR (€) erhält.

5 Wie viel EUR (€) kosten nach der Sortentabelle S. 113 100 Einheiten folgender Auslandswährungen?

a) USD
b) CHF
c) JPY
d) HKD
e) CAD
f) GBP

Berechnen Sie die Auslandswährungen nach der aktuellen Sortenkurstabelle und vergleichen Sie die Lösungen mit den obigen Ergebnissen.

6 Die Deutsche Bank AG kauft von ihren Kunden Fremdwährungen an und schreibt deren Gegenwert den Girokonten gut.

a) DKK (dkr)   55.820,90
b) USD (US-$)   1.118,45
c) SEK (skr)   10.285,00
d) CHF (sfr)   35.418,00
e) JPY (Yen)   82.672,54
f) GBP (£)   2.834,28

7 Ein englischer Tourist, der sich einige Tage in Deutschland aufhält, tauscht 350,00 GBP (£) bei einer Bank in Frankfurt a. M. in EUR (€) um. Der Tourist gibt 582,25 € auf der Urlaubsreise aus. Am Tage seiner Rückreise nach England tauscht er die verbliebenen EUR in GBP um.
Wie viel € erhält er zurück?

8 Ein Hotel am Plattensee (Ungarn) bietet an: „Vollpension in der Hauptsaison pro Person 9.300,00 HUF (Forint); Vorsaison 8.200,00 HUF; Nachsaison 7.900,00 HUF. Kinder bis 14 Jahre erhalten jeweils 20 % Ermäßigung." Wie viel EUR würde der Urlaub einer vierköpfigen Familie mit 2 Kindern unter 14 Jahren pro Tag je nach Saisonpreis kosten?
Wie teuer käme der Familie ein 14-tägiger Urlaub?

9 Ein dänischer Tourist sieht in einem Flensburger Kaufhaus einen deutschen Markenheimtrainer für 398,90 €. In Kopenhagen kostet das gleiche Modell 32.990,90 DKK (dkr).
Wo hätte der Tourist am preiswertesten einkaufen können?

10 Ein Abteilungsleiter eines Darmstädter Pharmaunternehmens erhält für eine Geschäftsreise nach Kanada 6.400,00 €, die er bei der Hausbank in Darmstadt in CAD (kan. $) umtauschen lässt. Wie viel CAD erhält er, wenn die Bank für den Umtausch noch eine Provision je angefangene 100 € von 0,20 € berechnet?

12.1.3 Berechnung des Tauschkurses

Ist der Tauschkurs bei einem Sortentausch nicht bekannt, kann er nachträglich aus dem Vergleich der Summen der gegeneinander getauschten Währungen ermittelt werden.

Beispiel
Für 2.500 GBP (£) zahlte eine Bank beim Ankauf 4.098,36 EUR (€). Der Ankaufskurs ergibt sich nach der Dreisatzrechnung:

Lösung
4.098,36 (€) — 2.500,00 (£)
1 (€) —   x (£)

$$x = \frac{2.500,00 \cdot 1}{4.098,36} = 0,6100 \text{ (£) für 1 €}$$

12.1.3.1 Aufgaben zur Berechnung des Tauschkurses

Berechnen Sie aus folgenden Sortengeschäften die Ankaufs- bzw. Verkaufskurse:

1	für Fremdwährung 5.400 USD (US-$)	Auszahlung € 5.934,07 EUR (€)
2	für € 8.620,00 EUR (€)	Auszahlung Fremdwährung 13.016,20 CHF (sfr)
3	für € 20.384,00 EUR (€)	Auszahlung Fremdwährung 174.894,72 SEK (skr)
4	für Fremdwährung 15.476,00 ZAR (R)	Auszahlung € 1.664,09 EUR (€)

12.1.4 Umrechnung von Auslandswährungen (Fremdwährungen) untereinander

Zum Sortengeschäft der Kreditinstitute gehört auch der Tausch von Auslandswährungen (Fremdwährungen) gegen eine andere Auslandswährung.

Beispiel

Ein Kaufmann hat aus einem Exportgeschäft 20.400,00 CHF (sfr) erhalten und tauscht diese bei einer Volksbank in Stuttgart für eine Geschäftsreise nach Großbritannien in GBP (£-Sterling) um.

Die Notierungen der Bank lauten:
CHF (sfr): Geld 1,5271; Brief: 1,5411; GBP (Pfund Sterling): Geld 0,6253; Brief 0,6324.

Die Bank kauft 30.400,00 sfrs zum Briefkurs an und verkauft £-Sterling zum Geldkurs. Nach dem Kettensatz ergibt sich folgende Rechnung:

$$\begin{array}{rl} x\ £ & -\ 30.400\ sfrs \\ 1{,}5411\ sfrs & -\ 1\ € \\ 1\ € & -\ 0{,}6253\ £ \end{array} \qquad x = \frac{30.400 \cdot 1 \cdot 0{,}6253}{1{,}5411} = 12.334{,}77\ £$$

12.1.5 Aufgaben zur Sortenrechnung

Die Sortenkurse sind der Tabelle auf S. 113 zu entnehmen.

1 Ein Importhaus bezieht aus Manchester 2500 m Tuch zu 33.621,40 £. Die englischen Spesen betragen 21,41 £, die deutschen Spesen 482,90 €. Wie teuer ist 1 m im Einkauf? (Sortenkurs s. Tabelle)

2 Für folgende Lieferungen aus dem Ausland sind die Rechnungsbeträge in € umzurechnen: (Kurse s. Tabelle)
a) 675 kg Patnareis zu 44,50 US-$ für 100 kg brutto/netto.
b) 62 Sack Rohkaffee, brutto 3 751 kg, Tara ½ kg je Sack zu 5,38 US-$ je kg.
c) 2 000 Kartons zu je 36 Dosen, Nr. 2, Ananaskonserven zum Preis von 18,50 US-$ für 1 Karton CIF[1] Hamburg.

1 CIF = Cost, Insurance, Freight

3 Eine japanische Firma bietet Radiorekorder zu 18.250,00 Yen pro Stück frei Frankfurt (Main) an. Welchem Preis in € entspricht das?

4 Ein Importeur bezieht aus England 20 Ballen Baumwolle, brutto 480 lb.[1], Tara 15 lb. je Ballen, zu 0,1096 £ für 1 lb. FOB[2] London. Rechnen Sie den Rechnungsbetrag in € um.

5 Ein Juwelier erhält folgende Angebote aus dem Ausland:
a) aus Japan: Zuchtperlenkette mit 14-karätigem Schmuckverschluss zu 24.290,00 Yen;
b) aus der Schweiz: Damenarmbanduhr mit Schmuckband, Gehäuse und Band echt Gold, 17 Steine, zu 249,00 sfrs.
Berechnen Sie die Angebotspreise in €.

6 Folgende Spirituosen kosten:

Cognac „Fine Champagne"	sfrs	16,50
Dry Gin	£	5,95
Sliwowitz (5 Jahre alt)	Dinar	2.950,00

Rechnen Sie diese Preise in € um. (Kurs: sfr 1,5086; £ 0,62; Dinar 394,34)

7 Ein Exporthaus macht ausländischen Kunden Angebote in ihrer Landeswährung und rechnet €-Preise in ausländische Währung um. Kurse s. Tabelle S. 113 (Kontrolle nach aktueller Kurstabelle):

a) 2.860,00 €   (340,00 €)   in US-$
b) 15.300,00 €   (915,00 €)   in dkr
c) 92,75 €   (3.403,75 €)   in nkr
d) 34.618,00 €   (5.150,00 €)   in sfrs
e) 435,20 €   (7.351,10 €)   in £
f) 80,00 €   (514,25 €)   in Y

8 Ein Vertreter der Firma M. beschafft sich für eine Geschäftsreise in die Schweiz bei einer Bank für 1.500,00 € sfr-Reiseschecks (kleinste Stücke = 50 sfrs) und 100 sfrs in Noten. Welchen Betrag erhält er in Reiseschecks, wenn die Bank die Noten zum Kurs 1,5286 und die Reiseschecks zu 1,5034 abrechnet und 13,60 € Gebühren berechnet?

9 Eine Kamera kostet in Deutschland 195,00 €, in der Schweiz 320,50 sfrs und in Großbritannien 131,20 £. Vergleichen Sie die ermittelten Preise. (Kurse: sfr 1,5062; £ 0,62)

10 Ein 14-kW-Traktor kostet ab Werk 12.400,00 €. Ermitteln Sie die Angebotspreise für England, Schweiz, Dänemark, die Vereinigten Staaten (Kurse: vgl. Tabelle S. 113).

11 Ein Exporteur macht Kunden in England Angebote in ihrer Währung und rechnet zu diesem Zweck €-Preise in englische Währung um:
a) 62,50 € zu 0,6184   c) 1.260,00 € zu 0,6198
b) 442,60 € zu 0,6212   d) 2.000,00 € zu 0,6224

12 Ein Tourist aus Norwegen sieht im Schaufenster eines deutschen Geschäftes eine Herrentasche, die ihm besonders gut gefällt und die mit 59,50 € ausgezeichnet ist. Wie viel nkr müsste er für den Kauf der Tasche aufwenden? Kurs: 7,971.

---

[1] 1 lb. = 1 pound (lb. von libra = Pfund) = 453,6 g
[2] FOB = **F**ree **O**n **B**oard = frei an Bord

13 Ein Reisebüro bietet eine Afrika-Safari zum Inklusivpreis („alles inbegriffen") von 1.998,00 € ab Frankfurt (Main) an. Wiederholen Sie dieses Angebot zu Werbezwecken in schweizerischer und amerikanischer Währung. Verwenden Sie dabei die Sortenkurstabelle auf S. 113.

14 Dem Reisenden der Maschinenfabrik Wenck in Darmstadt werden für einen längeren Aufenthalt in England 2.000,00 € zur Verfügung gestellt, die er bei seiner Bank in £ umwechselt (Kurs 0,6212). Wie viel Tage kann er mit diesem Betrag auskommen, wenn an Tagesspesen 8,75 £ festgesetzt sind?

15 Ein Geschäftsmann aus Schweden interessiert sich für ein Fertighaus, das in der Bundesrepublik Deutschland hergestellt und zu 199.500,00 € angeboten wird. Wie viel SEK (schwedische Kronen) müsste er aufwenden, wenn in dem garantierten Festpreis Transportkosten, Montagekosten, Übernachtungskosten der Monteure und Umsatzsteuer enthalten sind? Kurs: 9,1655.

16 Ein Aussteller bietet auf der Frankfurter Frühjahrsmesse an:

Flugkoffer aus Helia	139,00 €
Reisekoffer aus Nylon	179,00 €
Kleidersack, gefüttert	69,00 €

Rechnen Sie diese Preise für einen Einkäufer aus Schweden in skr (Kurs 9,1824) und für einen Interessenten aus Kanada in kan.$ (Kurs 1,3614) um.

17 Eine Maschinenfabrik berechnet die Seefracht für 2 Kisten Maschinenteile, die nach Buenos Aires versandt werden sollen. Die Kisten haben die Maße:

128 cm x 164 cm x 156 cm und 342 cm x 294 cm x 132 cm.

Der Frachtsatz beträgt 17,50 £ für 1 m^3. Wie viel macht die Fracht
a) in £,
b) in € aus? Kurs: 0,6258.

18 Ein Unternehmen der japanischen optischen Industrie bietet ein Forschungsmikroskop mit Zubehör für 27.950,00 Yen frei Frankfurt (Main) an. Ein deutsches Konkurrenzunternehmen liefert ein gleichwertiges Gerät für 259,00 € einschließlich Umsatzsteuer. Welches Angebot ist günstiger? Kurs: 109,365.

19 Ein Engländer, der sich 4 Tage in der Bundesrepublik Deutschland aufhält, verfügt über 250,00 £, die er bei einer Bank in Ffm. in € umwechselt (Kurs 0,6368). Er gibt 582,25 € aus. Am Tage seiner Rückreise tauscht er die ihm verbliebenen € in £ um (Kurs 0,6298). Wie viel £ erhält er?

20 Ein Einkäufer aus Dänemark bestellt auf der Offenbacher Lederwarenmesse:

15 Geldbörsen aus Vollrindleder	zu	47,50 €/Stück
20 Herrenhandgelenktaschen	zu	79,50 €/Stück
25 Aktenkoffer aus Nappaleder	zu	139,00 €/Stück
10 Herrenumhängetaschen	zu	99,00 €/Stück

Ermitteln Sie den Rechnungsbetrag in dkr (Kurs: 7,4471).

12.2 Devisenrechnung

Devisen sind auf ausländische Währung (Fremdwährung) **lautende Forderungen**, insbesondere Bankguthaben, Schecks und Wechsel, die inländische Kreditinstitute bei ausländischen Banken unterhalten und an ausländischen Plätzen zahlbar sind. Im internationalen Zahlungsverkehr und dem Devisenhandel der Banken untereinander werden diese Guthaben als „**Auszahlungen**" bezeichnet; so bedeutet z. B. „**Auszahlung Zürich**", dass eine Zahlung in Schweizer Franken geleistet wurde.

Devisenforderungen entstehen bei Geschäftstätigkeiten, die die Grenzen des Euro-Währungsgebietes überschreiten, z. B. beim Export und Import von Handelswaren, bei Dienstleistungen für oder von ausländischen Unternehmen, im Kapitalverkehr mit dem Ausland (Zins- und Dividendenzahlungen).

Der **Devisenhandel** der Banken umfasst den Ankauf und den Verkauf von Devisen gegen Inlandswährung oder Fremdwährung. Die Fremdwährungen müssen frei austauschbar (konvertibel) mit der Landeswährung sein. Die Kreditinstitute übernehmen dabei den **bargeldlosen Auslandszahlungsverkehr**, d. h. den Ausgleich der bei Auslandsgeschäften entstandenen Devisenforderungen und -verbindlichkeiten.

Der Devisenhandel in Deutschland findet auf den **Devisenmärkten** (Telefonverkehr, Interbankenhandel) statt. Bei **Kassageschäften** stehen dem Käufer die Devisen sofort (spätestens 2 Geschäftstage nach dem Kauf) und bei **Termingeschäften** zum vereinbarten Termin zur Verfügung.

Marktteilnehmer am Devisenhandel

Beteiligte	Geschäft	Motiv
Geschäftsbanken	– Kundengeschäft – eigene Geschäfte	– Zahlungsabwicklung in Fremdwährung – Zahlungsausgleich aus Kundengeschäften – Gewinnerzielung aus Devisenkursänderungen
Unternehmen	– An- und Verkauf von Devisen – Kurssicherung – Fremdgeldaufnahme/-anlage	– Zahlungsabwicklung in Fremdwährung – sichere Kalkulationsgrundlagen durch Ausschaltung von Kursrisiken
Zentralbanken	– An- und Verkauf von Devisen = Interventionen	– Stützungskäufe/ -verkäufe zur Sicherung der Funktionsfähigkeit der Devisenmärkte

Der **Devisenkurs** (Wechsel- oder Tauschkurs) ist der **Preis**, der **für die fremde Währung** zu zahlen ist. Der **Kurs** zeigt den Wert der eigenen Währung (z. B. 1 €) im Verhältnis zu einer fremden Währung an. Die Abrechnung erfolgt zu notierten **Devisenkursen**, wobei bei der **Mengennotierung** die Banken zum **Geldkurs** die Landeswährung nachfragen und zum **Briefkurs** die Landeswährung verkaufen. Zusätzlich erfolgt zumeist die Berechnung von **Devisenspesen** (Provision, Courtage und Auslagenersatz). Bei der **Preisnotierung** werden Einheiten der Fremdwährung (1, 100, 1000) in der Landeswährung bewertet.

Seit der Einführung des Euro (1. Jan. 1999) können die **Banken** im EWU-Raum die **Kurse** (Preise) für den Abschluss ihrer Devisengeschäfte **frei festlegen** (notieren). Bis zu diesem Termin erfolgten die Kursfeststellungen an den amtlichen Devisenbörsen in Frankfurt, München, Berlin, Hamburg und Düsseldorf. Alle Devisenbörsen, auch die Devisenbörse in Frankfurt (Main), die mit der Feststellung (Fixing) der täglichen amtlichen Devisenkurse beauftragt war, wurden vor der Einführung des Euro am 31. Dezember 1998 geschlossen.

Seitdem werden die **Devisenkurse „bankenintern"** festgestellt, wobei den Kreditinstituten für ihre Wechselkursnotierungen gewisse Orientierungsgrößen zur Verfügung stehen. Große Geschäftsbanken legen für ihr Haus gegen 13 Uhr je nach Marktlage die für den Börsentag gültigen Kurse fest. Die öffentlich-rechtlichen und genossenschaftlichen Institute, wie Sparkassen, Volks- und Raiffeisenbanken, richten sich nach dem **Euro-Fixing** (Euro-FX-System), das sind die Geld- und Briefkurse, die von Landesbanken und Girozentralen aus ihren Devisengeschäften mit 8 Nicht-EU-Währungen gemeinsam ermittelt werden.

Auch die **Europäische Zentralbank** (EZB) legt in Abstimmung mit den Notenbanken der EWU Devisenwechselkurse, die **EUR-Referenzwechselkurse,** für wichtige Fremdwährungen unter Berücksichtigung der aktuellen Marktsätze fest. Festgestellt und veröffentlicht werden die jeweiligen **Mittelkurse**. Von diesen Orientierungsgrößen leiten die Kreditinstitute mit konstanten Spannen die jeweiligen **Geld- und Briefkurse** der Auslandswährungen ab.

Wechselkurstabellen

Die wichtigsten **internationalen Währungen** haben **freie Wechselkurse**, d.h. das Austauschverhältnis zwischen zwei Währungen bildet sich allein durch **Angebot und Nachfrage** auf den Devisenmärkten. Deshalb unterliegen die Devisenkurse je nach Marktlage ständigen Schwankungen. Es müssen daher börsentäglich neue **Kurstabellen** mit den aktuellen Kursnotierungen erstellt werden, die in den Kreditinstituten, im Wirtschaftsteil von Zeitungen, im Internet oder im Videotext auf aktuellem Stand eingesehen werden können.

Internationale Devisenmärkte[1]

Währung 15. Okt. 01	ISO-Code	Währungseinheiten	Devisenkurse für 1 Euro			
			Interbankenkurse (20 Uhr)		EZB Referenzkurs	Banken Euro-FX
			Geld	Brief		
am. Dollar	USD	US-$	0,9074	0,908	0,9097	0,9112
austr. Dollar	AUD	A-$	1,7651	1,7691	1,7702	
brit. Pfund	GBP	brit. £	0,627	0,6275	0,6273	0,6281
dän. Krone	DKK	dkr	7,4366	7,4388	7,4377	7,4377
Hongk.-Dollar	HKD	HK-$	7,0734	7,0834	7,0956	
jap. Yen	JPY	Yen	109,69	109,82	109,8	110,05
kan. Dollar	CAD	kan. $	1,4132	1,4162	1,4205	1,4219
neus. Dollar	NZD	NZ-$	2,1558	2,1603	2,1603	
norw. Krone	NOK	nkr	7,9535	7,9615	7,9735	7,9813
poln. Zloty	PLZ	p. Zloty	3,7047	3,7247	3,7338	
schw. Kron.	SEK	skr	9,4859	9,4979	9,5033	9,5357
schw. Frank.	CHF	sfr	1,4780	1,4790	1,4776	1,4782
Sing.-Dollar	SGD	S-$	1,6405	1,6445	1,647	
slowak. Krone	SKK	slkr	43,441	43,501	43,479	
südaf. Rand	ZAR	R	8,1657	8,1857	8,208	
tsch. Krone	CZK	tsch. Krone	33,412	33,512	33,46	
türk. Lira	TRL	türk. Lira	1436317	1486317		
ungar. Forint	HUF	Forint	253,71	255,71	255,27	
Zypr.-Pfund	CYP	zypr.-£	0,5709	0,5769	0,57422	

[1] Interbankenkurse von der Dresdner Bank

> **Merke**
>
> Die **Kursnotierung für Devisen** wurde seit der Einführung des Euro (1. Jan. 1999) geändert. Die bisher übliche Preisnotierung (Preis von 100, 1 oder 1000 Einheiten der Auslandswährung in Preisen der Inlandswährung) wurde verbindlich nach der Preisangabenverordnung als **Mengennotierung** vorgeschrieben. Bei der **Mengennotierung** wird als **Preis die Menge der Fremdwährung** angegeben, die **für 1 €** gekauft oder verkauft werden kann, z. B. 1 EUR = 0,9479 US-$. Bis zur Abschaffung der DM (1. Jan. 2002) wurden Kurstabellen auch aufgrund von Preisnotierungen erstellt.

Mengennotierung

Bei der **Mengennotierung** wird angegeben, welche **Menge der Auslandswährung einer Einheit der Inlandswährung** (z. B. 1 EUR) entspricht. **Feste Bezugsgröße ist die Inlandswährung. Variable Bezugsgröße ist die Auslandswährung.**

1 € = 0,9214 USD (US-$)
1 € = 0,6223 GBP (brit. £)
1 € = 1,5086 CHF (sfrs)

Die Mengennotierung wird in Deutschland zur Feststellung der Sorten- und Devisenkurse seit der Einführung des Euro (1. Jan. 1999) verbindlich angewandt.

Preisnotierung

Bei der **Preisnotierung** wird der **Preis der Auslandswährung** (z. B. 1, 100, 1000 Einheiten) in **Inlandswährung** angegeben. **Feste Bezugsgröße ist die Auslandswährung. Variable Bezugsgröße ist die Inlandswährung.**

1 USD (US-$)   = 0,9624 €
1 GBP (brit. £) = 1,5482 €
100 CHF (sfrs) = 66,856 €

Die Preisnotierung war für die deutschen Börsen das gängige Verfahren zur Kursfeststellung von Sorten und Devisen bis zur Einführung des Euro (1. Jan. 1999). Die Börsen in Zürich, Kopenhagen und Stockholm sind zz. noch bei der Preisnotierung geblieben.

Ankauf und Verkauf von Devisen

Geldkurse und **Briefkurse**

Ankaufskurse   **Verkaufskurse**

(bezogen aus der Sicht der Bank auf die Währung als feste Bezugsgröße)

Mengennotierung Ankauf der Inlandswährung (z. B. Euro) (bzw. Verkauf der Auslandswährung)	Mengennotierung Verkauf der Inlandswährung (z. B. Euro) (bzw. Ankauf der Auslandswährung)
Preisnotierung Ankauf der Auslandswährung (z. B. US-$) (bzw. Verkauf der Inlandswährung)	Preisnotierung Verkauf der Auslandswährung (z. B. US-$) (bzw. Ankauf der Inlandswährung)

12.2.1 Abrechnung von Reisedevisen

Seit der **Einführung des Euro** setzen die Kreditinstitute je nach Marktlage die **Devisenkurse** selbst fest, die sie im Kundengeschäft bei Abrechnungen anwenden. Veröffentlichte **Referenzkurse** dienen ihnen zur Orientierung bei der Bestimmung von **Geld- und Briefkursen** für die normale Abrechnung oder **gespannten** Geld- bzw. Briefkursen für die Abrechnung unter Banken oder Kunden mit Sonderkonditionen. Der **Mittelkurs** ist der rechnerische Mittelwert zwischen Geld- und Briefkurs. Zum Kurswert werden zumeist noch **Gebühren, Auslagen oder Spesen** berechnet. Die **Abrechnung** erfolgt immer **aus der Sicht der Bank**.

Beim Ankauf von Währungsschecks gegen Verkauf von Euro an Kunden berechnen die Banken einen **Sichtkurs** (Scheckankaufskurs), der über dem Briefkurs liegt.

Beispiel

Ein Kreditinstitut notiert US-$ 0,9074 G/0,9080 B.

Kurse		Berechnung
Sichtkurs (Scheckankaufkurs)	– Ankauf von Währungsschecks gegen Verkauf von Euro an Kunden	z. B. Briefkurs + 1 ‰ vom Briefkurs = 0,9080 + 0,0009 = **0,9089**
Briefkurs	– Ankauf der Fremdwährung gegen Verkauf von Euro an Kunden	0,9080
Mittelkurs (Referenzkurs)	– Mittelwert zwischen Geld- und Briefkurs (Kurs im Interbankenhandel)	$\frac{0,9080 + 0,9074}{2} = 0,9077$
Geldkurs	– Verkauf der Fremdwährung gegen Ankauf von Euro von Kunden	0,9074

Beispiel

Ein Geschäftsmann kauft von seiner Bank für eine Reise nach der Schweiz 850,00 sfrs in Form von Reiseschecks. Die Abrechnung der Bank erfolgt bei der Notierung 1,516 G/1,532 B:

850,00 sfrs in Reiseschecks zu 1,516	560,69 €
1 % Provision	5,55 €
½ % ausländische Spesen	2,78 €
	569,02 €

---

1 Stellen Sie ebenso die Abrechnung auf über folgende Reisedevisen, die von einer Bank ihren Kunden überlassen werden:

a) sfrs 250,00 in Noten (Notierung s. Tabelle);

b) nkr 10.750,00, skr 870,00, £ 370,00, Yen 30.500,00, US-$ 315,00 in Reiseschecks, Kurse laut Tabelle am Anfang dieses Abschnitts, 1 % Provision.

Eine deutsche Bank kauft von ausländischen Reisenden Reiseschecks zum Sichtkurs (= 1 ‰ über Briefkurs) an (Kurse lt. Tabelle):

15 Schecks zu 70,00 sfrs; 10 Schecks zu 50,00 US-$; 18 Schecks zu 40,00 £;
11 Schecks zu 80,00 dkr; 20 Schecks zu 75,00 nkr; 25 Schecks zu 5.000,00 skr.

Wie hoch ist der Gegenwert in € (Courtage $\frac{1}{4}$ ‰, mindestens 1 €; Stückgebühr 0,50 €, mindestens 1,00 €, Höchstgebühr 3,00 €)?

2

Am Schalter einer Bank werden von einem Hotelier folgende Noten eingereicht und zu den angegebenen Kursen in € umgewechselt:

	sfrs 150,00	dkr 4.350,00	nkr 112,00	£ 115,00	skr 180,00
Kurs:	1,4994	7,4462	7,9695	0,6281	9,5074

3

Der Geschäftsführer eines Frankfurter Kaufhauses benötigt für eine Geschäftsreise in die Schweiz für 2.140,00 € Schweizer Franken. Er tauschte die Euros bei einer Bank in 12 Reiseschecks über 100 sfrs zum Kurs von 1,5191 um. Den Rest des Geldes lässt er sich in sfr-Noten zum Kurs von 1,5294 auszahlen. Stellen Sie die Abrechnung auf.

4

12.2.2 Abrechnung von Devisen aus Exportgeschäften

Der ausländische Kunde (Importeur) kann zum Ausgleich seiner Rechnung

a) seine Bank beauftragen den Betrag in der vereinbarten Fremdwährung dem Exporteur über ihre Korrespondenzbank zur Verfügung zu stellen (= telegrafische Auszahlung = TT) oder

b) einen Scheck übersenden, den wir unserer Bank zur Gutschrift, zum Inkasso einreichen oder

c) durch ein Akzept zahlen, das wir bei unserer Bank durch Diskontierung in Euro umwandeln.

> **Beachte**
> Die im Folgenden genannten Gebühren sind Beispiele. Sie können von Bank zu Bank verschieden sein.

Schecks in fremder Währung werden zum Sichtkurs angekauft. Gebühren: Courtage $\frac{1}{4}$ ‰ vom Kurswert, mindestens 1,00 €; Provision $\frac{1}{8}$ %.

Wechsel werden wie üblich diskontiert, und zwar nach deutscher Methode unter Zugrundelegung des Sichtkurses und des inländischen EUR-Referenzwechselkurses. Bei Wechseln auf englische Bezogene werden der Laufzeit noch 3 „Respekttage" zugeschlagen.
Gebühren: Courtage $\frac{1}{4}$ ‰, mindestens 1,00 €; Provision, je nach Bonität, zu einem Satz, der zwischen $\frac{1}{8}$ % und $\frac{1}{4}$ % liegt.

Beispiel

Ein Exporteur in Hamburg verkauft Monitore nach Kopenhagen und stellt auf den Kunden einen Wechsel über 109.720,80 dkr aus, fällig am 15. Juni. Die Commerzbank AG in H. schickt ihm am 8. April die folgende **Abrechnung**:
Wechsel über 109.720,80 dkr, fällig 15. Juni, auf Kopenhagen

zum Kurs von 7,2516		15.130,50 €
Diskont 68/6½ %	185,77 €	
⅛ % Provision	18,91 €	
¼ ‰ Courtage	3,78 €	− 208,46 €
Wert 8. April		14.922,04 €

1 Eine Bank in Nürnberg nimmt von ihrem Kunden am 22. Juni einen Wechsel über 1.590,00 US-$, fällig 30. Aug., herein und berechnet 7 % Diskont, ¼ % Provision und ¼ ‰ Courtage. Kurs 0,9751. Auf wie viel Euro lautet die Gutschrift der Bank?

2 Eine Maschinenfabrik erhält von einem englischen Kunden ein Akzept über 4.902,00 £, fällig 23. Sept. Welchen Betrag in Euro schreibt ihr die Kreditbank in Stuttgart gut, der sie das Akzept am 18. Juli einreicht? Kurs 0,6399, Diskont 7½ %, ⅙ % Provision, ¼ ‰ Courtage.

3 Welcher Exporterlös ergibt sich bei dem Verkauf eines Wechsels über 14.291,20 dkr, fällig 10. Mai, auf Kopenhagen, der am 12. Febr. von der Deutschen Bank abgerechnet wird? Kurs 7,5415, 8 % Diskont, Provision ¼ % und ¼ ‰ Courtage.

4 Von der Dresdner Bank AG, Frankfurt (Main), werden die folgenden Exportdevisen abgerechnet (Provision und Courtage wie in Aufgabe 3):
am 15. Juni   sfrs   9.158,50,   fällig 8. Sept.,   8½ % Diskont,   Kurs lt. Tabelle
am 25. Juli   £   240,44,   fällig 17. Sept.,   4   % Diskont,   Kurs lt. Tabelle

5 Einer Bank wurden folgende Schecks zur Gutschrift in Euro eingereicht:
a)   960,50 sfrs   auf Zürich;
b)   2.170,20 nkr   auf Oslo;
c)   485,00 US-$ auf Boston.
(Gebühren zu Beginn dieses Abschnitts, Kurse lt. Tabelle)

6 Ein Exporteur in Frankfurt (Main) verkauft am 10. Juni an seine Bank:
sfrs 3.728,80, Scheck auf Zürich, Kurs lt. Tabelle
Über welchen Betrag lautet die Wechselgutschrift der Bank (6½ % Diskont, ¼ ‰ Courtage, ⅙ % Provision)?

7 Welchen Gegenwert in Euro schreibt eine Bank ihren Kunden für folgende Ausfuhrerlöse (telegrafische Auszahlungen) gut?
a)   sfrs   9.456,80,   Kurs lt. Tabelle
b)   US-$ 2.368,60,   Kurs lt. Tabelle
¼ % Dokumentenprovision, ¼ ‰ Courtage

Werden gleichzeitig mehrere Wechsel der gleichen Währung diskontiert, so empfiehlt es sich, zuerst die fremden Währungsbeträge zu diskontieren und dann den Barwert (in fremder Währung) zu dem jeweiligen Kurs in Euro umzurechnen.

Beispiel

				Tage	#
	sfrs	2.180,20,	fällig 15. März	20	436
	sfrs	5.810,70,	fällig 4. April	39	2 266
	sfrs	1.945,30,	fällig 18. April	53	1 031
	sfrs	9.936,20			3 733
–	sfrs	62,22	6 % Diskont		
	sfrs	9.873,98	zum Kurs 1,5086		
	€	6.544,48	Wert 25. Febr.		

12.2.3 Abrechnung von Devisen aus Importgeschäften

Auch hier können wir zwischen der Zahlung durch *Überweisung* (Auszahlung), durch *Scheck* oder durch ein *Akzept* unterscheiden. Der Importeur kann auch durch Vermittlung seiner Bank bei einer ausländischen Bank zugunsten des Lieferers im Ausland ein *Akkreditiv* stellen. Die Zahlung erfolgt dann in der Regel gegen Aushändigung der Dokumente. Die Bank berechnet dem Importeur z. B.:

¼ % Dokumentenprovision, ¼ ‰ Courtage, ¼ % Bearbeitungs- oder Abwicklungsprovision und die Portoauslagen.

Beispiel

Ein Importhaus in Hamburg beauftragt seine Bank, zugunsten einer Londoner Firma ein unwiderrufliches Akkreditiv über 6.091,90 £ zu eröffnen.
Mit welchem Betrag in Euro wird der Auftraggeber belastet?
Umrechnungskurs 3,015, ¼ % Dokumentenprovision, ¼ ‰ Courtage, ¼ % Bearbeitungsprovision und 3,50 € Porto.

Lösung

6.091,90 £ zum Kurs 0,642264	. . . .	9.485,04 €
¼ %	Dokumentenprovision	23,71 €
¼ ‰	Courtage	2,37 €
¼ %	Bearbeitungsprovision	23,71 €
Porto	. . . .	3,50 €
		9.538,33 €

1 Eine Importfirma führt aus Dänemark Schweineschmalz im Gesamtbetrag von 15.475,00 dkr ein und beauftragt ihre Bank, diesen Betrag telegrafisch zu überweisen. Die Bank berechnet ¼ % Dokumentenprovision, ¼ ‰ Courtage und 7,50 € Faxgebühr (Kurs lt. Tabelle). Wie lautet die Abrechnung der Bank?

2 Ein Bremer Importhaus bezieht 300 Ballen amerikanische Baumwolle, brutto 480 lbs., Tara 15 lbs. je Ballen zu 53 cts. je lb.
a) Auf welchen Betrag lautet das zu stellende Akkreditiv? Umrechnungskurs 0,950.
b) Mit welchem Betrag belastet die Bank in Bremen insgesamt ihren Kunden? Kosten wie im Beispiel.

3 Die Deutsche Bank AG in Hamburg zieht im Auftrag ihrer ausländischen Korrespondenten (Banken) die folgenden Beträge gegen Aushändigung der Dokumente bei ihren Kunden (Importeuren) ein:

187.650,00 dkr;   760.400,00 kan. $;   80.270,00 sfrs;   281.200,00 skr;   3.715,54 £; 162.400,00 nkr (Kurse lt. Tabelle).

Mit welchen Eurobeträgen werden die einzelnen Kunden von der Bank belastet, wenn neben Dokumentenprovision und Courtage (vgl. oben) noch je 4,10 € Portoauslagen berechnet werden?

12.2.4 Berechnung von Ausgleichsdevisen

Eine Ausgleichsdevise entsteht, wenn z. B. ein inländischer Exporteur eine Forderung in Euro an einen Kunden im Ausland hat, die durch einen Wechsel in Auslandswährung zu einem späteren Verfalltag eingezogen werden soll.

Beispiel
Ein deutscher Exporteur hat an einen Geschäftsfreund in Oslo eine Forderung in Höhe von 6.436,00 € per 31. Mai. Er zieht vereinbarungsgemäß einen nkr-Wechsel zum 30. Juli.
Auf welchen Betrag lautet der Wechsel, wenn der Exporteur ihn mit 9 % Diskont an seine Bank verkaufen kann und der Kurs für nkr 7,85872 ist?

Lösung
Verkauf 31. Mai: A   L
6.925,19 nkr per 30. Juli auf Oslo zu 22,450   =   881,21 €   100 %
                – Diskont 60/9 %   =   13,22 €   1,5 %
val. 31. Mai   867,99 €   98,5 %

1 Ein deutscher Exporteur hat an einen Kunden in Stockholm eine Forderung von 8.260,00 € per 6. Aug. Gemäß den Zahlungsbedingungen zieht er eine Tratte über schwedische Kronen zum 21. Sept.
Berechnen Sie den Betrag der Tratte bei 4 % Diskont und einem Kurs von 9,09603.

2 Eine Forderung in Höhe von 3.685,00 € per 18. April an einen schwedischen Importeur soll durch eine Wechselziehung über skr per 30. Juni ausgeglichen werden. Diskont 7½ %; Kurs: 9,11134.

3 Eine Firma in M. hat elektrische Messinstrumente in die Schweiz geliefert. Die Rechnung lautet über 5.160,50 €. Im Einverständnis mit dem Kunden zieht der Lieferant (Exporteur) am 13. Juni einen Wechsel über sfrs auf ihn, fällig am 1. Aug.
Über welchen Betrag wird der Wechsel ausgestellt ($4\frac{1}{2}$ % Diskont, 5,70 € Spesen, Kurs: 1,571125)?

4 F. hat von einer Londoner Firma 8.725,00 € zu fordern. Er zieht diesen Betrag am 15. April durch einen Wechsel ein, der am 4. Juli fällig ist.
Über welchen £-Betrag ist dieser Wechsel auszustellen, wenn $6\frac{1}{2}$ % Diskont und 6,40 € Spesen berechnet werden? (Kurs 0,633618)

5 Ein Exporteur in Hamburg hat von dem Käufer in New York für gelieferte Chemikalien 88.876,00 € zu fordern und zieht den Betrag durch einen Wechsel, fällig in 2 Monaten, ein. Berechnen Sie den US-$-Betrag (Kurs 0,98389), wenn 8 % Diskont und 12,80 € Spesen zu berücksichtigen sind.

6 Ein Hersteller von elektronischem Autozubehör liefert Waren im Wert von 34.695,00 € nach Kanada. Die Rechnung ist am 8. Jan. fällig. Vereinbarungsgemäß zieht der Exporteur einen Wechsel, der am 23. März fällig wird. Über welchen CAD-Betrag ist der Wechsel auszustellen, wenn 9 % Diskont und 7,60 € Auslagen zu berücksichtigen sind? (Kurs 1,3614)

7 Eine Forderung in Höhe von 176.485,00 € an einen japanischen Importeur ist am 27. Mai fällig. Der deutsche Exporteur zieht wie vereinbart einen Wechsel in JPY, der am 27. Aug. fällig wird und in den 7 % Diskont und 10,50 € Auslagen einbezogen werden.
Über welchen Betrag lautet der Wechsel? (Kurs 109,365)

8 Auf der Nürnberger Fachmesse verkauft ein deutscher Modelleisenbahnhersteller Spielwaren im Wert von 26.517,85 € an einen norwegischen Importeur. Vereinbarungsgemäß zieht er einen 2-Monats-Wechsel in nkr, in dessen Summe 5 % Diskont und 13,50 € Auslagen einbezogen werden.
Über welchen Betrag ist der Wechsel auszustellen? Kurs: 7,971.

9 Ein deutscher Exporteur hat an einen kanadischen Kunden eine Forderung über 8.745,60 €, fällig am 5. März.
Über wie viel kan.$ ist der Ausgleichswechsel auszustellen, der am 20. Mai fällig wird und in den 6 % Diskont einbezogen werden? Kurs: 1,3248.

10 Eine Forderung in Höhe von 8.750,00 €, fällig am 15. Sept., an einen australischen Importeur soll durch eine Wechselziehung über AUD per 15. Dez. ausgeglichen werden. Diskont $7\frac{1}{2}$ %, Auslagen 16,30 €, Kurs 1,7104.

13 Kontokorrentrechnung

Ein *Kontokorrent* (ital. conto corrente = laufende Rechnung) im Sinne des § 355 HGB liegt vor, wenn die aus dem regelmäßigen Geschäftsverkehr eines Kaufmanns mit seinen Geschäftsfreunden entstehenden beiderseitigen Ansprüche zunächst gestundet und nach Ablauf einer bestimmten Zeitspanne gegeneinander aufgerechnet werden. Dabei gehen die einzelnen Posten in dem Saldo auf.

Solche Konten richten insbesondere die Banken ihren Kunden ein und verbuchen auf diesen den laufenden Geschäftsverkehr mit ihnen. Sie unterscheiden dabei *Scheck- bzw. Girokonten*, die immer ein Guthaben aufweisen, und *Kontokorrentkonten*, die bald einen Sollsaldo, bald einen Habensaldo aufweisen, bei denen der Kaufmann also bald Schuldner, bald Gläubiger der Bank ist.

Der Kontoabschluss. Die Banken schließen die Konten ihrer Kunden in der Regel vierteljährlich (zum 31. März, 30. Juni, 30. Sept. und 31. Dez.) ab und übersenden den Kunden eine *Abschlussrechnung*, die außer den Zinsen noch die verschiedenen Provisionen und die Auslagen (Porti und Spesen) enthält.

Die Zinssätze für Einlagen (Habenzinsen) richten sich nach der Art der Einlage (ob Sichteinlagen – sie werden am niedrigsten verzinst – oder Termineinlagen), nach der Höhe des Betrages und der vereinbarten Kündigungsfrist.

Sollzinsen werden für in Anspruch genommene Kredite berechnet. Bei der Festlegung des Sollzinssatzes orientieren sich die Banken an der Marktlage.

Zu den **Kreditkosten** gehören außerdem die **Kreditprovision**, die **Überziehungsprovision** und die **Umsatzprovision**.

Vorübung

1 Berechnen Sie die Zinstage:
a) vom 30. Juni bis 25. Aug.
b) vom 15. Juli bis 31. Dez.
c) vom 22. Aug. bis 26. Nov.
d) vom 26. März bis 29. Mai
e) vom 28. Febr. bis 31. Mai
f) vom 17. Aug. bis 11. Okt.
g) vom 26. Febr. bis 25. Mai
h) vom 18. Juli bis 31. Okt.
i) vom 3. Jan. bis 28. Febr.

2 Berechnen Sie die Zinszahlen:
a) von 3.500,00 € für 8 Tage
b) von 250,00 € für 11 Tage
c) von 1.800,00 € für 25 Tage
d) von 600,00 € für 52 Tage
e) von 1.860,00 € für 110 Tage
f) von 750,00 € für 31 Tage

3 Berechnen Sie die Zinsen:
a) bei 560 Zinszahlen zu $4\frac{1}{2}$ %
b) bei 6 300 Zinszahlen zu 4 %
c) bei 1 500 Zinszahlen zu 6 %
d) bei 192 Zinszahlen zu $3\frac{3}{4}$ %

13.1 Laufende Konten
(ohne nachfällige Posten und ohne Zinssatzwechsel)

Beispiel

Die Firma Karl Köhler, hier, erhält von ihrer Bank am 5. Juli einen Kontoauszug mit Zinsstaffel. Die Zinsstaffel ist nachzuprüfen und das Konto zum 30. Juni – nach Einsetzen der noch fehlenden Posten – abzuschließen.

Soll				Firma Karl Köhler			Haben
Datum		Wert	€	Datum		Wert	€
10. Mai	Scheck Nr. 00178	10. Mai	200,00	1. April	Saldovortrag	31. März	3.400,00
25. Mai	Überw. an Lühr	25. Mai	1.800,00	27. April	Überw. von Korn	27. April	600,00
30. Mai	Abhebung	30. Mai	1.500,00	18. Mai	dgl. von Noll	18. Mai	1.200,00
30. Juni	¼ % Umsatzprov.			10. Juni	Scheck auf O.	10. Juni	2.500,00
	aus 5.400,00 €		13,50	25. Juni	Einzahlung	25. Juni	1.100,00
30. Juni	Auslagen		1,90	30. Juni	Zinsen lt. Staffel	30. Juni	23,15
30. Juni	Vortrag		5.307,75				
		€	8.823,15			€	8.823,15

1. Juli   Saldovortrag   30. Juni..

Kreditbank

Banken und Sparkassen berechnen die Zinsen heute mit ihren EDV-Anlagen. In dieser Einführung in das Kontokorrentrechnen wenden wir die so genannte **Staffel- oder Saldenmethode** an, die den EDV-Programmen zugrunde liegt. Die mithilfe der Zinsstaffel ermittelten Zinsen werden anschließend in das Konto bzw. in die bereits erwähnte „Abschlussrechnung" übertragen.

Beachte

Für die Zinsberechnung ist nur der *Tag der Wertstellung* (Wert …), die Valutierung der Posten, maßgebend. **Wertstellung = Buchungstag.**

Wie wird die Zinsstaffel aufgestellt? Zuerst wird der Posten mit dem frühesten Verfalltag eingetragen; das ist in der Regel der Saldovortrag, d. h. der Abschlussposten des vorausgehenden Quartals (31. Dez., 31. März, 30. Juni oder 30. Sept.). Danach übertragen wir alle weiteren Posten auf der Soll- oder Habenseite des Kontos **in der Reihenfolge ihrer Fälligkeit** (= Wertstellung) in die Staffel und kennzeichnen sie jeweils mit S (Soll) oder H (Haben). Nach jedem Übertrag eines Postens ermitteln wir den jeweiligen Saldo (S oder H). Das „Staffeln" der Posten muss sorgfältig geschehen. Durch eine einzige Verwechslung von Soll und Haben wird die ganze Rechnung falsch.

1. **Prüfen Sie die Zinsenrechnung auf Seite 130 nach.**
    a) Sind die einzelnen Beträge richtig aus dem Konto in die Staffel übertragen worden? **Haken Sie die übertragenen Beträge im Konto ab.**
    b) Stimmt der letzte Saldo der Staffel mit dem Saldo des Kontos überein?

c) **Wie wurden die Zinsen berechnet?**
Warum wurde z. B. der Vortrag von 3.400,00 € 27 Tage verzinst? Prüfen Sie vor dem Weiterrechnen die Summe der Tage. **Die Zinszahlen werden stets auf ganze Zahlen ab- bzw. aufgerundet,** also z. B. 117,2 = 117; 117,49 = 117; aber 117,5 = 118. Wie wirken sich Fehler in den Zinszahlen aus?

Zinsstaffel für Firma Karl Köhler						
Verfall	S/H	€	Tage	Sollzahlen	Habenzahlen
31. März	H	3.400,00	27	0	918
27. April	H	600,00			
	H	4.000,00	13	0	520
10. Mai	S	200,00			
	H	3.800,00	8	0	304
18. Mai	H	1.200,00			
	H	5.000,00	7	0	350
25. Mai	S	1.800,00			
	H	3.200,00	5	0	160
30. Mai	S	1.500,00			
	H	1.700,00	11	0	187
10. Juni	H	2.500,00			
	H	4.200,00	15	0	630
25. Juni	H	1.100,00			
30. Juni	H	5.300,00	5	0	265
			91	0	3 334

$2\frac{1}{2}$ % = 23,15 €

2. **Berechnen Sie die Umsatzprovision.**

   Die Umsatzprovision kann berechnet werden:

   a) vom reinen Umsatz, d. h. *von der größeren Kontoseite,* die sich ergibt, wenn von der Summe der Sollposten die „Freiposten" im Soll, von der Summe der Habenposten die Freiposten im Haben abgezogen werden, in unserem Beispiel also von 5.400,00 €, z. B. $\frac{1}{4}$ %,

   b) von dem in Anspruch genommenen Kredit, also aus den Sollzinszahlen, z. B. 1 % p. a.

   c) als Postengebühr, z. B. 0,30 € für jeden Buchungsposten (bei Konten mit geringen Umsätzen).

   Zu a): **Freiposten** sind Posten, bei deren Abrechnung bereits eine Provision berechnet wurde, wie z. B. beim Kauf und Verkauf von Effekten und Devisen. Sie werden in den folgenden Aufgaben als provisionsfrei mit „fr" gekennzeichnet. Auch der Saldovortrag ist provisionsfrei.

3. Eine **Kreditprovision** von etwa 3 % p. a. belasten die Banken ihrem Kunden dafür, dass sie den zugesagten Kreditbetrag für ihn bereithalten. Für die Berechnung der Kreditprovision wenden die Banken nach wie vor wahlweise eine der folgenden Methoden an:

   a) Die Bank berechnet die Kreditprovision vom zugesagten Kredit für die vorgesehene Laufzeit, ohne Rücksicht darauf, ob der Kunde ihn voll in Anspruch nimmt **(Vorausbelastung).** Dafür ermäßigt sich der Sollzinssatz um den Satz der berechneten Kreditprovision, z. B. bei 3 % von 8 % auf 5 %.

b) Man berechnet die Zinszahl für den vollen Kreditbetrag für die vereinbarte Laufzeit und zieht von dieser Zinszahl die Summe der Sollzinszahlen für den in Anspruch genommenen Teil des Kredites ab. Die Differenz wird durch den Zinsdivisor 120 (bei 3 %) geteilt und ergibt die Kreditprovision **(Zinszahlenverfahren)**.

Beispiel

Zugesagter Kredit: 10.000,00 € für 3 Monate.

Methode a):
(100 · 90) : 120 = 9000 # : 120 = 75,00 € Kreditprovision;

Methode b):
Zinszahlen aus 10.000,00 € für 90 Tage = 9.000
– Zinszahlen für den tatsächlich in Anspruch genommenen
Kredit lt. Staffel – angenommen mit = 7.200
Differenz = 1.800

1 800 # : 120 = 15,00 € Kreditprovision.

Da die Sollzinsen bei Methode a) 100,00 € (= **5** % von 7 200 #), bei Methode b) dagegen 160,00 € (= **8** % von 7 200 #) betragen, ist die *Gesamtbelastung* des Kunden mit Sollzinsen und Kreditprovision in beiden Fällen die gleiche, nämlich **175,00 €**.

4. **Setzen Sie noch die Auslagen der Bank in das Konto ein.**
   Soll die Zinsstaffel auch die Abschlussposten aufnehmen, so wird sie folgendermaßen weitergeführt:

	30. Juni	H	5.300,00	5	0	265
				91	0	3 334
		H	23,15	2½ % Zinsen aus 3 334 #		
		H	5.323,15			
		S	13,50	¼ % Umsatzprovision aus 5.400,00 €		
		S	1,90	Auslagen		
	30. Juni	H	5.307,75	zu Ihren Gunsten		

Abschluss zum 30. Sept.: ⅜ % Zinsen; ¼ % Umsatzprovision vom Umsatz; Auslagen 1,25 €.

Soll:	Juli	18.	Scheck Nr. 14108	fällig 18. Juli	235,00 €	(175,00)
	Juli	30.	Überweisg. an Noll	fällig 30. Juli	1.225,00 €	(180,00)
	Sept.	2.	desgl. an Schnell	fällig 2. Sept.	615,00 €	(806,00)
Haben:	Juli	1.	Saldovortrag	fällig 30. Juni	3.170,00 €	(3.480,00)
	Aug.	16.	Überweisg. v. Korn	fällig 16. Aug.	2.469,00 €	(2.680,00)
	Aug.	18.	desgl. von Nahm	fällig 18. Aug.	125,00 €	(55,00)

5 Abschluss zum 31. März: 8 % Zinsen, ¼ % Umsatzprovision, Auslagen 1,70 €.

Soll:

Jan.	1.	Vortrag	fällig 31. Dez.	1.715,00 €	(1.075,00)
Febr.	4.	Scheck Nr. 50118	fällig 4. Febr.	2.937,00 €	(2.642,00)
März	15.	Überw. an Busch	fällig 15. März	750,00 €	(915,00)

Haben:

Febr.	22.	Gutschrift	fällig 22. Febr.	680,00 €	(745,00)
März	10.	Überw. von Link	fällig 10. März	594,00 €	(637,00)
März	13.	Einzahlung	fällig 13. März	800,00 €	(750,00)
März	27.	Scheck auf Bonn	fällig 27. März	318,00 €	(348,00)

6 Abschluss zum 31. Dez.: 7½ % Sollzinsen, ½ % Habenzinsen, ¼ % Umsatzprovision vom Umsatz, Auslagen 2,40 €.

Soll:

Okt.	24.	Überw. an Knoll	fällig 24. Okt.	65,80 €	(85,00)
Nov.	3.	Lastschrift	fällig 3. Nov.	1.500,00 €	(1.400,00)
Nov.	20.	Effekten fr.	fällig 20. Nov.	2.316,00 €	(2.618,00)

Haben:

Okt.	16.	Einzahlung	fällig 16. Okt.	300,00 €	(400,00)
Nov.	1.	Überw. von Werner	fällig 1. Nov.	755,60 €	(685,00)
Nov.	22.	Scheck auf Bonn	fällig 22. Nov.	800,00 €	(700,00)
Dez.	21.	Scheck auf Hanau	fällig 21. Dez.	1.620,00 €	(1.740,00)

7 Abschluss zum 30. Juni: 6½ % Sollzinsen, ¾ % Habenzinsen, ¼ % Umsatzprovision, Auslagen 1,80 €.

Soll:

April	1.	Vortrag	fällig 31. März	295,00 €	(245,00)
April	28.	Abhebung	fällig 28. April	110,00 €	(135,00)
Mai	8.	Überw. an Betz	fällig 8. Mai	696,50 €	(674,20)

Haben:

Mai	2.	Überw. an Bader	fällig 2. Mai	350,00 €	(410,00)
Mai	15.	Scheck auf Köln	fällig 15. Mai	600,00 €	(500,00)
Juni	15.	Einzahlung	fällig 15. Juni	1.800,00 €	(1.950,00)
Juni	20.	Überw. von Lang	fällig 20. Juni	345,60 €	(378,50)
Juni	22.	Diskontwechsel	fällig 22. Juni	710,20 €	(805,30)

Abschluss am 30. Sept.: 6½ % Sollzinsen, ½ % Habenzinsen, ¾ % Umsatzprovision vom beanspruchten Kredit, d. h. aus den Sollzinszahlen, Kreditprovision 3 %, ab 1. Juli 5.000,00 € Kredit, Auslagen 4,10 €.

8

Juli	11.	Einzahlung	fällig 11. Juli	380,00 €	(490,00)
Juli	24.	Scheck Nr. 00150	fällig 24. Juli	75,60 €	(85,00)
Aug.	2.	Überw. von Lang	fällig 2. Aug.	735,45 €	(674,30)
Aug.	5.	Überw. an Korn	fällig 5. Aug.	4.100,00 €	(4.100,00)
Aug.	20.	Scheck auf Stuttgart	fällig 20. Aug.	815,00 €	(698,50)
Sept.	5.	Effektenkauf fr.	fällig 5. Sept.	2.317,10 €	(2.618,60)
Sept.	17.	Inkassowechsel	fällig 17. Sept.	1.621,10 €	(1.745,00)
Sept.	20.	Überw. von Wall	fällig 20. Sept.	931,00 €	(967,10)

Abschluss am 25. März (wegen Kontoauflösung):

8½ % Sollzinsen, ⅜ % Habenzinsen, ¼ % Umsatzprovision, Kreditprovision 3 %, Kredit 3.000,00 € (2.000,00 €), Auslagen 2,10 €.

9

Jan.	1.	Vortrag (im Soll)	fällig 31. Dez.	1.837,40 €	(1.768,00)
Jan.	7.	Überw. von Wurm	fällig 7. Jan.	802,00 €	(712,00)
Jan.	17.	desgl. von Knoll	fällig 17. Jan.	376,20 €	(466,10)
Jan.	21.	Scheck auf Ulm	fällig 24. Jan.	1.010,00 €	(2.008,40)
Febr.	2.	Überw. an Franz	fällig 2. Febr.	485,15 €	(584,00)
März	10.	Abhebung	fällig 10. März	148,00 €	(157,30)
März	18.	Scheck Nr. 50183	fällig 18. März	2.570,90 €	(1.680,25)
März	20.	Einzahlung	fällig 20. März	1.800,00 €	(1.900,00)

13.2 Laufende Konten mit Zinssatzänderung

Abschluss am 30. Juni: Sollzinsen bis 25. Mai 8½ %, dann 8 %; Habenzinsen bis 25. Mai 1 %, dann ½ %; Kreditprovision 3 % p. a.; Kredit ab 1. April 5.000,00 €; Umsatzprovision ¼ %; Auslagen 6,90 €.

1

April	1.	Vortrag (im Soll)	Wert 31. März	3.590,20 €	(4.160,00)
April	19.	Lastschrift	Wert 19. April	1.265,40 €	(1.560,00)
Mai	15.	Scheck auf Mainz	Wert 15. Mai	1.761,30 €	(900,00)
Mai	18.	Überw. an Ball	Wert 18. Mai	62,80 €	(260,00)
Mai	20.	desgl. von Müller	Wert 20. Mai	3.947,00 €	(6.120,40)
Mai	28.	desgl. von Nahm	Wert 28. Mai	502,50 €	(840,70)
Juni	16.	Protestwechsel fr.	Wert 16. Juni	2.110,80 €	(3.210,20)
Juni	25.	Scheck auf Bonn	Wert 25. Juni	1.938,20 €	(2.180,60)

Zinsstaffel für Firma Karl Schneider

Verfall	S/H	Betrag	Tage	Soll-#	Haben-#
31. März	S	3.590,20	19	682	0
19. April	S	1.265,40			
15. Mai	S	4.855,60	26	1262	0
	H	1.761,30			
18. Mai	S	3.094,30	3	93	0
	S	62,80			
20. Mai	S	3.157,10	2	63	0
	H	3.947,00			
25. Mai	H	789,90	5	0	39
				2100	39
25. Mai	H	789,90	3	0	24
28. Mai	H	502,50			
16. Juni	H	1.292,40	19	0	245
	S	2.110,80			
25. Juni	S	818,40	9	74	0
	H	1.938,20			
30. Juni	H	1.119,80	5	0	56
			91	74	325

Abschlussrechnung zum 30. Juni ..

	Soll	Haben
Rohsaldo		1.119,80
1 % Zinsen aus 39 Zinszahlen		0,11
$\frac{1}{2}$ % Zinsen aus 325 Zinszahlen		0,45
$8\frac{1}{2}$ % Zinsen aus 2100 Zinszahlen	49,58	
8 % Zinsen aus 74 Zinszahlen	1,64	
3 % Kreditprovision aus 2326 #	19,38	
$\frac{1}{4}$ % Umsatzprovision auf 8.149,00 €	20,37	
Auslagen	6,90	
Saldo zu Ihren Gunsten	1.022,49	
	1.120,36	1.120,36

2 Abschluss am 30. Juni: Sollzinsen bis 5. Mai 6 %, dann $6\frac{1}{2}$ %; Habenzinsen erst $\frac{3}{4}$ %, dann 1 %; Kreditprovision 3 %; Kredit 6.000,00 €; Umsatzprovision $\frac{1}{4}$ %; Auslagen 1,80 €.

April	1.	Vortrag (im Soll)	Wert 31. März	4.328,70 €	(3.487,00)
April	10.	Überw. an Link	Wert 10. April	967,20 €	(902,00)
April	18.	desgl. von Klein	Wert 18. April	1.075,00 €	(1.050,00)
Mai	10.	Akzept	Wert 10. Mai	2.115,00 €	(2.321,00)
Juni	7.	Scheck auf Koblenz	Wert 7. Juni	4.900,00 €	(6.975,00)
Juni	20.	Überw. von Ernst	Wert 20. Juni	3.687,10 €	(3.764,00)

Abschluss am 30. Sept.: Sollzinsen bis 15. September 8 %, dann 7½ %; Habenzinsen 1 %, dann ½ %; Kreditprovision 3 %, Kredit ab 1. Aug. 1.500,00 €; Umsatzprovision ¼ %; Auslagen 0,50 €.

Soll:
Juli	29.	Überw. an Groß	Wert 29. Juli	1.125,00 €	(1.145,00)
Aug.	4.	Scheck Nr. 24036	Wert 4. Aug.	550,00 €	(650,00)
Sept.	25.	Effektenkauf fr.	Wert 25. Sept.	428,00 €	(316,00)

Haben:
Juli	1.	Vortrag	Wert 30. Juni	41,00 €	(63,00)
Aug.	5.	Effektenverkauf fr.	Wert 5. Aug.	684,00 €	(758,00)
Sept.	16.	Scheck auf Trier	Wert 16. Sept.	74,80 €	(83,60)

Abschluss am 31. März: Sollzinsen bis 20. Februar 6½ %, dann 7 %; Habenzinsen bis 20. Februar ½ %, dann ⅝ %; Kreditprovision 2½ %; bewilligter Kredit 6.000,00 €; Umsatzprovision ⅛ %.

Soll:
Jan.	2.	Vortrag	Wert 31. Dez.	4.326,00 €	(3.486,00)
Jan.	11.	Überw. an Richter	Wert 11. Jan.	976,00 €	(898,00)
März	8.	Akzept	Wert 8. März	2.114,00 €	(2.318,00)

Haben:
Jan.	28.	Überw. von Klein	Wert 28. Jan.	1.080,00 €	(1.060,00)
März	6.	Scheck auf Bremen	Wert 6. März	5.000,00 €	(4.000,00)
März	29.	Scheck auf Mainz	Wert 29. März	3.685,00 €	(3.765,00)

Abschluss am 30. Juni: Sollzinsen bis 15. Mai 9 %, dann 8½ %; Habenzinsen bis 15. Mai 1½ %, dann 1 %; Kredit 4.000,00 € (6.000,00 €); Kreditprovision 3 %; Umsatzprovision 1 % vom beanspruchten Kredit; Auslagen 7,80 €.

Soll:
April	1.	Vortrag	Wert 31. März	3.600,00 €	(5.600,00)
April	26.	Überw. an Haas	Wert 26. April	1.250,00 €	(940,00)
Mai	10.	Überw. an Bauer	Wert 10. Mai	60,00 €	(2.710,80)
Juni	18.	Überw. an Still	Wert 18. Juni	2.100,00 €	(80,60)

Haben:
April	17.	Scheck auf Hanau	Wert 17. April	1.760,00 €	(6.125,00)
Mai	2.	Überw. von Will	Wert 2. Mai	3.950,00 €	(280,70)
Juni	8.	Überw. von Baum	Wert 8. Juni	500,00 €	(3.210,30)
Juni	24.	Scheck auf Gießen	Wert 24. Juni	940,00 €	(2.920,50)

Abschluss am 31. Dez.: Sollzinsen bis 15. Nov. 8 %, dann 8½ %; Habenzinsen bis 15. Nov. ½ %, dann ¾ %; Umsatzprovision ⅛ %; Kreditprovision 3 %; Kredit ab 1. Okt. 3.500,00 €; Auslagen 3,60 €.

Okt.	1.	Vortrag (im Haben)	Wert 30. Sept.	45,00 €	(65,00)
Okt.	8.	Effektenverkauf fr.	Wert 8. Okt.	687,30 €	(761,00)
Okt.	25.	Überw. an Goll	Wert 25. Okt.	4.134,50 €	(4.146,00)
Nov.	12.	Scheck auf Kassel	Wert 12. Nov.	75,60 €	(82,50)
Nov.	25.	Scheck Nr. 00148	Wert 25. Nov.	560,00 €	(655,00)
Nov.	28.	Effektenverkauf fr.	Wert 28. Nov.	2.417,00 €	(319,20)
Dez.	7.	Überw. von Korn	Wert 7. Dez.	1.952,40 €	(4.217,40)

13.3 Behandlung nachfälliger Posten

Unter nachfälligen Posten versteht man solche Posten, die erst nach dem Abschlusstag fällig werden (z. B. Schecks, Wechsel). Sie werden entweder in die Zinsberechnung mit aufgenommen und sind dann im Vortrag enthalten oder die Zinszahlen werden in alter Rechnung storniert (durch Gegenbuchung gelöscht) und als Einzelposten auf neue Rechnung vorgetragen, sodass sie erst in *dieser* verzinst werden. Das zuerst genannte Verfahren ist das übliche. Dabei sind zwei *Lösungen* möglich.

1. Lösung

Verfall	S/H	Betrag	Tage	Zinszahlen Soll	Zinszahlen Haben
31. März	H	3.000,00	10	0	300
10. April	S	2.000,00			
	H	1.000,00	25	0	250
5. Mai	S	4.500,00			
	S	3.500,00	5	175	0
10. Mai	H	850,00			
	S	2.650,00	29	769	0
8. Juni	S	2.550,00			
	S	5.200,00	2	104	0
10. Juni	H	3.000,00			
	S	2.200,00	23	506	0
3. Juli	H	1.200,00			
	S	1.000,00	38	380	0
10. Aug.	S	3.500,00			
30. Juni	S	4.500,00	·/. 41	·/. 1 845	0
			91	89	550

2. Lösung

Verfall	S/H	Betrag	Tage	Zinszahlen Soll	Zinszahlen Haben
31. März	H	3.000,00	10	0	300
10. April	S	2.000,00			
	H	1.000,00	25	0	250
5. Mai	S	4.500,00			
	S	3.500,00	5	175	0
10. Mai	H	850,00			
	S	2.650,00	29	769	0
8. Juni	S	2.550,00			
	S	5.200,00	2	104	0
10. Juni	H	3.000,00			
	S	2.200,00	20	440	0
3. Juli	H	1.200,00	(·/. 3)	36	0
	S	1.000,00			
10. Aug.	S	3.500,00	(·/. 41)	·/. 1 435	0
30. Juni	S	4.500,00	91	89	550

Vergleichen Sie die beiden Lösungen.

Warum wurden im zweiten Fall die 36 Zinszahlen als positiv, dagegen die 1 435 Zinszahlen als negativ eingesetzt? Beachten Sie, wie sich der letzte Saldo von 2.200,00 € durch die Einbeziehung der beiden nachfälligen Posten verändert. Wie würde sich die Rechnung gestalten, wenn der Posten vom 3. Juli nicht 1.200,00 €, sondern 3.000,00 € wäre? (Der Posten müsste dann in zwei Beträge: 2.200,00 € und 800,00 € zerlegt werden.)

---

1 Abschluss am 31. Dez.: Sollzinsen 9 %; Habenzinsen $\frac{3}{8}$ %; Umsatzprovision $\frac{1}{4}$ %; Kreditprovision 3 %; Kredit ab 1. Nov. 5.000,00 € (7.000,00 €); Auslagen 2,40 €. Die nachfälligen Posten werden in die Zinsberechnung aufgenommen. Wenden Sie dabei beide Verfahren an.

Okt.	1.	Vortrag (im Haben)	Wert 30. Sept.	1.975,00 €	(1.650,00)
Okt.	7.	Einzahlung	Wert 8. Okt.	5.600,00 €	(1.500,00)
Okt.	15.	Scheck Nr. 00150	Wert 15. Okt.	2.740,60 €	(2.260,00)
Okt.	30.	Überw. an Korn	Wert 30. Okt.	6.500,00 €	(6.175,20)
Nov.	28.	Versch. Rimessen	Wert 10. Jan.	2.560,40 €	(1.680,40)
Dez.	8.	Scheck Nr. 00151	Wert 8. Dez.	3.600,00 €	(2.000,00)
Dez.	21.	Überw. von Mahler	Wert 21. Dez.	1.125,00 €	(2.840,10)

---

2 Abschluss am 31. März: Sollzinsen 9½ %; Habenzinsen ¾ %; Kreditprovision 3 %; Kreditgrenze 2.000,00 €; Umsatzprovision ¼ %; Auslagen 0,60 €.

Soll:

Jan.	1.	Vortrag	Wert 31. Dez.	3.100,00 €	(3.200,00)
Jan.	31.	Überw. an Weiß	Wert 31. Jan.	1.900,00 €	(1.800,00)
Febr.	18.	Akzept	Wert 18. Febr.	300,00 €	(3.100,00)
März	20.	Überw. an Hock	Wert 20. März	200,00 €	(400,00)

Haben:

Jan.	24.	Überw. von Loos	Wert 24. Jan.	3.700,00 €	(3.800,00)
Febr.	21.	Scheck a. Mannheim	Wert 21. Febr.	600,00 €	(700,00)
März	31.	Scheck	Wert 4. April	500,00 €	(800,00)

---

3 Abschluss am 30. Sept.: Sollzinsen 10 %; Habenzinsen ½ %; Umsatzprovision ⅛ %; Auslagen 1,50 €.

Soll:

Juli	12.	Überw. an List	Wert 12. Juli	3.380,00 €	(3.290,00)
Aug.	10.	Akzept	Wert 10. Aug.	2.500,00 €	(2.600,00)

Haben:

Juli	1.	Vortrag	Wert 30. Juni	2.150,00 €	(2.160,00)
Aug.	11.	Überw. von Brück	Wert 11. Aug.	1.600,00 €	(1.800,00)
Aug.	21.	Einzahlung	Wert 21. Aug.	4.000,00 €	(4.100,00)
Sept.	28.	Wechsel	Wert 1. Nov.	750,00 €	(780,00)
Sept.	30.	Inkassowechsel	Wert 10. Okt.	560,00 €	(570,00)

4 Abschluss am 31. Dez.: Sollzinsen 10 %; Habenzinsen $\frac{3}{8}$ %; Kreditprovision 3 %, 8.000,00 € (10.000,00 €); Umsatzprovision $\frac{1}{4}$ %; Auslagen 6,20 €.

Soll:

Okt.	1.	Vortrag	Wert 30. Sept.	3.100,00 €	(3.300,00)
Okt.	5.	Überw. an Holl	Wert 5. Okt.	4.500,00 €	(4.200,00)
Okt.	16.	Lastschrift	Wert 16. Okt.	1.200,00 €	(1.500,00)

Haben:

Okt.	4.	Überw. von Braun	Wert 4. Okt.	800,00 €	(950,00)
Nov.	13.	Scheck auf Mainz	Wert 13. Nov.	2.900,00 €	(3.150,00)
Nov.	19.	Diskontwechsel	Wert 19. Nov.	5.300,00 €	(4.980,00)
Dez.	31.	Scheck auf Bonn	Wert 4. Jan.	600,00 €	(800,00)

13.4 Abrechnung von Ratenkrediten

Ratenkredite werden meist als Anschaffungsdarlehen bis 50.000,00 € von Banken und Sparkassen an Privatpersonen gewährt. Die Laufzeit beträgt höchstens 6 Jahre.

Es werden z. B. 0,6 % Zinsen je Monat vom ursprünglichen Kreditbetrag berechnet. Dazu kommt noch eine einmalige Bearbeitungsgebühr von 2 %. Zinsen und Bearbeitungsgebühr werden dem Kreditbetrag zugeschlagen und sind in den monatlichen Rückzahlungsraten enthalten.

Beispiel

Herr Müller beantragt bei seiner Bank einen Kleinkredit von 1.800,00 €. Bedingungen: 0,5 % Zinsen je Monat, 2 % Bearbeitungsgebühr, Rückzahlung in 24 Monatsraten. Berechnen Sie die Gesamtrückzahlung und die Monatsrate.

Lösung

Kreditbetrag .... 1.800,00 €
Zinsen 0,5 · 24 = 12 % 216,00 €
Bearbeitungsgebühr 2 % 36,00 €
─────────
2.052,00 €

2.052 : 24 = 85,50 € = Ratenbetrag einschl. Kreditkosten

Die Zinsbelastung von 252,00 € entspricht einem Zinssatz von 7 % p. a., aber berechnet von der ganzen Summe und für die volle Laufzeit von 24 Monaten. Die *effektive Verzinsung* ergibt sich aus der folgenden Rechnung:

a) Man ermittelt zunächst den **durchschnittlichen Schuldbetrag**:

$$\frac{1.800 \text{ (Anfangsschuld)} + 75 \text{ (letzter Schuldsaldo)}}{2} = 937,50\ \text{€};$$

b) **der Dreisatz** 937,50 € – in 24 Monaten – 252,00 €
 100,00 € – in 12 Monaten –   ? €

 ergibt: $\dfrac{252 \cdot 12 \cdot 100}{24 \cdot 937,50} = 13,4\ \%;$

Lösung 🔑

c) **effektive Verzinsung** also: $\dfrac{\text{Kreditkosten} \cdot 12 \cdot 100}{\text{Ratenzahl} \cdot \text{Durchschnittskapital}}$

Die effektive Verzinsung lässt sich auf diese Art nur überschlägig feststellen.
Exakter, aber umständlicher, kann man sie mithilfe einer Zinsstaffel ermitteln, in der nur die nach jeder Ratenzahlung verbleibenden Salden verzinst werden.

Anleitung zur Lösung ✋

Anleitung zur Lösung nach der zweiten, etwas umständlicheren Methode:

		Tage	#
a) Anfangsschuld ...	1.800,00	30	540
– 1. Rate	75,00		
Saldo	1.725,00	30	518
usw.		...	...

b) $\dfrac{\text{Summe der \#}}{\text{Zinsteiler}} = 216{,}00\ €$ Zinsen

c) $360 : \text{Zinsteiler} = \text{Zinssatz}$ $\text{Zinsteiler} = \dfrac{\text{Summe der \#}}{\text{Zinsen}}$

---

1 Ein Kleinkredit von 600,00 € soll in 6 Monatsraten zu den im Beispiel genannten Bedingungen zurückgezahlt werden.
Berechnen Sie die Gesamtrückzahlung, die Höhe der Monatsrate und die effektive Zinsbelastung in Prozent *nach beiden Methoden*.

2 Berechnen Sie zu den gleichen Bedingungen auch in den folgenden Aufgaben die Höhe der Monatsraten und die effektive Verzinsung:

Darlehen:	12.000,00;	15.000,00;	8.000,00;	6.000,00 €
Zahl der Raten:	18;	20;	24;	8

3 Jemand kauft einen Fernsehapparat für 2.100,00 € und zahlt 500,00 € an. Den Restkaufpreis soll er in 8 gleichen Raten bei Berechnung von 1 % Zinsen je Monat und einer Bearbeitungsgebühr von 1 % vom Restkaufpreis bezahlen.
a) Wie hoch ist der wirkliche Kaufpreis?
b) Wie hoch ist die Monatsrate?
c) Wie hoch ist die effektive Zinsbelastung des Kunden in Prozent?

4 Eine Bank gewährt ihrem Kunden Weber zur Anschaffung eines Pkw – einen Teil des Kaufpreises bringt der Kunde selbst auf – ein Darlehen von 15.400,00 €, rückzahlbar in 36 Raten. Die Bank berechnet 0,34 % Monatszinsen vom Kreditbetrag und 2 % Gebühr.
a) Wie hoch ist die gesamte Rückzahlung?
b) Wie hoch ist die effektive Zinsbelastung des Kunden in Prozent einschließlich Bearbeitungsgebühr?

5 M. kauft eine Gefriertruhe für 1.600,00 €. 20 % zahlt er an; den Rest bezahlt er mit 8 Raten, wobei in die Raten 0,6 % Zinsen je Monat und 1 % Bearbeitungsgebühr eingerechnet werden. Über welchen Betrag lauten die Wechsel?

6 Darlehensnehmer zahlten zur Rückzahlung eines Kleinkredites:

	1. Rate	folgende Raten	Zinsen und Gebühr
a)	66,00 €	14 Raten zu 57,00 €	64,00 €
b)	135,00 €	17 Raten zu 90,00 €	165,00 €

Berechnen Sie das jeweilige Darlehen und den Zinssatz je Monat, wenn die Bearbeitungsgebühr 2 % betrug.

Der höhere Betrag der ersten Raten erklärt sich aus der Abrundung der Raten auf runde Beträge, wobei überschießende Beträge der 1. Rate zugeschlagen werden. Weisen Sie das in den Beispielen 6 a) und 6 b) nach.

14 Effektenrechnung

Die Effekten (Aktien, Pfandbriefe, Anleihen, Obligationen u. a.) werden in der Regel durch Vermittlung der Banken an den Börsen gekauft und verkauft. Sie sind Kapitalanlage- und Kapitalbeschaffungsmittel.

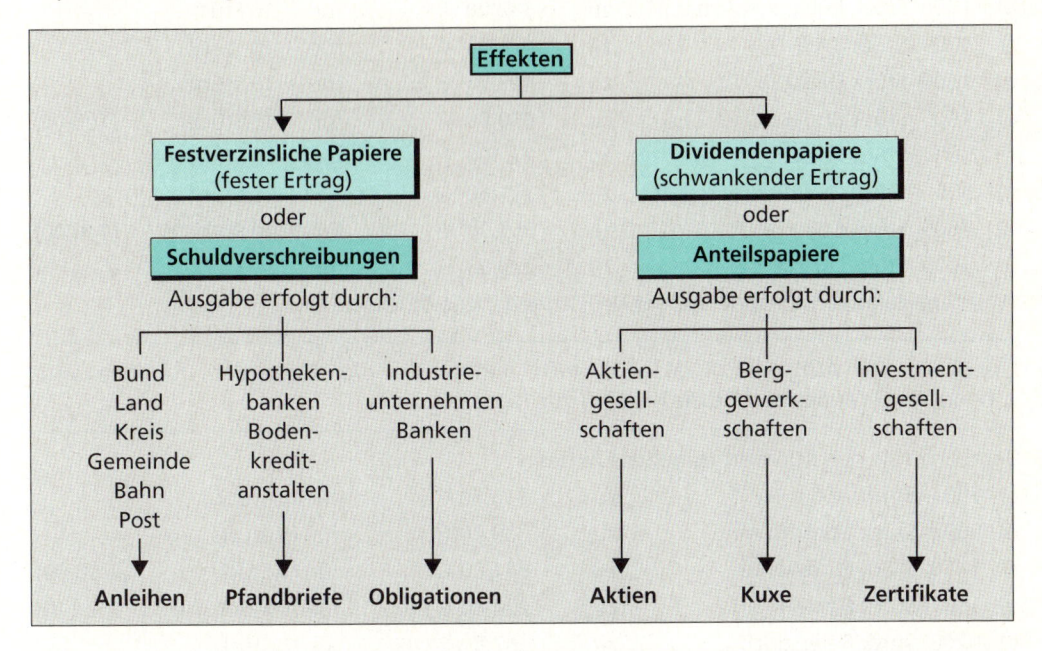

```
                              Effekten
                ┌────────────────┴────────────────┐
    Festverzinsliche Papiere            Dividendenpapiere
       (fester Ertrag)                 (schwankender Ertrag)
              oder                              oder
    Schuldverschreibungen                 Anteilspapiere
      Ausgabe erfolgt durch:           Ausgabe erfolgt durch:
    ┌────────┬────────┬───────┐      ┌──────────┬──────────┬──────────┐
   Bund    Hypotheken- Industrie-   Aktien-    Berg-      Investment-
   Land      banken   unternehmen   gesell-   gewerk-     gesell-
   Kreis    Boden-     Banken       schaften  schaften    schaften
   Gemeinde kredit-
   Bahn     anstalten
   Post
    │         │          │             │          │           │
  Anleihen Pfandbriefe Obligationen  Aktien      Kuxe      Zertifikate
```

Die Banken führen die ihnen erteilten Aufträge als Kommissionäre durch Selbsteintritt aus. Dem Auftraggeber entstehen durch den Kauf bzw. Verkauf von Effekten bestimmte Kosten:

Provision für das ausführende Kreditinstitut,

Maklergebühr (Courtage) für den Kursmakler, der die Effektenumsätze der Börse vermittelt und die Kurse feststellt.

Die **Kurse**[1] (Preise) werden bei **Aktien** (und Kuxen) grundsätzlich in Euro für 1 Stück bzw. 10 Stück notiert – unter Stück versteht man die Aktie mit dem kleinsten Nennwert, das ist 5,00 € (**Stückkurs**) – bei **Schuldverschreibungen** in Prozent des Nennwertes (= **Prozentkurs**).

Beispiel

1. 100 Stück Beiersdorf-Aktien haben bei einem Kurs von 267,00 €/10 Stück einen Kurswert (= Gesamtpreis) von 2.670,00 €.
2. 10.000,00 € Anleihen der Post haben bei einem Kurs von 104,75 % einen Kurswert von 10.475,00 €.

---

[1] Die Kurse für den Kauf und Verkauf von Wertpapieren unterliegen ständigen Schwankungen, oft in erheblichem Ausmaß. Entnehmen Sie aktuelle Werte bitte den Kurstabellen der Geldinstitute oder aus der Tagespresse.

14.1 Berechnung des Kurswertes

Bei **Anteilspapieren** gilt: **Kurswert = Stückzahl · Stückkurs**

1 Berechnen Sie den Kurswert folgender Aktien:

a) 600 Stück Daimler-Chrysler zu 640,00 € für 10 Stück[1]
b) 1 100 Stück Philipp Holzmann zu 382,00 € für 10 Stück
c) 400 Stück BASF zu 475,00 € für 10 Stück
d) 1 500 Stück Degussa zu 473,00 € für 10 Stück
e) 1 000 Stück Buderus zu 450,00 € für 10 Stück (100,00)
f) 800 Stück Porsche zu 27.300 € für 10 Stück
g) 500 Stück Metallgesellschaft zu 321,50 € für 10 Stück
h) 4 000 Stück Colonia zu 755,00 € für 10 Stück (100,00)
i) 3 000 Stück Lufthansa zu 229,00 € für 10 Stück

Welchem Nennwert entspricht die jeweils angegebene Stückzahl?

2 Lösen Sie die Aufgaben 1 a) – i) auch, indem Sie die Kurse der ... Börse vom ... benutzen. (Vergleichen Sie die Kurse in der Tageszeitung.)

3 Berechnen Sie den Kurswert folgender Aktien:

a) 760 Stück AEG zu 315,50 € für 10 Stück[1]
b) 900 Stück Conti-Gummi zu 339,30 € für 10 Stück
c) 1 450 Stück Fordwerke zu 951,00 € für 10 Stück (100,00)
d) 180 Stück Horten zu 224,80 € für 10 Stück
e) 1 200 Stück Beiersdorf zu 267,80 € für 10 Stück
f) 2 800 Stück McDonald's zu 415,00 € für 10 Stück (100,00)

Bei **Schuldverschreibungen** gilt: $\text{Kurswert} = \dfrac{\text{Nennwert} \cdot \text{Prozentkurs}}{100}$

4 Berechnen Sie den Kurswert für
4.800,00 € zu 110 %, 105 %, 75 %, 120 %, 80 %, 102 %, 125 %, 90 %.

5 Berechnen Sie den Kurswert folgender festverzinslicher Werte:

a) 3.000,00 € 6 % Hessische-Landesbank-Pfandbriefe zu 89,05 %
b) 800,00 € 6 % Bayer.-Hypotheken-Pfandbriefe zu 102,25 %
c) 2.000,00 € 6 % Frankfurter-Hypothekenbank-Pfandbriefe zu 101,70 %
d) 1.500,00 € 8 % Thyssen-Anleihe zu 97,80 %
e) 700,00 € 6,5 % Dresdner-Bank-Anleihe zu 102,25 %
f) 5.500,00 € 8 % Post-Anleihe zu 110,75 %

---

[1] Falls nichts anderes angegeben, bezieht sich der angegebene Kurs auf 50,00 € Nennwert.

14.2 Abrechnung von Effektenumsätzen

Der Umsatz von Effekten erfolgt immer über Banken. Dabei entstehen für den Kunden Nebenkosten, die beim Kauf zum Kurswert der gekauften Papiere addiert, beim Verkauf dagegen vom Kurswert (Verkaufserlös) abgezogen werden.

> **Merke**
> Beim **Kauf** gilt: Kurswert + Nebenkosten = Lastschrift
> Beim **Verkauf** gilt: Kurswert – Nebenkosten = Gutschrift

Überblick über die Nebenkosten

Gebührentabelle für Effektenumsätze

Effektenart	Provision	Maklergebühr = Courtage
1. Anleihen des Bundes, der Länder, Gemeinden, der Deutschen Bahn AG, der Deutschen Post AG usw.	$\frac{1}{2}$ % vom Kurswert[1]	je nach Umsatz gestaffelt zwischen 0,75 ‰ (bis 50.000,00 €) und 0,06 ‰ (über 5.000.000,00 €) vom Nennwert
2. Pfandbriefe, Anleihen von öffentlich-rechtlichen Kreditanstalten usw.	mind. 5,00 €	
3. Obligationen von Unternehmungen, Banken usw.		mind. 0,50 €
4. Aktien, Kuxe, Bezugsrechte, Investmentzertifikate	1% vom Kurswert mind. 7,50 €	0,6 ‰ vom Kurswert mind. 0,50 €

Während die Sätze für Maklergebühr (Courtage) bundeseinheitlich sind, kann die Provision als Vergütung der Bank von Bank zu Bank verschieden sein. Das gilt insbesondere auch für die von der Bank verlangte Mindestprovision. Die hier angegebenen Provisionssätze sind daher nur als gegenwärtig gültiges Beispiel anzusehen.

> **Beachte**
> Alle Nebenkosten kaufmännisch runden.

14.2.1 Aktien

> **Beispiel**
> 1 Eine Bank verkauft im Kundenauftrag 15 Stück Karstadt-Quelle-Aktien zum Kurs von 33,50 €. Welcher Betrag wird dem Kunden gutgeschrieben?

> **Lösung**
> | | 15 Stück zu | 33,50 € – Kurswert = | 502,50 € |
> |---|---|---|---|
> | – | Provision | 1 % – 5,03 € | |
> | | Courtage | 0,6 ‰ – 0,50 € | 5,53 € |
> | | | Gutschrift | 496,97 € |

[1] bei Kursen bis 25 % von ¼ Nennwert
über 25 % bis 50 % von ½ Nennwert
über 50 % bis 100 % vom Nennwert

Während die Nebenkosten beim Verkauf vom Erlös abgezogen werden, sind sie beim Kauf zu der Kaufsumme (Kurswert) zu addieren.

Beispiel 2 Eine Bank kauft im Kundenauftrag 20 Stück Siemens-Aktien zum Kurs von 162,30 €. Welcher Betrag wird dem Kunden belastet?

Lösung

20 Stück zu 162,30 € – Kurswert =				3.246,00 €
+ Provision	1	%	–	32,46 €
Courtage	0,6	‰	– 1,95 €	34,41 €
			Lastschrift	3.280,41 €

1 Stellen Sie die Abrechnung für folgende Aktienkäufe auf.

a) 140 Stück (180 Stück) Mannesmann-Aktien zu 291,00 € für 50,00
b) 240 Stück (200 Stück) SAP zu 580,50 € für 50,00
c) 60 Stück (55 Stück) Klöcknerwerke zu   42,50 € für 50,00
d) 42 Stück (25 Stück) Fresenius zu 247,00 € für 100,00
e) 80 Stück (86 Stück) Infineon zu   75,75 € für 100,00
f) 75 Stück (90 Stück) Techem zu   29,70 € für 50,00

2 Rechnen Sie folgende Aktienverkäufe ab.

a) 140 Stück (94 Stück) Adidas zu   69,20 € für 50,00
b) 180 Stück (164 Stück) Henkel zu   63,30 € für 50,00
c) 30 Stück (112 Stück) Metallgesellschaft zu 318,00 € für 50,00
d) 240 Stück (300 Stück) Degussa zu 473,50 € für 50,00
e) 170 Stück (152 Stück) Philipp Holzmann zu 382,50 € für 50,00

14.2.2 Festverzinsliche Wertpapiere

Die Gläubiger von Anleihen, Pfandbriefen und Obligationen erhalten einen bei Ausgabe des Wertpapiers festgesetzten Zinssatz vergütet. Die Zinsgutschrift erfolgt in der Regel einmal jährlich zum **Zinstermin**. Bei einigen Papieren werden die Jahreszinsen auch in zwei Halbjahresraten gezahlt.

Wenn solche Wertpapiere verkauft werden, dann stehen dem Verkäufer die Zinsen noch bis zum Kalendertag vor dem Verkaufstermin zu. Diese anteiligen Zinsen, die der Käufer dem Verkäufer erstatten muss, nennt man **Stückzinsen**. Der Zinsanspruch des Käufers beginnt also schon am Tag des Kaufs (der Valutierung), der bereits mitverzinst wird.

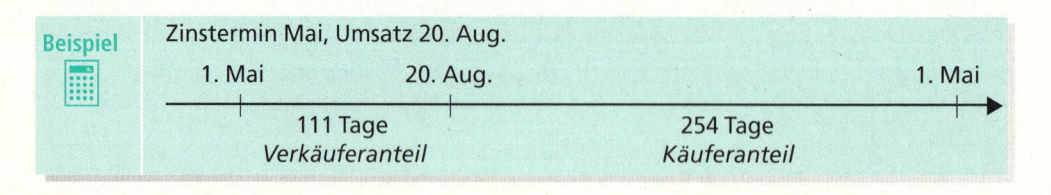

Beispiel

Zinstermin Mai, Umsatz 20. Aug.

1. Mai — 20. Aug. — 1. Mai

111 Tage Verkäuferanteil   254 Tage Käuferanteil

> **Beachte**
> Der Umsatz erfolgt zum Kurswert, die Stückzinsen werden aber vom Nennwert berechnet.

Da der Käufer beim nächsten Zinstermin als Inhaber des Wertpapiers den **vollen** Zinsertrag für 365 Tage gutgeschrieben bekommt, muss er den ihm nicht zustehenden Anteil für 111 Tage bereits beim Erwerb an den Verkäufer mitbezahlen.

Der Verkäufer bekommt die Stückzinsen vergütet, die dem Käufer belastet werden. Daher gilt:

> **Merke**
>
> Abrechnung für den Verkäufer:
>   Kurswert
> + Stückzinsen
> − Nebenkosten
> = Gutschrift
>
> Abrechnung für den Käufer:
>   Kurswert
> + Stückzinsen
> + Nebenkosten
> = Lastschrift

Beispiel 3 Eine Bank verkauft im Kundenauftrag am 30. Mai 6.000,00 € 8 % Postanleihe (Zinstermin Januar) zum Kurs von 112,65 %. Welchen Betrag schreibt sie ihrem Kunden gut? Prüfen Sie die Rechnung nach.

Lösung

6.000,00 € zu 112,65 % – Kurswert =		6.759,00 €
+ 8 % Stückzinsen für 149 Tage		198,67 €
(1. Jan.–29. Mai einschl.)		
		6.957,67 €
− Provision ½ %	− 33,80 €	
Courtage 0,75 ‰	− 4,50 €	38,30 €
Gutschrift Wert 30. Mai		**6.919,37 €**

Beispiel 4 Eine Bank kauft für einen Kunden am 17. Aug. 15.000,00 € 6 % Industrie-Obligationen (Zinstermin März) zum Kurs von 102,75 %. Welchen Betrag belastet sie dem Kunden? Prüfen Sie die Abrechnung nach.

Lösung

15.000,00 € zu 102,75 % – Kurswert =		15.412,50 €
+ 6 % Stückzinsen für 169 Tage		422,50 €
(1. März–16. Aug. einschl.)		
		15.835,00 €
+ Provision ½ %	− 77,06 €	
Courtage 0,75 ‰	− 11,25 €	88,31 €
Lastschrift Wert 17. Aug.		**15.923,31 €**

Rechnen Sie folgende Verkäufe festverzinslicher Wertpapiere ab:
a) Am 27. Aug. – 18.000,00 € 6,75 % Bundesanleihe (Zinstermin Januar) zu 104,95 %.
b) Am 23. Okt. – 25.000,00 € 7 % Pfandbriefe (Zinstermin Mai) zu 98,5 %.
c) Am 1. Juni – 5.000,00 € 8,25 % Bahnanleihe (Zinstermin Oktober) zu 113 %.
d) Am 17. April – 12.000,00 € 6,5 % Anleihe der Stadt Hamburg (Zinstermin Juni) zu 108,1 %.

4 Eine Bank kauft im Auftrag verschiedener Kunden:

a) Am 21. Juni – 8.000,00 € 7 % Pfandbriefe (Zinstermin März) zu 102,5 %.
b) Am 5. Jan. – 150.000,00 € 6,25 % Anleihe der Hessischen Landesbank (Zinstermin Juli) zu 97,5 %, 0,28 ‰ Courtage.
c) Am 21. Nov. – 7.000,00 € 8,5 % Anleihe der Deutschen Bank (Zinstermin Juni) zu 121,5 %.
d) Am 1. Sept. – 10.000,00 € 5,5 % Bahnanleihe (Zinstermin Januar) zu 89,75 %.
e) Am 16. Juli – 25.000,00 € 6,5 % Pfandbriefe der Bayerischen Hypothekenbank (Zinstermin Mai) zu 103,25 %.

5 Ein Kunde kauft über seine Bank 45 Stück XY-Aktien (Nennwert 50,00 €/ Stück) zum Kurs von 328,90 €. Seine Hoffnung auf eine Kurssteigerung erfüllt sich nicht. Nachdem der Kurs auf 265,50 gefallen ist, entschließt er sich zum Verkauf. Wie hoch ist sein Verlust, wenn inzwischen keine Dividendenausschüttung stattgefunden hat?

6 Ein Privatkunde gibt seiner Bank den Auftrag, für Rechnung seines laufenden Kontos folgende Effekten zu kaufen:

150 SAP-Aktien und 12.000,00 € Nennwert 7 % Postanleihe (Zinstermin Januar). Die Bank führt den Auftrag am 26. März aus und erwirbt die Aktien zu 665,50 €/Stück und die Anleihe zu 104,65 %. Stellen Sie die Abrechnung für den Kunden zusammen. Mit welchem Betrag wird sein laufendes Konto Wert 26. März belastet?

7 Kaufmann Müller gibt seiner Bank den Auftrag, am 27. März 85 Stück (= 8.500,00 € nominell) Didier-Aktien, die im Depot der Bank liegen, zum Tageskurs von 482,00 € (für 100,00 € nominell) zu verkaufen und für den Erlös 5 % Bundesanleihe (Zinstermin Januar) zu 98 % zu kaufen. Kleinste Stücke 200,00 €.

a) Stellen Sie die Abrechnung über den Verkauf der Aktien auf.
b) Berechnen Sie den Nennwert der gekauften Bundesanleihe.
c) Stellen Sie die Abrechnung über den Kauf der Anleihe auf.

Anleitung zur Lösung

zu b)
Man berechnet zunächst, wie viel € ein Stück von 200,00 € Nennwert einschließlich Stückzinsen und Gebühren kostet. Der Erlös aus dem Verkauf der Aktien geteilt durch den Kaufpreis für 1 Stück ergibt die Anzahl der Stücke zu je 200,00 € und damit den gesuchten Nennwert der Bundesanleihe.

8 Jemand erhält aus der Rückzahlung fällig gewordener Wertpapiere eine Gutschrift von 23.716,86 €. Er will diesen Betrag am 2. März weitgehend in 8,25 % Anleihen der Bundesrepublik Deutschland (Zinstermin Januar) anlegen, die zurzeit mit 113,60 notiert werden. Kleinste Stücke 200,00 € Nennwert.

a) Welchen Nennwert dieser Anleihe kann er kaufen?
b) Stellen Sie die Abrechnung auf und belasten Sie das Konto.
c) Welcher Restbetrag bleibt übrig?

14.3 Berechnung des Wertpapierertrages

Bevor jemand Wertpapiere kauft, prüft er, ob sich die Anlage auch rentiert. Dabei orientiert er sich zunächst an der zu erwartenden Dividende (bei Aktien) bzw. an dem Zinssatz (bei festverzinslichen Wertpapieren). Neben dieser *nominellen* Verzinsung ist der Kurs, zu dem das Papier erworben werden kann, zu berücksichtigen. So erhält man die *effektive* (wirkliche) Verzinsung, die man auch *Rendite* nennt.

Beispiel 1 Wie hoch ist die Rendite einer 6%igen Anleihe, die zu 96 % gekauft wurde, ohne Berücksichtigung der Nebenkosten?

Lösung

96,00 € Kapital – 6,00 € Ertrag
100,00 € Kapital –   ? € Ertrag

$$\frac{6 \cdot 100}{96} = \underline{\underline{6{,}25\ \%}}$$

1 Wie hoch ist die Rendite einer Aktie (Nennwert 100,00 €), die zum Kurs von 325,50 € zu erwerben ist, wenn 12 % Dividende zu erwarten sind?

2 Berechnen Sie die wirkliche Verzinsung (ohne Nebenkosten), wenn:

Ankaufskurs	50 %	60 %	75 %	80 %	90 %	110 %	120 %	125 %	150 %
Zinssatz	4 %	5 %	3 %	6½ %	4½ %	6 %	7½ %	8 %	12 %

Eine genauere Rechnung muss die Nebenkosten mit berücksichtigen sowie bei Aktien die Tatsache, dass der Kurs die geschätzte Dividende für das laufende Geschäftsjahr enthält.

Beispiel 2 Jemand hat am 30. Sept. 10 Stück einer Aktie zu 180,00 €/Stück gekauft. Nebenkosten 1,2 %, geschätzte Dividende 8,00 € je Stück.

Lösung

10 Stück (= 500,00 € nominell)			1.821,60 €
zu 180,00 €/Stück + Kosten		60,00 €	
gekürzt um 16 % Dividende für 270 Tage		15,00 €	45,00 €
– 25 % Kapitalertragsteuer		**Reines Anlagekapital:**	**1.776,60 €**

Jahresdividende	80,00 €	1.776,60 €	= 100 %
– 25 %	20,00 €	60,00 €	= ? %
	60,00 €	Rendite: $\frac{100 \cdot 60}{1.776{,}60}$	$\underline{\underline{3{,}38\ \%}}$

3 Berechnen Sie die *Rendite* folgender Wertpapiere unter Berücksichtigung von 1,5 % Nebenkosten.
a) Zellst. Waldhof Aktien zu 126,70 €, Dividende 6,00 €, gekauft am 30. Juni
b) Karstadt Aktien zu 350,00 €, Dividende 7,50 €, gekauft am 24. Mai
c) Mannesmann Aktien zu 310,00 €, Dividende 12,00 €, gekauft am 18. Okt.
d) Buderus Aktien zu 610,00 €, Dividende 10,00 €, gekauft am 31. Mai

14.4 Berechnung des Bezugsrechtes

Bei Kapitalerhöhungen von Aktiengesellschaften haben die Aktionäre ein ihrem Aktienbesitz entsprechendes Bezugsrecht auf junge Aktien (§ 186 AktG).

Wird das Aktienkapital z. B. verdoppelt, so können die alten Aktionäre auf je 1 alte Aktie 1 neue beziehen. Wollen sie das Bezugsrecht nicht selbst ausüben, so können sie es durch Vermittlung einer Bank verkaufen. Bezugsrechte werden etwa 3 Wochen an der Börse gehandelt. Ihr Kurs wird in Euro je Stück (= kleinster Nennwert) ausgedrückt und ist umso höher, je wertvoller das Bezugsrecht, d. h. je größer die Differenz zwischen dem Kurs der alten Aktien und dem Begebungskurs der jungen Aktien ist.

Beispiel

Eine AG erhöht ihr Kapital von 8.000.000,00 € auf 10.000.000,00 € und bietet den alten Aktionären die jungen Aktien zu 100,00 € an. Die Aktien (kleinster Nennwert = 100,00 €) werden zurzeit mit 300,00 € notiert. Herr Müller besitzt 5 alte Aktien zu 100,00 €, also 5 Bezugsrechte. Um eine neue Aktie beziehen zu können, genügen 4 Bezugsrechte. Er verkauft daher das Bezugsrecht (der 5. Aktie). Welchen rechnerischen Wert hat dieses Bezugsrecht?

Lösung

Wir stellen zunächst fest, wie hoch der Kurs der Aktien nach der Kapitalerhöhung sein wird.

4 alte Aktien (= 400,00 € nominell) zu 300,00 € .... =	1.200,00 €
1 neue Aktie zu 100,00 € .... =	100,00 €
5 Aktien haben einen Wert von .... =	1.300,00 €
1 Aktie hat einen Wert von .... =	260,00 €

Die Differenz zwischen dem bisherigen Börsenkurs (300) und dem neuen Durchschnittskurs (260) stellt den **Wert des Bezugsrechtes** dar = 40[1].

Ein *neuer* Aktionär müsste demnach zum Erwerb einer jungen Aktie (Nennwert 100,00 €) aufwenden:

für 4 Bezugsrechte zu 40,00 € .... =	160,00 €
für 1 neue Aktie .... =	100,00 €
insgesamt	260,00 €

---

[1] Formel: $B = \dfrac{K - k}{\frac{a}{b} + 1}$ (a = Zahl der alten, b = Zahl der neuen Aktien, K = Kurs der alten, k = Kurs der neuen Aktien)

Berechnen Sie den Wert des Bezugsrechtes auch in den folgenden Fällen:

	altes Kapital	Kap.-Erhöhung	Begebungskurs	bisher. Kurs
a)	1.000.000,00 €	250.000,00 €	120,00 €/St.	140,00 €/St.
b)	5.000.000,00 €	1.000.000,00 €	100,00 €/St.	160,00 €/St.
c)	4.000.000,00 €	2.000.000,00 €	130,00 €/St.	220,00 €/St.
d)	20.000.000,00 €	12.000.000,00 €	180,00 €/St.	420,00 €/St.

1

Die XY-AG erhöht ihr Kapital um 1,5 Mio. € durch Begebung junger Aktien zum Kurs von 110,00 € und räumt den alten Aktionären ein Bezugsrecht im Verhältnis 3:2 ein. Frau M. besitzt nominell 10.000,00 € Aktien und beauftragt ihre Bank, das Bezugsrecht für sie auszuüben. Die alten Aktien werden zurzeit mit 145,00 € notiert.

a) Berechnen Sie den Wert des Bezugsrechtes.
b) Stellen Sie die Abrechnung der Bank über die bezogenen jungen Aktien auf (1% Provision). Kleinster Nennwert = 50,00 €.
c) Stellen Sie die Abrechnung über den Verkauf der Bezugsrechte auf, die Frau M. nicht verwerten kann. Das Bezugsrecht wird mit 14,60 € je Stück notiert (Gebühren lt. Tabelle Seite 143).

2

Die Maschinenfabrik Augsburg-Nürnberg AG (MAN) erhöht ihr Kapital und gewährt den alten Aktionären ein Bezugsrecht im Verhältnis 3 : 2. Kurs der alten Aktien: 320,00 €. Begebungskurs der jungen Aktien: 150,00 €[1].

a) Berechnen Sie den Wert des Bezugsrechtes.
b) Kaufmann N. beauftragt seine Bank, die Bezugsrechte für 4.000,00 € Nennwert der jungen Aktien für ihn zu erwerben. Stellen Sie die Abrechnung auf über den Kauf der Bezugsrechte sowie über den Bezug der jungen Aktien.

Aufstellung:

Bezugsrecht auf 4.000,00 € junge Aktien = 60 Bezugsrechte

+ { 1 % Provision
    0,6 ‰ Maklergebühr

3

Eine AG erhöht ihr Kapital von 300 Mio. € auf 400 Mio. €. Kaufmann R. besitzt 10 Aktien zu je 1.000,00 € Nennwert und beauftragt seine Bank, unter Hinzukauf der fehlenden Bezugsrechte 4 junge Aktien (= nominell 4.000,00 €) für ihn zu beziehen. Bisheriger Kurs: 130,00 €. Begebungskurs der jungen Aktien: 100,00 €[1]. Das Bezugsrecht wird mit 5,60 € an der Börse notiert.

a) Ermitteln Sie den rechnerischen Wert des Bezugsrechtes.
b) Stellen Sie die Abrechnung über den Kauf der jungen Aktien auf.
c) Stellen Sie die Abrechnung über den Kauf der fehlenden Bezugsrechte auf.

4

---

1 kleinstes Stück = 100,00 €

14.5 Lombardrechnung

Unter Lombardierung versteht man die Beleihung von Waren oder börsengängigen Wertpapieren durch die Bank, d. h. die Gewährung eines Darlehens gegen Verpfändung von leicht realisierbaren Gegenständen.

Der Beleihungssatz beträgt bei Wertpapieren bis zu 75 % des Kurswertes und bei Waren bis zu $2/3$ des geschätzten Wertes.

Der Lombardsatz liegt über dem Diskontsatz der Zentralbank. Das Darlehen wird auf volle 100,00 € **ab**gerundet.

Die *Landeszentralbanken* beleihen Wechsel und Schatzwechsel zu höchstens 90 % ihres Nennwertes und festverzinsliche, den Bedingungen des Gesetzes über die Deutsche Bundesbank[1] entsprechende Wertpapiere (vgl. Lombardverzeichnis der Deutschen Bundesbank) zu höchstens 75 % ihres Kurswertes.

> **Beachte**
> Die Zinsen werden nach **Kalendertagen** (Monate genau!) berechnet.

14.5.1 Berechnung des Darlehens aus dem Nennwert

> **Beispiel**
> Kaufmann M. nimmt am 15. März bei der ABC-Bank ein Lombarddarlehen auf gegen Verpfändung von 70 Stück (= 3.500,00 € nominell) Daimler-Chrysler-Aktien. Kurs 65,00 €/Stück, Beleihungssatz 65 %.
>
> Berechnen Sie das Darlehen und die Rückzahlung einschließlich 7 % Zinsen (vom 15. März bis 30. Juni).

> **Lösung**
> 70 Stück Daimler-Chrysler-Aktien zu 65,00 € = 4.550,00 €
> 65 % des Kurswertes = 2.957,50 €
> Darlehen (auf volle 100,00 € abgerundet) = 2.900,00 €
> Rückzahlung = 2.900,00 + 60,34 € Zinsen (107/7 %) = 2.960,34 €

1 Berechnen Sie auf die gleiche Weise das Darlehen und die Rückzahlung:

	Kurs	beleihen	Aufn.	Rückzahlung	Zinssatz
156 Stück	176,00 €	70 %	15. April	28. Juni	$6\frac{1}{2}$ %
210 Stück	402,60 €	60 %	21. Juli	15. Sept.	5 %
15.200,00 €	97,25 %[2]	75 %	12. Mai	28. Juli	$5\frac{1}{2}$ %
12.800,00 €	98 %[2]	65 %	13. Juni	22. Aug.	7 %
204 Stück	135,25 €	55 %	14. Sept.	26. Nov.	$7\frac{1}{2}$ %

2 Kaufmann Reich hat bei der XY-Bank folgende Wertpapiere im Depot liegen: 120 Stück (= 6.000,00 € nominell) Beiersdorf-Aktien und 8.400,00 € 6 % Bahnanleihe.

Welchen Kredit kann ihm die Bank gewähren, wenn die Aktien zurzeit mit 314,00 €, die Anleihe mit 98 % notieren und der Beleihungssatz bei den Aktien 60 %, bei der Bahnanleihe 90 % beträgt?

---

1 vgl. „Allgemeine Geschäftsbedingungen der Deutschen Bundesbank"
2 Rentenwerte

14.5.2 Berechnung des Nennwertes für ein bestimmtes Darlehen

Beispiel

L. braucht dringend 10.500,00 €. Als Sicherheit bietet er seiner Bank 5%ige Hypothekenbankpfandbriefe an, Kurs 84 %; Beleihungssatz 70 %. Kleinste Stücke 200,00 €. Wie viel Pfandbriefe muss er hinterlegen (Nennwert und Stückzahl)?

Lösung

200,00 € Nennwert zu 84 % = 168,00 €
                     70 % davon = 117,60 €
10.500,00 : 117,6 = 89,2; 90 Stück zu je 200,00 €
= 18.000,00 € Nennwert.
Machen Sie die Probe, indem Sie aus dem Nennwert das Darlehen ermitteln.

---

3 M. will einen Lombardkredit von 6.500,00 € für 3 Monate aufnehmen. Als Sicherheit kann er der Bank Buderus-Aktien anbieten. Wie viel Aktien (Nennwert und Stückzahl) muss er bei der Bank hinterlegen, wenn die Aktien zurzeit 450,00 € notieren und von der Bank mit 65 % beliehen werden? (kleinste Stücke 100,00 €)

4 Kaufmann Nahrgang hat am 17. Jan. bei seiner Bank 12.500,00 € Boss-Aktien bei einem Kurs von 180,00 € verpfändet. Der Beleihungssatz ist 55 %.
a) Berechnen Sie den Betrag des Darlehens.
b) Wie hoch ist die Rückzahlung am 28. April, wenn die Bank 7 % Lombardzinsen berechnet?
c) Berechnen Sie die Anzahl der Aktien, die N. der Bank *nachträglich* einzuliefern hat, wenn der Kurs inzwischen auf 216,00 € zurückgeht. (kleinste Stücke 50,00 €)
d) N. entschließt sich anders. Er zahlt am 15. März so viel zurück, wie der verminderten Deckung entspricht.

5 Ein Kaufmann will bei seiner Bank einen Kredit von 10.000,00 € in Anspruch nehmen. Wie viel Stücke zu je 100,00 € Nennwert muss er verpfänden, wenn die Parsytec-Aktien zurzeit mit 280,00 € notiert und von der Bank mit 67 % beliehen werden?

6 Jemand verpfändet am 12. Mai bei seiner Bank 6 % Frankfurter Stadtanleihe, um ein Darlehen von 8.000,00 € aufzunehmen. Kurs 98 %; Beleihungssatz 75 %. Wie viel Wertpapiere (Nennwert) muss er der Bank als Pfand überlassen? (Die kleinsten Stücke lauten auf 500,00 €.)

7 Ein Handwerker benötigt ein Darlehen von 50.000,00 €. Er besitzt XY-Aktien, die zurzeit mit 178,00 €/Stück (50,00 €) notieren und zu 65 % beliehen werden. Wie viel Stücke zu je 50,00 € Nennwert muss er als Pfand hinterlegen?

15 Kalkulation im Großhandel

Der Handel ist Vermittler zwischen Produzent und Konsument. Er kauft Güter und verteilt sie überall dorthin, wo sie zur Weiterverarbeitung oder zum Konsum benötigt werden.

Bei Gütern, deren Herstellung an eine bestimmte Saison gebunden ist (z. B. die Ernte landwirtschaftlicher Erzeugnisse), sorgt er durch seine Lagerhaltung für eine gleichmäßige Liefermöglichkeit zu jeder Jahreszeit.

Eine besondere Bedeutung kommt dabei dem *Großhandel* zu, der vor allem in folgenden Arten auftritt:

– Als **Absatzgroßhandel** wählt er aus der Vielzahl der Konsumgüterhersteller die für seinen Abnehmerkreis infrage kommenden Artikel aus. Auf diese Weise bildet er ein Sortiment, das er seinen Kunden, den Einzelhändlern, anbietet.

– Als **Produktionsverbindungshandel** ist er ein Bindeglied zwischen verschiedenen Stufen der Gütererzeugung. Er handelt mit Rohstoffen, Hilfsstoffen, halbfertigen Erzeugnissen und Zubehör und beliefert weiterverarbeitende Industrie- und Handwerksbetriebe.

– Als **Aufkaufgroßhandel** sammelt er Rohstoffe aus der Produktion von Landwirtschaft, Forstwirtschaft und Bergbau und liefert sie – sortiert nach verschiedenen Qualitätsmerkmalen – an seine Abnehmer zur Verarbeitung oder zur Verteilung (Absatzgroßhandel).

In allen Großhandelsbetrieben ergeben sich aus den genannten Aufgaben folgende *betriebliche Funktionen:*

Beschaffung: Ermittlung der Bezugsquellen, Einholen von Angeboten, Vergleich der Einkaufskonditionen, Wareneinkauf, Mängelrügen veranlassen, Eingangsrechnungen prüfen und begleichen, Terminüberwachung.

Lagerung: Warenannahme, Warenprüfung, sachgerechte Lagerung, Überwachung des Bestandes, Verpackung, Versand.

Absatz: Kalkulation, Werbung, Aufbau und Ausbau der Vertriebsorganisation, Warenverkauf, Mängelrügen bearbeiten, Kredite gewähren, Ausgangsrechnungen erstellen, Zahlungseingang überwachen.

Um diese drei Grundfunktionen des Handelsbetriebes erfüllen zu können, ist eine **Verwaltung** erforderlich, die zum Teil den einzelnen Funktionen direkt zugeordnet ist und zum Teil allgemeine Aufgaben (z. B. Geschäftsleitung, Finanzbuchhaltung, Personalbüro, EDV usw.) erfüllt.

Um die Wirtschaftlichkeit eines Betriebes jederzeit beurteilen und überwachen zu können, muss eine gut funktionierende **Kostenrechnung** vorhanden sein. Sie hat die bei der Beschaffung, der Lagerung, beim Absatz und bei der Verwaltung anfallenden Kosten zu erfassen und damit die **Selbstkosten** je Einheit (Stück, kg, m, l usw.) verkaufsfertiger Ware (Kostenträger) zu ermitteln. Nach dem Zuschlag eines angemessenen Gewinns und eventuell der Sondereinzelkosten des Vertriebes wird dann der **Verkaufspreis je Kostenträger** festgestellt. Ob dieser Preis beim Verkauf tatsächlich erzielt werden kann, hängt von der Marktlage ab.

> **Merke**
> Kalkulation ist die Zurechnung der erfassten Kosten auf den Kostenträger Ware.

Da der Händler selten nur ein einziges Produkt, sondern meistens ein mehr oder weniger umfangreiches Sortiment vertreibt, arbeitet er fast ausschließlich mit der Zuschlagskalkulation. Für den Großhandel gilt dann folgendes **Kalkulationsschema:**

	Listeneinkaufspreis	
– %	↑ Rabatt des Lieferers	
	Zieleinkaufspreis	
– %	↑ Skonto des Lieferers	**Bezugskalkulation**
	Bareinkaufspreis	
+	↑ Bezugskosten	
	Bezugspreis	
+ %	↑ Geschäftskosten	
	Selbstkosten	
+ %	↑ Gewinn	
	Barverkaufspreis	**Absatzkalkulation**
+ %	↓ Skonto für Kunden	
	Zielverkaufspreis	
+ %	↓ Rabatt für Kunden	
	Listenverkaufspreis	

> **Beachte**
> Die Pfeile zeigen zum Grundwert.

15.1 Kalkulation und Umsatzsteuer (Mehrwertsteuer)

Die Umsatzsteuer, die als Nettoumsatzsteuer auch *Mehrwertsteuer* heißt, wird in der Rechnung des Lieferers offen als Zuschlag von 16 % (Normalsteuersatz) bzw. 7 % (Vorzugssteuersatz für Lebensmittel und einige andere Güter) ausgewiesen.

Wenn der Käufer Händler und nicht Endverbraucher ist, nennt man die von ihm *neben* dem Rechnungspreis gezahlte Umsatzsteuer **Vorsteuer**. Wenn er die Ware weiterverkauft, stellt er dem Kunden seinerseits neben dem Verkaufspreis **Mehrwertsteuer** in Rechnung. Da der Verkaufspreis höher ist als der Einkaufspreis, erhält er mehr Steuer erstattet, als er selbst an seinen Lieferer gezahlt hat. Diese Differenz (Steuerschuld – Vorsteuer) nennt man **Zahllast**. Sie ist an das Finanzamt abzuführen und entspricht genau der *Steuer*, die auf die Differenz zwischen Einkaufspreis und Verkaufspreis, also *auf den Mehrwert* entfällt.

Die *Umsatzsteuer* ist für den Händler nur ein durchlaufender Posten, also *kein Kostenfaktor* und daher auch *kein Bestandteil der Kalkulation.*

> **Merke**
> Alle im Kalkulationsschema genannten Preise sind **Nettopreise**, enthalten also **keine** Umsatzsteuer. Der Zuschlag der Umsatzsteuer erfolgt **außerhalb** der Kalkulation. So entstehen Bruttopreise.

Nur der Einzelhändler stellt seinen Kunden die Umsatzsteuer nicht getrennt in Rechnung, sondern bezieht sie in den so genannten Auszeichnungspreis bereits ein. Dieser Preis steht also streng genommen außerhalb der Kalkulation, da er ein Bruttopreis ist. Dieses Verfahren wird angewandt, da es für den Kunden des Einzelhändlers, den Endverbraucher, keinen Vorsteuerabzug gibt. Er zahlt im Auszeichnungspreis genauso viel Umsatzsteuer mit, wie sich auf den einzelnen Produktionsstufen zusammen an Zahllast ergeben hat und längst an die Finanzämter abgeführt ist.

Beispiel

Verkaufspreise

	Nettopreis	16 % USt	Bruttopreis	Steuerschuld	Vorsteuer	Zahllast
Hersteller	40,00 €	6,40 €	46,40 €	6,40 €	0,00 €	6,40 €
Großhändler	60,00 €	9,60 €	69,60 €	9,60 €	6,40 €	3,20 €
Einzelhändler	75,00 €	12,00 €	87,00 €	12,00 €	9,60 €	2,40 €
Verbraucher erstattet allen Produktionsstufen die vorgelegte Zahllast.					=	12,00 €

15.2 Bezugskalkulation

Die Zielfrage der Bezugskalkulation lautet: Welcher Bezugspreis ergibt sich nach Abzug aller Mengen- und Preisnachlässe und nach Addition aller Bezugskosten?

15.2.1 Einkaufspreise

Ausgangspunkt jeder Bezugskalkulation ist der **Listeneinkaufspreis**. Es handelt sich dabei um den Betrag, der sich als Produkt aus eingekaufter Menge und Preis je Einheit nach Preisliste, Katalog, Prospekt usw. ergibt. Darin sind also nur Mengennachlässe, aber noch keine Preisnachlässe berücksichtigt.

Wichtigster und häufigster Mengennachlass ist das *Verpackungsgewicht (Tara)*. Für die **Tara** gibt es folgende Berechnungsmethoden:

1. nach dem wirklichen Verpackungsgewicht (das Verpackungsmaterial wird vorher gewogen),
2. nach dem handelsüblichen Verpackungsgewicht (Durchschnittstara),
3. die Tara wird überhaupt nicht berücksichtigt, d. h., die Verpackung muss so bezahlt werden, als sei sie Ware („brutto für netto").

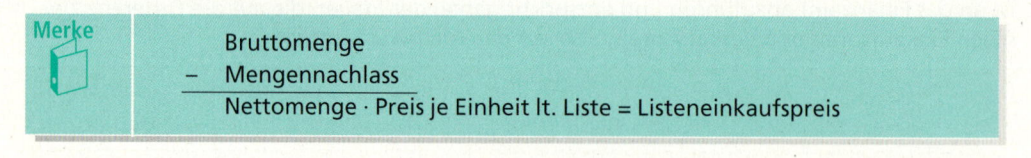

Merke

Bruttomenge
− Mengennachlass
Nettomenge · Preis je Einheit lt. Liste = Listeneinkaufspreis

Zum Mengennachlass gehört auch ein so genannter **Naturalrabatt**. Er liegt dann vor, wenn mehr Ware geliefert als berechnet wird (z. B. Freiexemplare im Buchhandel). Ein solcher Mengennachlass kann aber auch an dieser Stelle unberücksichtigt bleiben, in einen prozentualen Preisnachlass umgerechnet und dann wie ein Rabatt behandelt werden.

Neben diesen Mengennachlässen sind Preisnachlässe zu berücksichtigen. Wir unterscheiden:

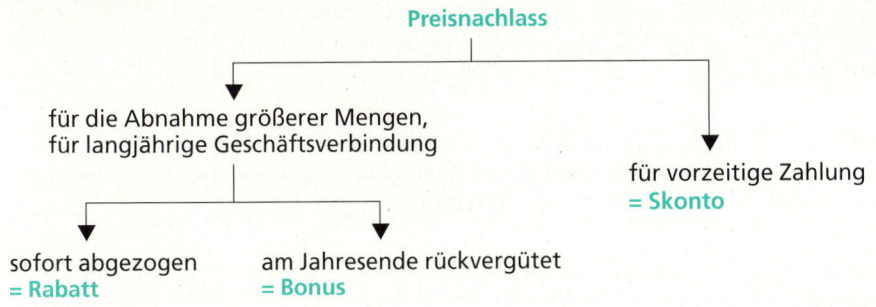

```
                        Preisnachlass
              ┌──────────────┴──────────────┐
              ▼                             ▼
    für die Abnahme größerer Mengen,
    für langjährige Geschäftsverbindung
                                    für vorzeitige Zahlung
                                    = Skonto
        ┌─────────┴─────────┐
        ▼                   ▼
 sofort abgezogen    am Jahresende rückvergütet
 = Rabatt            = Bonus
```

Rabatt wird in Prozenten des Listeneinkaufspreises angegeben und von diesem abgezogen.

Bonus kann – da erst am Jahresende rückvergütet – in der Kalkulation höchstens als Erfahrungswert berücksichtigt werden. Wenn das geschieht, wird er wie Rabatt behandelt.

Skonto kann grundsätzlich nur infrage kommen, wenn ein Zahlungsziel eingeräumt wurde. Daher nennt man den um Rabatt bzw. Bonus verminderten Listeneinkaufspreis **Zieleinkaufspreis**. Wird das Zahlungsziel nicht oder nur teilweise in Anspruch genommen, dann entsteht ein Anspruch auf Skonto. Skonto wird also in Prozenten des Zieleinkaufspreises angegeben und von diesem abgezogen. So entsteht der **Bareinkaufspreis**.

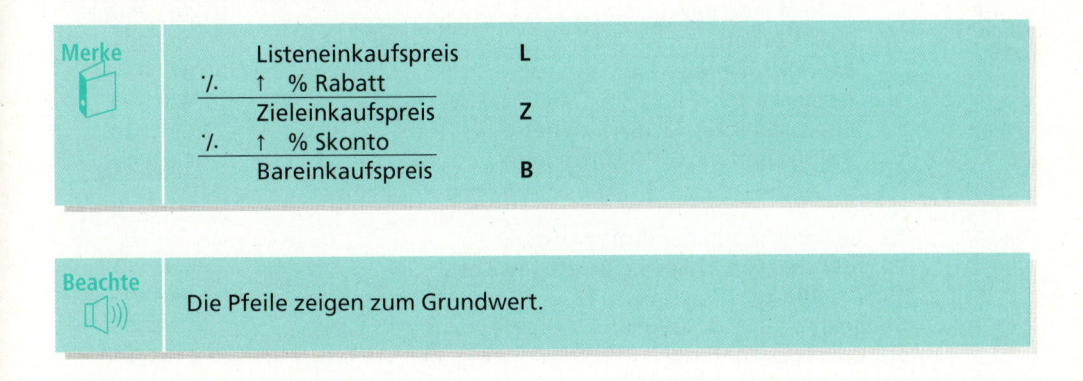

> **Merke**
>
> | | Listeneinkaufspreis | L |
> |---|---|---|
> | ./. | ↑ % Rabatt | |
> | | Zieleinkaufspreis | Z |
> | ./. | ↑ % Skonto | |
> | | Bareinkaufspreis | B |

> **Beachte**
>
> Die Pfeile zeigen zum Grundwert.

15.2.2 Einfache Bezugskalkulation

Zum Bareinkaufspreis sind die **Bezugskosten** zu addieren. Das sind alle die Kosten, die beim Transport der Ware bis in unser Lager entstehen und gesondert berechnet werden, also nicht schon im Listenpreis enthalten waren. Sie entfallen völlig, wenn die Listenpreise des Lieferers Preise „frei Lager des Kunden" sind, also bereits alle Kosten für **Fracht, Rollgeld** und **Transportversicherung** enthalten. Die Bezugskosten sind dagegen besonders hoch, wenn die Listenpreise des Lieferers Preise „ab Werk" oder „ab Lager" sind, also alle Kosten für Transport und Versicherung neben dem Listenpreis noch zulasten des Kunden gehen. **Verpackungskosten** gehören dann zu den Bezugskosten, wenn sie im Zusammenhang mit dem Wareneinkauf entstehen und besonders berechnet werden.

Merke

Fracht	
+ Rollgeld	
+ Transportversicherung	Bareinkaufspreis
+ Verpackungskosten	+ ↑ Bezugskosten
= Bezugskosten	= Bezugspreis

Beachte

Auch für die Bezugskosten muss Umsatzsteuer bezahlt werden. Kalkuliert werden aber nur die **Nettokosten**. Gegebenenfalls muss die Umsatzsteuer vorher herausgerechnet und abgezogen werden.

Beispiel

Schmidt & Co. beziehen 12,5 t brutto zu 218,50 €/100 kg netto. Als handelsübliche Tara werden 2,5 % vergütet. Der Lieferer gewährt 20 % Mengenrabatt und räumt ein Zahlungsziel von 45 Tagen ein. Bei Zahlung innerhalb von 10 Tagen können 2 % Skonto abgezogen werden. Es entstehen folgende Bezugskosten: Fracht 13,50 €/100 kg, Rollgeld 78,50 €, Transportversicherung 2 ‰ vom Warenwert zuzüglich 10 % für erwarteten Gewinn, 15 % Versicherungsteuer.
Berechnen Sie den Bezugspreis für 100 kg.

Lösung

```
      12 500,0 kg   Bruttogewicht
 ./.     312,5 kg   Tara
      12 187,5 kg   Nettogewicht zu 218,50 € je 100 kg
      Listeneinkaufspreis..............................  26.629,69 €
 ./.  20 % ↑ Rabatt..................................    5.325,94 €
      Zieleinkaufspreis...............................   21.303,75 €
 ./.  2 % ↑ Skonto ..................................       426,08 €
      Bareinkaufspreis................................   20.877,67 €
 +    Bezugskosten .................................     1.820,05 €
      Bezugspreis für 12 187,5 kg netto ..............   22.697,72 €
      Bezugspreis für    100,0 kg netto ..............      186,24 €
```

Begründung

für die Berechnung der Bezugskosten:
Frachtkosten von 12 500 kg Bruttogewicht
13,50 €/100 kg .... 1.687,50 €
Rollgeld .... 78,50 €
Transportversicherung[1]
Prämie 2 ‰ von 23.500,00 € .... = 47,00 €
+ 15 % Versicherungsteuer .... = 7,05 €   54,05 €
                                                       1.820,05 €

1 Franck & Reisenauer kaufen 3,8 t brutto zu 78,65 € je 100 kg netto. Der Lieferer berechnet 115 kg Tara, 22½ % Rabatt und 3 % Skonto bei Zahlung innerhalb von 14 Tagen. Die Lieferung erfolgt ab Versandstation, sodass folgende Bezugskosten entstehen: 7,65 € Frachtkosten je 100 kg, 23,85 € Rollgeld und 3 ‰ Transportversicherung vom Warenwert zuzüglich 10 % erwartetem Gewinn und 15 % Versicherungsteuer. Berechnen Sie den Bezugspreis je kg netto.

---

1 Zieleinkaufspreis + 10 % (auf volle Hundert € aufrunden).
  Anmerkung: Transportversicherung wird auf den Zieleinkaufspreis berechnet.

2 Eine Privatschule kauft 126 Lehrbücher zum Preis von 12,50 € je Stück. Je angefangene 20 Stück bezahlter Bücher gewährt der Verlag 1 Freiexemplar, dazu 10 % Rabatt und 2,5 % Skonto bei vorzeitiger Zahlung. Es entstehen 8,75 € Frachtkosten und 1,50 € Zustellgebühr („Rollgeld" der Post). Berechnen Sie den Bezugspreis für ein Lehrbuch.

3 Ein Großhändler bezieht eine Sendung von 350 kg zum Preis von 3,45 € je kg „brutto für netto". Erfahrungsgemäß kann er mit einem Bonus von 18 % rechnen. Als Zahlungsziel werden 60 Tage eingeräumt. Bei vorzeitiger Zahlung können 4 % Skonto in Anspruch genommen werden. Berechnen Sie den Bezugspreis je kg, wenn die Lieferung frei Empfangsstation erfolgt, aber 22,50 € Rollgeld und die Transportversicherung in Höhe von 2 ‰ vom Warenwert zuzüglich 10 % entgangenem Gewinn und 15 % Versicherungsteuer zulasten des Käufers gehen.

4 6 Kisten Würfelzucker, brutto 348 kg, Tara 5 kg je Kiste, werden zu 178,45 €/100-kg netto eingekauft. Der Lieferer gewährt 12½ % Rabatt und 2,5 % Skonto bei vorzeitiger Zahlung. Die Fracht beträgt 8,65 € je 100 kg. Die Transportversicherung ist mit 1,5 ‰ vom Warenwert zuzüglich 10 % für erwarteten Gewinn und 15 % Versicherungsteuer anzusetzen. Wie hoch ist der Bezugspreis für 1 kg?

5 Mende & Co. kaufen 240 Stück zum Stückpreis von 17,95 €. Der Lieferer gewährt 30 % Rabatt und bei vorzeitiger Zahlung 2½ % Skonto. Er belastet Mende & Co. mit 65,00 € anteiligen Verpackungskosten und liefert frei Empfangsstation. Das Rollgeld beträgt 48,35 €. Berechnen Sie den Bezugspreis je Stück.

6 Ein Großhändler bezieht 4,5 t Aluminiumgusslegierung Leg. 231 zu 226,50 €/100 kg ab Werk. Die Anlieferung erfolgt per LKW zu 0,22 € je t und km. Die Entfernung beträgt 224 km. Die Transportversicherung ist im Frachtsatz enthalten. Der Lieferer gewährt 8⅓ % Rabatt und 2 % Skonto. Wie hoch ist der Bezugspreis für 1 kg Legierung?

7 Ein Importeur bietet einem Großhändler amerikanisches Schmalz zu 50,70 €/%-kg an. Der Großhändler kauft 450 kg brutto mit 3 % Tara. Die Lieferung erfolgt frei Versandstation. Die Frachtkosten betragen 35,85 €, das Rollgeld 12,50 €. Für geliehenes Verpackungsmaterial berechnet der Lieferer 8,50 € je 50 kg brutto. Der Lieferer gewährt 3 % Skonto bei vorzeitiger Zahlung. Wie hoch ist der Bezugspreis für 100 kg?

8 Elektrolytkupfer kostet 313,25 €/100 kg. Ein Großhändler bezieht 2,4 t ab Werk. Die Frachtkosten betragen 55,00 € je angefangene t. Für Transportversicherung sind 2 ‰ vom Zieleinkaufspreis zuzüglich 10 % für entgangenen Gewinn und 15 % Versicherungsteuer von der Nettoprämie zu zahlen. Der Händler erhält 25 % Rabatt und 2½ % Skonto. Berechnen Sie den Bezugspreis je 100 kg.

15.2.3 Zusammengesetzte Bezugskalkulation

Wenn verschiedene Warenarten in einer gemeinsamen Sendung bezogen werden, dann müssen die für die ganze Sendung entstehenden Bezugskosten auf die einzelnen Warenarten verteilt werden. Dabei sind zu unterscheiden:

1. **gewichtsabhängige Bezugskosten**
   Fracht
   Rollgeld
   Lagerkosten
   Wiege- und Verladegebühr
   Gewichtszoll („spezifischer Zoll")

2. **wertabhängige Bezugskosten**
   Transportversicherung
   Verpackungskosten
   Vertreterprovision
   Wertzoll

Beispiel

Ein Großhändler bezieht in einer Sendung 2,4 t brutto einer Ware A zu 69,50 €/100 kg netto bei 2 % Tara und 1750 kg einer Ware B zu 1,58 €/kg b/n (brutto für netto). Die genannten Preise sind Zieleinkaufspreise. Es entstehen folgende Bezugskosten:
– Fracht 217,85 €,
– Verpackung 78,00 €,
– Transportversicherung 12,10 €,
– Rollgeld 44,50 €.

Verteilen Sie die Bezugskosten auf die beiden Warenarten und ermitteln Sie den Bezugspreis je Warenart und je kg.

Lösung

1. Schritt: *Berechnen der Zieleinkaufspreise je Warenart und insgesamt*

Ware	Brutto-gewicht	Tara	Netto-gewicht	Einzel-preis	Gesamt-preis
A	2400 kg	2 %	2350 kg	0,695 €	1.634,64 €
B	1750 kg	–	1750 kg	1,58 €	2.765,00 €
	4150 kg				4.399,64 €

2. Schritt: *Verteilen der gewichtsabhängigen Bezugskosten*

Ware	Brutto-gewicht	Teile			gewichtsabhängige Bezugskosten
A	2400 kg	240	48	· 3,16084	151,72 €
B	1750 kg	175	35	· 3,16084	110,63 €
	4150 kg	415	83 Teile sind		262,35 €[1]
			1 Teil ist		3,16084 €

3. Schritt: *Verteilen der wertabhängigen Bezugskosten*

Ware	Zieleinkaufspreis		wertabhängige Bezugskosten
A	1.634,64 €	· 0,02048	33,48 €
B	2.765,00 €	· 0,02048	56,62 €
	4.399,64 € verursachten Kosten von		90,10 €[2]
	1,00 € verursacht Kosten von		0,02048 €

[1] gewichtsabhängig sind: Fracht 217,85 €
Rollgeld 44,50 €
262,35 €

[2] wertabhängig sind: Verpackungskosten 78,00 €
Transportversicherung 12,10 €
90,10 €

4. Schritt: *Berechnen des Bezugspreises*	Ware A	Ware B
Zieleinkaufspreis	1.634,64 €	2.765,00 €
+ Bezugskosten		
gewichtsabhängige	151,72 €	110,63 €
wertabhängige	33,48 €	56,62 €
Bezugspreis der Sendung	1.819,84 €	2.932,25 €
je kg	0,77 €	1,68 €

Merke

Gewichtsabhängige Bezugskosten nach dem **Bruttogewicht** verteilen.
Wertabhängige Bezugskosten nach dem **Zieleinkaufspreis** verteilen.

Beachte

Die Regeln der *Verteilungsrechnung* sind anzuwenden.
(5 Nachkommastellen, erst nach der Multiplikation runden.)

---

1 Ein Großhändler bezieht in einer Sendung:
    Ware I: brutto 1 250 kg zu 59,80 €/100 kg mit 2,5 % Tara
    Ware II: brutto 425 kg zu 1,98 €/kg   mit 8,25 kg Tara

Es entstehen folgende Bezugskosten: 291,50 € Fracht, 48,50 € Vertreterprovision, 18,40 € Rollgeld und 12,30 € Transportversicherung einschl. Versicherungsteuer.

Es werden folgende Nachlässe gewährt:
    Ware I: 12½ %   Rabatt und 3 % Skonto
    Ware II: 10   %   Rabatt und 2 % Skonto

Ermitteln Sie
a) die Bareinkaufspreise,
b) die gewichtsabhängigen Bezugskosten,
c) die wertabhängigen Bezugskosten,
d) die Bezugspreise je Warenart und
e) die Bezugspreise je kg.

---

2 Ein Großhändler bezieht von einer NE-Metall-Fabrik:
3,8 t Kupfer zu 316,25 €/%-kg und 2,4 t Blei zu 95,80 €/%-kg. Das Metall wird mit LKW angeliefert. Der Frachtführer stellt in Rechnung: 127,25 € Fracht, 30,00 € Transportversicherung, 4,50 € Versicherungsteuer, Rabatte werden nicht gewährt. Die Rechnung ist ohne Abzug von Skonto zu begleichen.
Ermitteln Sie den Bezugspreis je 100 kg für beide Metalle.

---

3 Ein Lebensmittelgroßhändler bezieht 74 kg brutto Original Schwarzwälder Schinken zu 13,90 €/kg netto mit 20 % Rabatt und 3 % Skonto bei vorzeitiger Zahlung. Mit derselben Sendung erhält er 24 kg brutto Delikatessfrühstücksfleisch zu 10,50 €/kg netto mit 12½ % Rabatt und 2 % Skonto. In beiden Fällen werden 2 % Tara vergütet. Insgesamt entstehen folgende Bezugskosten:
    Frachtkosten: 49,50 €,
    Verpackungskosten: 31,05 €.
Ermitteln Sie die Bezugskosten je kg Schinken und je kg Frühstücksfleisch.

4 Für 3 verschiedene Warenposten, die gemeinsam bezogen werden, ist der Bezugspreis je kg zu kalkulieren:

	brutto	Tara	Preis je 100 kg	Rabatt	Skonto
Pos. A	2 450 kg	2 %	44,95 €	10, %	3 %
Pos. B	1 500 kg	3 %	96,75 €	12,5 %	ohne
Pos. C	4 300 kg	b/n	28,75 €	25 %	2 %

Es entstehen folgende Bezugskosten:
Fracht 224,50 €, Transportversicherung 10,30 € zuzüglich 1,55 € Versicherungsteuer, Rollgeld 76,50 €, Verpackung 68,95 €.

5 Ein Uhrengroßhändler bezieht in einer Sendung 150 Herren-Quarzarmbanduhren zu 150,00 € je Stück abzüglich 25 % Rabatt und 3 % Skonto sowie 50 Herren-Taschenuhren zu 230,00 € je Stück abzüglich 20 % Rabatt, zahlbar ohne Abzug. Es entstehen folgende Bezugskosten: 44,25 € Frachtkosten, 127,50 € Transportversicherung zuzüglich 19,13 € Versicherungsteuer. Berechnen Sie den Bezugspreis je Uhr.
Anmerkung: Die Frachtkosten sind im Verhältnis der Stückzahlen aufzuteilen.

15.3 Absatzkalkulation

In der Regel ist der Bezugspreis Ausgangspunkt einer Absatzkalkulation. Die Gemeinkosten des Großhandelsbetriebes müssen einbezogen werden, ein angemessener Gewinn wird einkalkuliert und so ergibt sich die

Zielfrage: Zu welchem Preis kann eine Einheit der Ware dem Kunden angeboten werden? Hier ist die Kalkulation eine **Vorwärtsrechnung** vom Bezugspreis bis zum Listenverkaufspreis = **Vorwärtskalkulation.**

In manchen Fällen liegt der Verkaufspreis fest, z. B. dann, wenn die Konkurrenz dem Großhändler keine andere Wahl lässt oder wenn der Hersteller noch wirksamen Einfluss auf die Preisgestaltung der Händler nehmen kann. Jetzt heißt die

Zielfrage: Welchen Bezugspreis kann der Großhändler höchstens anlegen, wenn der Absatz zu den feststehenden Bedingungen den eingeplanten Gewinn erbringen soll? Hier ist die Kalkulation eine **Rückwärtsrechnung** vom Listenverkaufspreis bis zum Bezugspreis = **Rückwärtskalkulation.**

oder – wenn die Einkaufskonditionen bekannt sind – sogar bis zum Listeneinkaufspreis.

Schließlich kommt es sogar vor, dass sowohl der Verkaufspreis als auch der Bezugspreis festliegen, d. h. nicht vom Großhändler beeinflusst werden können. Er muss beide hinnehmen und kann nur fragen, ob sich unter diesen Umständen ein angemessener Gewinn erzielen lässt oder nicht. Von der Antwort wird es abhängen, ob er den Artikel in sein Sortiment aufnimmt oder auf das Geschäft verzichtet. Das kommt z. B. bei Waren vor, die nur von einem einzigen Hersteller (Monopolisten) angeboten werden und für die der Markt oder der Hersteller auch den Verkaufspreis diktiert.

Hier ist die Kalkulation eine **Differenzrechnung**, deren Ziel die Feststellung des zu erwartenden Erfolges ist = **Differenzkalkulation.**

15.3.1 Vorwärtskalkulation

Ausgangspunkt ist der Bezugspreis. Jetzt müssen zunächst die Kosten erfasst und einbezogen werden, damit der Selbstkostenpreis festgestellt werden kann.

15.3.1.1 Selbstkostenpreise

Beschaffung, Lagerung, Verwaltung und Vertrieb von Waren verursachen **Kosten**. Das sind alle betriebsnotwendigen Aufwendungen, ohne die der Betriebszweck nicht erfüllt werden kann und betriebliche Leistungen (Umsätze) nicht erbracht werden können. Die Kostenrechnung eines Großhandelsbetriebes hat die Aufgabe, diese betrieblichen Aufwendungen zu erfassen und festzustellen,

- **welche** Kosten entstanden sind **(Kostenartenrechnung)**,
- **wo** sie verursacht wurden **(Kostenstellenrechnung)**,
- **wofür** sie entstanden sind **(Kostenträgerrechnung)**.

Dabei werden die Kostenarten auf die Kostenstellen verteilt und dann den Kostenträgern (Waren, Warengruppen) zugerechnet. So erhält man Kostenzuschlagssätze für die so genannte **Vorkalkulation**. Sie hat die Aufgabe, den Angebotspreis zu ermitteln, den der Großhändler am Absatzmarkt mindestens erzielen sollte, um seine Kosten zu decken und einen angemessenen Gewinn zu erwirtschaften. Darüber hinaus dienen die Ergebnisse der Kostenrechnung zur nachträglichen Erfolgskontrolle. Dabei wird mithilfe der **Nachkalkulation** festgestellt, welchen Anteil die verschiedenen Artikelgruppen, Einzelartikel oder Einzelaufträge am Gesamterfolg des Unternehmens hatten. Solche Kontrollen erleichtern dem Großhändler künftige Entscheidungen.

Für jede Kostenart hat der Kontenplan des Großhandels ein eigenes Kostenkonto und gegebenenfalls entsprechende Unterkonten.

Nach der Zurechenbarkeit auf den einzelnen Kostenträger (Ware oder Warengruppe) unterscheiden wir:

Einzelkosten, die einer einzelnen Ware oder Warengruppe **direkt** zugeordnet werden können. Sie werden für die einzelne Ware erfasst und auf sie allein verrechnet.

Dazu gehören im Großhandel vor allem:

    Warenkosten = Bareinkaufspreis der verkauften Waren
    Bezugskosten = Warennebenkosten
    Warenkosten + *Bezugskosten* = **Wareneinsatz**

Sondereinzelkosten, die sich direkt zurechnen lassen, aber nicht regelmäßig, sondern nur in Einzelfällen entstehen, z. B.

    Änderungskosten,
    Vertreterprovision,
    Kommission usw.

Gemeinkosten. Das sind von der Anzahl her die meisten Kostenarten des Großhandelsbetriebes.

    Diese Kosten (Personalkosten, Raumkosten, Finanzkosten, Verwaltungskosten usw.) fallen für alle umgesetzten Waren gemeinsam an und lassen sich der einzelnen Ware, dem einzelnen Auftrag oder auch einer einzelnen Warengruppe nicht direkt zurechnen. Sie müssen **indirekt** verrechnet werden. Dabei werden sie entweder alle gemeinsam in einem einzigen Zuschlag (global) auf den Wareneinsatz aufgeschlagen oder man richtet Kostenstellen ein und errechnet für jede Kostenstelle einen besonderen Zuschlagssatz.

Kleinere und mittlere Großhandelsbetriebe werden alle Gemeinkosten in einem einzigen Zuschlagssatz (global) erfassen. Dieser Zuschlag heißt Geschäftskostenzuschlag (oder auch Handlungskostenzuschlag). Er wird wie folgt berechnet:

Merke

$$\text{Geschäftskostenzuschlag} = \frac{\text{Summe der Gemeinkosten} \cdot 100}{\text{Wareneinsatz}}$$

Beispiel

Die Summe aller Gemeinkosten ist in der Buchhaltung mit 89.570,00 € ausgewiesen. Im gleichen Zeitraum wurden Waren umgesetzt, deren Bezugspreis 497.610,00 € betrug (Wareneinsatz). Welcher pauschale (globale) Zuschlagssatz für Geschäftskosten ergibt sich?

Lösung

$$\text{Geschäftskostenzuschlag} = \frac{89.570 \cdot 100}{497.610} = 18{,}0\ \%$$

Bei globaler Zurechnung der Gemeinkosten gilt also:

Merke

```
  Bezugspreis
+ % ↑ Geschäftskosten
  Selbstkostenpreis
```

Beachte

Der Pfeil zeigt zum Grundwert.

---

1 Errechnen Sie den prozentualen Zuschlag für Geschäftskosten aus dem Bezugspreis der verkauften Waren (lt. Wareneinkaufskonto) und der Summe der Gemeinkosten (lt. Kostenkonten der Buchhaltung):

	Bezugspreis der verkauften Waren	Summe der Gemeinkosten
a)	118.600,00 €	8.302,00 €
b)	97.489,00 €	11.698,68 €
c)	86.312,25 €	6.904,98 €
d)	217.518,12 €	1.848,90 €

2 Ein Großhändler bestellt 1,3 t brutto zu 69,50 €/100 kg netto. Der Lieferer berechnet 2,5 % branchenübliche Tara und gewährt 20 % Rabatt. Bei Zahlung innerhalb von 10 Tagen können 2 % Skonto in Anspruch genommen werden. Die Frachtkosten betragen 5,60 € je 100 kg frei Lager des Empfängers. Der Großhändler kalkuliert zz. mit 28,4 % Geschäftskosten.
Berechnen Sie
a) den Bezugspreis der ganzen Sendung,
b) den Selbstkostenpreis für 100 kg.

3 Das Gewinn- und Verlustkonto einer Großhandlung zeigt die folgenden Eintragungen:

S	GuV		H
Wareneinsatz 708.000,00		Warenumsatz	840.100,00
Personalkosten 21.400,00			
Miete 5.200,00			
Steuern 7.300,00			
Werbungskosten 12.400,00			
Kosten des Fuhrparks 14.700,00			
Allg. Verwaltungskosten 12.300,00			
Abschreibungen 1.500,00			
Reingewinn 57.300,00			
840.100,00			840.100,00

Berechnen Sie den Zuschlagssatz für die allgemeinen Geschäftskosten.

4 Die Buchhaltung einer Großhandelfirma in Frankfurt (Main) liefert folgende Zahlen:
Anfangsbestand 34.500,00 €, Einkäufe 262.500,00 €, Bezugskosten 10.200,00 €, Endbestand 28.650,00 €.
Die Geschäftskosten betragen 25.348,00 €. Berechnen Sie den Zuschlagssatz.

5 Ein Elektrogroßhändler bezieht in einer Sendung ab Werk 50 Stück Haartrockner zu 29,90 €/Stück und 75 Stück Dampfbügelautomaten zu 36,90 €/Stück. Er erhält bei den Haartrocknern 30 % und bei den Bügelautomaten 25 % Rabatt. Die Preise sind frei Lager des Empfängers kalkuliert, der Großhändler wird aber mit anteiligen Verpackungskosten in Höhe von 78,50 € belastet. Bei vorzeitiger Zahlung können 2 % Skonto in Anspruch genommen werden. Der Großhändler kalkuliert mit 26,5 % Geschäftskosten. Berechnen Sie den Selbstkostenpreis für einen Haartrockner und für einen Bügelautomaten.

6 Müller & Co. importieren 25 kg reines Zinn zu 1.768,00 €/100 kg CIF Hamburg. Die LKW-Fracht beträgt 11,95 €/100 kg, mindestens 10,00 €. Für Transportversicherung sind 1,5 ‰ vom CIF-Preis zuzüglich 10 % für erwarteten Gewinn zu zahlen. Versicherungsteuer 15 % von der Nettoprämie. 12 % Zoll vom CIF-Preis. Der Großhändler kalkuliert mit 18,5 % Geschäftskosten. Berechnen Sie den Selbstkostenpreis für 1 kg Zinn.

15.3.1.2 Verkaufspreise

Gewinnzuschlag. Um die Zielfrage der Vorwärtskalkulation (Zu welchem Preis kann die Ware dem Kunden angeboten werden?) beantworten zu können, muss nun zunächst ein angemessener Gewinn berücksichtigt werden. Ob sich dieser erwartete Gewinn verwirklichen lässt, hängt von der Marktlage ab.

Der **kalkulatorische Gewinn** als Bestandteil des Verkaufspreises enthält:
- den **Unternehmerlohn,**
- die **Eigenkapitalverzinsung** und
- die **Risikoprämie.**

Eigenkapitalzinsen, Unternehmerlohn und Risikoprämie werden zu einem Gewinnzuschlag zusammengefasst, der sich auf den Selbstkostenpreis bezieht.

Merke

```
  Selbstkostenpreis
+ % ↑ Gewinn
  Barverkaufspreis
```

Beachte

Der Pfeil zeigt zum Grundwert.

Beispiel

Ein Großhandelsunternehmen hatte zu Beginn des Geschäftsjahres 450.000,00 € Eigenkapital. Als angemessene Verzinsung werden bei der derzeitigen Kapitalmarktlage 6 % erwartet. Als Risikoprämie kommt ein branchenüblicher Zuschlag von 1,5 % hinzu. Für die beiden persönlich haftenden Gesellschafter (Komplementäre) wird ein Unternehmerlohn von je 60.000,00 € pro Jahr angesetzt. Die Geschäftskosten des abgelaufenen Jahres (ohne kalkul. Unternehmerlohn, kalkul. Zinsen und Wagniszuschlag) betrugen 1.971.153,00 €. Mit welchem Gewinnzuschlag wird das Unternehmen kalkulieren?

Lösung

```
  6   % Eigenkapitalverzinsung   von 450.000,00 €   =    27.000,00 €
+ 1,5 % Risikoprämie              von 450.000,00 €   =     6.750,00 €
+ Unternehmerlohn für 2 Komplementäre                =   120.000,00 €
                        kalkulatorischer Gewinn      =   153.750,00 €
```

$$\text{Gewinnzuschlag} = \frac{153.750 \cdot 100}{1.971.153} = \underline{\underline{7,8\ \%}}$$

Kundenskonto. Wenn der Großhändler seinem Kunden ein Ziel einräumt – und das ist in der Regel der Fall –, dann muss er auch für die Möglichkeit vorzeitiger Zahlung einen **Skontoabzug des Kunden** gestatten.

Dieser mögliche Abzug muss von vornherein als Zinszuschlag für das eingeräumte Zahlungsziel einkalkuliert werden, damit der Großhändler **nach** Abzug des Skontobetrages genau den kalkulierten Barverkaufspreis erhält. Da der Barverkaufspreis also den bereits um den Skontobetrag **verminderten** Erlös darstellt, handelt es sich bei diesem Schritt der Vorwärtskalkulation um eine Prozentrechnung vom verminderten Grundwert oder eine „**Imhundertrechnung**" und es gilt:

Merke

```
  Barverkaufspreis
+ % ↓ Skonto für Kunden
  Zielverkaufspreis
```

Beachte

Der Pfeil zeigt zum Grundwert.

Vertreterprovision. Falls ein Vertreter als Absatzvermittler des Großhändlers tätig war, kommt nun noch die an ihn zu zahlende **Provision** hinzu.

Nach § 87 b HGB ist die Provision des Vertreters vom Zielverkaufspreis, also einschließlich des Skontos, zu berechnen.

Ergänzend bestimmt § 31 Abs. 2 UStG, dass die in der Rechnung gesondert ausgewiesene Umsatzsteuer zur Bemessungsgrundlage der Vertreterprovision gehört. Der Bundesverband der Deutschen Industrie und die Vereinigung Deutscher Handelsvertreter-Verbände empfehlen aber **vertraglich** die Berechnung der Provision gemäß § 87 b HGB zu vereinbaren.

Da Vertreterprovision und Skonto in diesem Fall vom *gleichen* Betrag (Zielverkaufspreis) berechnet werden, kann man beide Prozentsätze in einen Prozentsatz zusammenziehen. Damit vereinfacht sich die Rechnung.

Merke
```
  Barverkaufspreis
+   % Skonto für Kunden
+ ↓ % Vertreterprovision
  Zielverkaufspreis
```

Beachte Der Pfeil zeigt zum gemeinsamen Grundwert.

Kundenrabatt. Schließlich bleibt zu berücksichtigen, dass der Kunde des Großhändlers, also in der Regel der Einzelhändler oder die weiterverarbeitende Industrie, auch Wiederverkäufer ist und daher einen Rabatt vom Listenverkaufspreis beansprucht.

Falls ein solcher **Rabatt für Kunden** vorgesehen ist, muss er daher einkalkuliert werden. Er erhöht den Zielverkaufspreis, wird aber vom Listenverkaufspreis berechnet, da der Kunde ihn auch von diesem Betrag abziehen wird. Daher handelt es sich auch bei diesem letzten Schritt der Vorwärtskalkulation um eine Prozentrechnung vom verminderten Grundwert oder eine Imhundertrechnung und es gilt:

Merke
```
  Zielverkaufspreis
+ ↓ % Rabatt für Kunden
  Listenverkaufspreis
```

Beachte Der Pfeil zeigt zum Grundwert.

Beispiel Fortsetzung des Beispiels von Seite 156:
Schmidt & Co. kalkulieren mit $12\frac{1}{2}$ % Geschäftskosten und $8\frac{1}{3}$ % Gewinn. Sie gewähren ihren Kunden 3% Skonto bei vorzeitiger Zahlung und ihrem Vertreter 2 % Provision. Die Kunden erhalten 15 % Rabatt vom Listenverkaufspreis. Ermitteln Sie diesen Preis für 100 kg netto.

Lösung

	Bezugspreis (100 kg)	186,22 €		
+	$12\frac{1}{2}$ % ↑ Geschäftskosten	23,28 €		
	Selbstkostenpreis	209,50 €		
+	$8\frac{1}{3}$ % ↑ Gewinn	17,46 €		
	Barverkaufspreis	226,96 €	95 %	
+	3 % Kundenskonto	7,17 €	3 %	
+	2 % ↓ Provision	4,78 €	2 %	
	Zielverkaufspreis	238,91 €	100 %	85 %
+	15 % ↓ Kundenrabatt	42,16 €		15 %
	Listenverkaufspreis (100 kg)	<u>281,07 €</u>		100 %

1 Ein Großhändler bezieht 100 m Teppichboden (200 cm breite Auslegeware) zu 1.500,00 €. Der Hersteller gewährt 25 % Rabatt und bei vorzeitiger Zahlung 3 % Skonto. Die Lieferung erfolgt frei Empfangsstation. Das Rollgeld beträgt 40,87 € einschließlich 15 % Umsatzsteuer. Für wie viel € kann 1 m dem Einzelhandel angeboten werden, wenn 32 % Geschäftskosten, 12½ % Gewinn, 2 % Kundenskonto, 5 % Vertreterprovision und 20 % Kundenrabatt zu berücksichtigen sind?

2 Ein Lederwarengroßhändler kauft 50 Stück Aktenkoffer aus Schweinsleder mit Kunstseidenfutter zu 79,50 €/Stück bei 25 % Rabatt und 2½ % Skonto. Fracht: 89,70 €, Rollgeld 8,65 €, Transportversicherung 1 ‰ vom Zieleinkaufspreis zuzüglich 10 % erwartetem Gewinn zuzüglich 15 % Versicherungsteuer. Der Großhändler kalkuliert mit 28,5 % Geschäftskosten, 10 % Gewinn. Er gewährt seinen Kunden 20 % Rabatt und 3 % Skonto. Zu welchem Preis kann er dem Lederwarengeschäft einen Aktenkoffer anbieten?

3 Schulz & Sohn in Gießen beziehen aus Limburg 15 t brutto zum Listenpreis von 98,75 €/100 kg netto. Sie erhalten 33⅓ % Rabatt und 30 Tage Ziel oder 2 % Skonto. Für LKW-Fracht Limburg–Gießen werden 1,87 €/100 kg in Rechnung gestellt. Der Lieferer berechnet eine branchenübliche Tara von 2,5 %. Schulz & Sohn ermitteln ein tatsächliches Nettogewicht („Hausgewicht") von 14 650 kg. Zu welchem Preis können 100 kg netto dem Einzelhandel angeboten werden, wenn 18,5 % Geschäftskosten, 14 % Gewinn, 3 % Kundenskonto, 25 % Kundenrabatt zu berücksichtigen sind?

4 Ein Elektrogroßhändler kauft 25 Tischbügelautomaten (60 cm Walzenbreite) zu 398,00 €/Stück ab Werk. Er erhält 30 % Rabatt und bei vorzeitiger Zahlung 2 % Skonto. Jeder Automat wiegt einschließlich Verpackung 18,5 kg. Die LKW- Fracht beträgt 4,09 €/100 kg frei Lager des Großhändlers. Wie hoch ist der Listenverkaufspreis je Stück anzusetzen, wenn 24,8 % Geschäftskosten, 8⅓ % Gewinn, 3 % Kundenskonto und 25 % Kundenrabatt zu berücksichtigen sind?

5 Ein Sanitärgroßhandel kauft 20 Duschkabinen mit Stahlwanne und Boiler (2 kW) zu 1.049,00 €/Stück bei 25 % Rabatt. Der Preis ist frei Empfangsstation kalkuliert. Das Rollgeld beträgt 123,55 €. Bei Zahlung innerhalb von 20 Tagen können 2 % Skonto abgezogen werden. Der Großhändler kalkuliert mit 28,5 % Geschäftskosten und 10 % Gewinn. Er gewährt dem Einzelhandel bis zu 3 % Skonto und 20 % Rabatt. Mit wie viel Euro muss er eine Duschkabine in seine Verkaufspreisliste einsetzen?

6 Meier & Co. Import-Handelsgesellschaft beziehen aus Japan 1500 Solartaschenrechner zu 395,00 Yen pro Stück mit 25 % Rabatt frei Flughafen Frankfurt (Main), Kurs 1,828. Die Sendung wiegt 180 kg brutto. Die Fracht ab Frankfurt (Main) Bahnhof Flughafen beträgt 4,65 €/100 kg. Es werden 20 % Einfuhrzoll vom Zieleinkaufspreis frei Frankfurt (Main) erhoben. Der Großhändler kalkuliert mit 27,5 % Geschäftskosten und 8⅓ % Gewinn. Er gewährt seinen Kunden 20 % Rabatt und ein Zahlungsziel von 45 Tagen oder 3 % Skonto bei Zahlung innerhalb von 10 Tagen. Mit welchem Preis kann er einen Taschenrechner anbieten? (siehe Abschnitt 12)

Ein Textilgroßhändler bezieht 5 Ballen zu je 60 m Gardinenstoff, pflegeleichtes Polyacryl, zu 8,95 €/m frei Empfangsstation. Das Rollgeld beträgt 58,65 €. Der Großhändler kalkuliert mit $16\frac{2}{3}$ % Geschäftskosten und 9,4 % Gewinn. Er gewährt seinen Kunden 15 % Rabatt und 3 % Skonto bei vorzeitiger Zahlung. Der Vertreter erhält 5 % Provision. Ermitteln Sie den Preis, zu dem der Großhändler 1 m an den Einzelhandel anbieten kann.

7

Franck & Reisenauer beziehen 2 480 kg brutto zu 269,00 €/100 kg netto mit 15 % Rabatt. Der Lieferer gewährt 2 % Tara. Franck & Reisenauer ermitteln ein Hausgewicht von 2 435 kg. Die Bezugskosten der Sendung betragen 48,95 €. Bei vorzeitiger Zahlung können 2 % Skonto abgezogen werden. Berechnen Sie den Listenverkaufspreis je kg netto, wenn 11,5 % Geschäftskosten, 8,5 % Gewinn, 3 % Kundenskonto und 10 % Kundenrabatt zu berücksichtigen sind.

8

Ein Großhändler kauft 20 Stereofarbfernsehgeräte mit Videotext zu 750,00 €/Stück mit $33\frac{1}{3}$ % Rabatt und 2 % Skonto frei Lager. Er kalkuliert mit 32,4 % Geschäftskosten und 10 % Gewinn. Wie hoch ist der Listenverkaufspreis/Stück, wenn dem Einzelhändler 25 % Rabatt und 3 % Skonto eingeräumt werden?

9

Ein Haushaltswarengroßhändler bezieht 100 Bierkrüge aus Zinn mit Jagdmotiven, schwere Qualität, zu 80,00 €/Stück ab Versandstation. Die Frachtkosten betragen 234,80 € einschließlich Transportversicherung. Er kalkuliert mit $22\frac{1}{2}$ % Geschäftskosten und 11 % Gewinn. Wie teuer kann ein Krug dem Einzelhändler angeboten werden, wenn 25 % Rabatt und 3 % Skonto für den Kunden eingeräumt werden?

10

15.3.1.3 Kalkulationszuschlag und Kalkulationsfaktor

Die Absatzkalkulation als Vorwärtskalkulation umfasst folgende Schritte: Geschäftskostenzuschlag (vom Bezugspreis), Gewinnzuschlag (vom Selbstkostenpreis), Skonto für Kunden und Vertreterprovision (beide vom Listenverkaufspreis).

Da zumindest der Geschäftskostenzuschlag und der Gewinnzuschlag für einige Zeit konstant bleiben, kann die Kalkulation vereinfacht werden, indem man diese Zuschlagssätze zu einem **Kalkulationszuschlag** zusammenfasst.

Ob dabei Vertreterprovision, Skonto und Rabatt einbezogen werden, hängt davon ab, ob diese Sätze allgemein gültig oder von Fall zu Fall anzusetzen sind.

Beispiel 1

Ein Großhändler kalkuliert mit 27,5 % Geschäftskosten und $8\frac{1}{3}$ % Gewinn. Zu welchem Kalkulationszuschlag können diese Sätze zusammengefasst werden?

Lösung

Man geht von 100,00 € Bezugspreis aus und kalkuliert:

	Bezugspreis	100,00 €	100,00 %
+	27,5 % ↑ Geschäftskosten	27,50 €	
	Selbstkostenpreis	127,50 €	38,13 %
+	$8\frac{1}{3}$ % ↑ Gewinn	10,63 €	
	Barverkaufspreis	138,13 €	138,13 %

Der Barverkaufspreis liegt also um 38,13 % über dem Bezugspreis. Der Kalkulationszuschlag beträgt demnach 38,13 %.

Merke

$$\text{Kalkulationszuschlag} = \frac{\text{Verkaufspreis} \cdot 100}{\text{Bezugspreis}} - 100$$

oder

$$\text{Kalkulationszuschlag} = \frac{(\text{Verkaufspreis} - \text{Bezugspreis}) \cdot 100}{\text{Bezugspreis}}$$

Beachte

Mit Verkaufspreis kann hier der Barverkaufspreis, der Zielverkaufspreis oder der Listenverkaufspreis gemeint sein.

Beispiel 2

Ein Großhändler kalkuliert mit 32 % Geschäftskosten und 9 % Gewinn. Zurzeit werden 5 % Provision an die Vertreter gezahlt und 3 % Skonto sowie 25 % Rabatt für Kunden gewährt. Mit welchem Kalkulationszuschlag kann zur Vereinfachung der Kalkulation gerechnet werden, solange die oben genannten Sätze gelten?

Lösung

			Betrag	Prozent
	Bezugspreis		100,00 €	100,00 %
+	32 % ↑	Geschäftskosten	32,00 €	
	Selbstkostenpreis		132,00 €	
+	9 % ↑	Gewinn	11,88 €	
	Barverkaufspreis		143,88 €	108,52 %
+	5 %	Vertreterprovision	7,82 €	
+	3 % ↓	Kundenskonto	4,69 €	
	Zielverkaufspreis		156,39 €	
+	25 % ↓	Kundenrabatt	52,13 €	
	Listenverkaufspreis		208,52 €	208,52 %

In den beiden Beispielen sind die Extremfälle der Zusammenfassung zu einem einzigen Kalkulationszuschlag gezeigt. Als weitere Lösungen können außerdem noch auftreten:

Beispiel 3 **Geschäftskosten, Gewinn und Vertreterprovision**
einbezogen, aber nicht Skonto und Rabatt;

4 **Geschäftskosten, Gewinn und Skonto**
einbezogen, aber nicht Vertreterprovision und Rabatt;

5 **Geschäftskosten, Gewinn, Vertreterprovision und Skonto**
einbezogen, aber nicht Rabatt.

Der einmal ermittelte Kalkulationszuschlag wird so lange angewandt, wie die in ihn einbezogenen Einzelsätze gültig sind. Er führt vom Bezugspreis im

    1. Beispiel bis zum Barverkaufspreis,
    2. Beispiel bis zum Listenverkaufspreis,
    3. Beispiel bis zum Barverkaufspreis + Vertreterprovision,
    4. Beispiel bis zum Barverkaufspreis + Kundenskonto,
    5. Beispiel bis zum Zielverkaufspreis.

Anwendungsbeispiel 1

Der Bezugspreis für ein Tafelservice beträgt 159,95 €. Der Großhändler kalkuliert mit einem Kalkulationszuschlagssatz von 42,75 % (einschließlich Vertreterprovision). Er gewährt seinen Kunden 3 % Skonto und 20 % Rabatt. Mit welchem Listenverkaufspreis wird er 1 Service anbieten?

Lösung

Hier liegt der Fall 3 vor und es wird wie folgt gerechnet:

	Bezugspreis	159,95 €		
+ 42,75 % ↑	Kalkulationszuschlag	68,38 €		
		228,33 €	97 %	
+ 3, % ↓	Kundenskonto	7,06 €	3 %	
	Zielverkaufspreis	235,39 €	100 %	80 %
+ 20, % ↓	Kundenrabatt	58,85 €		
	Listenverkaufspreis für 1 Service	294,24 €		100 %

Anstelle des Kalkulationszuschlages kann auch der **Kalkulationsfaktor** benutzt werden. Er gibt an, welcher Verkaufspreis zu 1,00 € Bezugspreis gehört.

Merke

$$\text{Kalkulationsfaktor} = \frac{\text{Verkaufspreis}}{\text{Bezugspreis}}$$

Bezugspreis · Kalkulationsfaktor = Verkaufspreis

Auf das 1. Beispiel bezogen gilt dann:

100,00 €	Bezugspreis führen zu	138,13 €	Verkaufspreis
1,00 €	Bezugspreis führt zu	1,3813 €	Verkaufspreis

Für alle Kalkulationen, in denen die Sätze des 1. Beispiels angewendet werden, gilt dann:
Bezugspreis · 1,3813 = Barverkaufspreis

Anwendungsbeispiel 2

Der Bezugspreis eines Elektroherdes beträgt 265,00 €. Der Großhändler arbeitet mit einem Kalkulationsfaktor von 1,4725, in den Geschäftskosten, Gewinn, Vertreterprovision und Skonto einbezogen sind. Mit welchem Listenverkaufspreis muss er kalkulieren, wenn er seinen Kunden 30 % Wiederverkäuferrabatt gewährt?

Lösung

	Bezugspreis	265,00 €	
·	Kalkulationsfaktor	1,4725 €	
	Zielverkaufspreis	390,21 €	70 %
+ 30 % ↓	Kundenrabatt	167,23 €	30 %
	Listenverkaufspreis für 1 Herd	557,44 €	100 %

Ermitteln Sie den Kalkulationszuschlagssatz und den Kalkulationsfaktor:

	Geschäftskosten	Gewinn	Vertreterprovision	Skonto	Rabatt
a)	22,5 %	8,33 %	–	–	–
b)	31,8 %	10 %	3 %	–	–
c)	25 %	9,4 %	–	2 %	–
d)	36,5 %	12,5 %	5 %	3 %	–
e)	29,7 %	11,3 %	4 %	2,5 %	25 %

2 Ermitteln Sie den Kalkulationszuschlag und den Kalkulationsfaktor und geben Sie jeweils an, welche Einzelsätze einbezogen sind:

a) Bezugspreis 622,70 €
   Barverkaufspreis 925,03 €

b) Bezugspreis 48,17 €
   Zielverkaufspreis 71,12 €

c) Bezugspreis 4.315,00 €
   Listenverkaufspreis 8.179,70 €

d) Bezugspreis 168,75 €
   Barverkaufspreis + Vertreterprovision 313,45 €

e) Bezugspreis 3.100,00 €
   Barverkaufspreis + Skonto 5.721,00 €

3 Schmidt & Co. kaufen 4,5 t zu 22,65 €/100 kg netto. Es werden 2,5 % branchenübliche Tara vergütet. Ermitteln Sie den Listenverkaufspreis für 100 kg, wenn ein Kalkulationsfaktor von 2,045 anzuwenden ist und als Hausgewicht 4 390 kg ermittelt wurden.

4 Wie hoch ist der Verkaufspreis und wie ist er genau zu bezeichnen?

	Bezugspreis	Kalkulationsfaktor
a)	468,15 €	aus Aufgabe 1 e
b)	1.200,00 €	aus Aufgabe 1 d
c)	655,75 €	aus Aufgabe 1 c
d)	3.875,00 €	aus Aufgabe 1 b
e)	46,50 €	aus Aufgabe 1 a

5 Ein Großhändler bezieht Mofas mit Zweitaktmotor zu 409,75 € frei Lager. Er kalkuliert mit einem Zuschlagssatz von 45,22 %, in den Geschäftskosten und Gewinn einbezogen sind. Zu welchem Preis kann er dem Einzelhändler ein Mofa anbieten, wenn 3 % Skonto und 25 % Rabatt zu berücksichtigen sind?

6 Ein Elektrogroßhändler bezieht 150 Haarschneidemaschinen zu 2.890,00 € frei Lager. Er arbeitet mit einem Kalkulationszuschlag von 48,5 %. Wie hoch ist der Zielverkaufspreis je Stück, wenn außerdem 5 % Vertreterprovision und 3 % Kundenskonto zu berücksichtigen sind?

7 Heinrich & Co. OHG beziehen 50 teflonbeschichtete Bratpfannen zu 400,00 € frei Lager. Sie kalkulieren mit einem Faktor von 1,485 und gewähren ihren Kunden 2½ % Skonto und 20 % Rabatt. Zu welchem Listenverkaufspreis werden sie eine Pfanne anbieten?

8 Teppichboden „SOFTY" (400 cm breite Auslegware) wurde zu 15,70 €/m frei Lager des Großhändlers eingekauft. Er kalkuliert mit einem Zuschlagssatz von 47,5 % und gewährt seinen Kunden 3 % Skonto und 25 % Rabatt. Zu welchem Preis wird er 1 m dieser Ware anbieten?

15.3.2 Rückwärtskalkulation

Es wurde schon festgestellt, dass es Fälle gibt, wo der Verkaufspreis festliegt. Zum Beispiel dann, wenn die Konkurrenz dem Großhändler keine andere Wahl lässt, oder wenn der Hersteller noch wirksamen Einfluss auf die Preisgestaltung nehmen kann.

Jetzt heißt die Zielfrage: Welchen Bezugspreis kann der Großhändler höchstens anlegen, wenn der Absatz zu den feststehenden Bedingungen den eingeplanten Gewinn erbringen soll?

Hier ist die Kalkulation also eine Rückwärtsrechnung vom Listenverkaufspreis bis zum Bezugspreis oder – wenn die Einkaufskonditionen festliegen – sogar bis zum Listeneinkaufspreis. Diese Rechnung kann stufenweise oder mithilfe von zusammengefassten Kalkulationssätzen geschehen.

15.3.2.1 Schrittweise Rückrechnung

Beispiel 1

Ein Großhändler will Zweigang-Schlagbohrmaschinen mit 850 W und Regelelektronik in sein Sortiment aufnehmen. Die örtliche Konkurrenz liefert diesen Artikel zu 189,00 € mit 25 % Rabatt und 3 % Skonto an Wiederverkäufer. Welchen Bezugspreis darf er höchstens anlegen, wenn er mit 28,5 % Geschäftskosten, $12\frac{1}{2}$ % Gewinn und 5 % Vertreterprovision kalkuliert?

Beachte

a) Das Kalkulationsschema wie für eine Vorwärtsrechnung aufschreiben.
b) Die **Lösung** erfolgt **von unten nach oben**.
c) Die Pfeile zeigen zum jeweiligen Grundwert.
d) Alle Vorzeichen werden bei der Rückwärtsrechnung umgekehrt.
e) Jeden Schritt durch eine entsprechende Vorwärtsrechnung sofort nachprüfen.

Lösung

Lösungsweg:

	Bezugspreis	**90,21 €**
+	28,5 % ↑ Geschäftskosten	25,71 €
	Selbstkostenpreis	115,92 € ⑤
+	12,5 % ↑ Gewinn	14,49 €
	Barverkaufspreis	130,41 € ④
+	5, % ↑ Vertreterprov.	7,09 €
+	3, % ↑ Kundenskonto	4,25 € ③
	Zielverkaufspreis	141,75 €
+	25, % ↑ Kundenrabatt	47,25 € ②
	Listenverkaufspreis	189,00 € ①

$\dfrac{115{,}92 \cdot 28{,}5}{128{,}5}$

$\dfrac{130{,}41 \cdot 12{,}5}{112{,}5} = \dfrac{130{,}41}{9}$

$\dfrac{141{,}75 \cdot 5}{100} = \dfrac{141{,}75}{20}$

$\dfrac{141{,}75 \cdot 3}{100} = 1{,}4175 \cdot 3$

$\dfrac{189 \cdot 25}{100} = \dfrac{189}{4}$

Antwort

Eine Schlagbohrmaschine dieses Typs darf nach Abzug der vom Lieferer gewährten Preisnachlässe und einschließlich Bezugskosten nicht mehr als 90,21 € pro Stück kosten.

Merke

In der Absatzkalkulation ist die Rückwärtsrechnung bis zum Barverkaufspreis eine Prozentrechnung vom **reinen** Grundwert, vom Barverkaufspreis bis zum Bezugspreis eine Prozentrechnung vom **erhöhten** Grundwert.

Wenn auch die Einkaufsbedingungen bekannt sind, kann die Rückrechnung bis zum Listeneinkaufspreis durchgeführt werden.

Beispiel 2

Ein Großhändler will Feindraht, den seine Konkurrenten zu 325,00 €/100 kg mit 20 % Rabatt und 2½ % Skonto anbieten, in sein Sortiment aufnehmen. Das Herstellerwerk liefert frei Empfangsstation und gewährt 25 % Rabatt und 2 % Skonto. Das Rollgeld ist mit 11,60 €/100 kg anzusetzen. Welchen Listeneinkaufspreis je 100 kg kann der Großhändler höchstens akzeptieren, wenn er 16⅔ % Geschäftskosten decken und 8,5 % Gewinn erzielen will?

Beachten Sie die 5 Lösungsschritte des 1. Beispiels.

Lösung

	Listeneinkaufspreis	256,68 €
−	25 % ↑ Liefererrabatt	64,17 €
	Zieleinkaufspreis	192,51 €
−	2 % ↑ Liefererskonto	3,85 €
	Bareinkaufspreis	188,66 €
+	Bezugskosten	11,60 €
	Bezugspreis	200,26 €
+	16⅔ % ↑ Geschäftskosten	33,38 €
	Selbstkostenpreis	233,64 €
+	8,5 % ↑ Gewinn	19,86 €
	Barverkaufspreis	253,50 €
+	2,5 % ↓ Kundenskonto	6,50 €
	Zielverkaufspreis	260,00 €
+	20 % ↓ Kundenrabatt	65,00 €
	Listenverkaufspreis	325,00 €

Lösungsweg:

$$\frac{192{,}51 \cdot 25}{75}$$

$$\frac{188{,}66 \cdot 2}{98}$$

$$-11{,}60\ €$$

$$\frac{233{,}64 \cdot 16\frac{2}{3}\ \%}{116\frac{2}{3}}$$

$$\frac{253{,}5 \cdot 8{,}5}{108{,}5}$$

$$\frac{260 \cdot 2{,}5}{100}$$

$$\frac{325 \cdot 20}{100}$$

Antwort Der Listeneinkaufspreis je 100 kg darf höchstens 256,68 € betragen.

Merke In der Bezugskalkulation ist die Rückwärtsrechnung vom Bareinkaufspreis bis zum Listeneinkaufspreis eine Prozentrechnung vom **verminderten** Grundwert.

Ein einmal berechneter und in seinen Bestandteilen noch gültiger Kalkulationszuschlagssatz kann auch in der Rückwärtsrechnung eingesetzt werden.

Beispiel 3

Ein Futtermittelgroßhändler kalkuliert mit einem Zuschlagssatz von 58,75 %, in den Geschäftskosten, Gewinn und Vertreterprovision einbezogen sind. Er will sein Sortiment um einen Artikel erweitern, den er zu 19,85 €/100 kg mit 10 % Kundenrabatt und 3 % Kundenskonto verkaufen könnte. Welchen Bezugspreis kann er für 100 kg höchstens anlegen?

Beachten Sie die 5 Lösungsschritte des 1. Beispiels.

Lösung

			Lösungsschritte:
Bezugspreis		10,91 €	$\frac{17{,}32 \cdot 58{,}75}{158{,}75}$ ❸
+ 58,75 % ↑ Kalkulationszuschlag		6,41 €	
		17,32 €	
+ 3 % ↓ Kundenskonto		0,54 €	$\frac{17{,}86 \cdot 3}{100}$ ❷
Zielverkaufspreis		17,86 €	
+ 10 % ↓ Kundenrabatt		1,99 €	$\frac{19{,}85 \cdot 10}{100}$ ❶
Listenverkaufspreis		19,85 €	

Antwort Er kann als Bezugspreis höchstens 10,91 €/100 kg anlegen.

15.3.2.2 Handelsspanne und Kalkulationsabschlag

Die Absatzkalkulation als Rückwärtskalkulation umfasst folgende Schritte: Kundenrabatt (vom Listenverkaufspreis), Kundenskonto und ggf. Vertreterprovision (beides vom Zielverkaufspreis), Gewinn (vom Selbstkostenpreis) und Geschäftskosten (vom Bezugspreis).

Da zumindest der Geschäftskostenzuschlag und der kalkulatorische Gewinn für einige Zeit konstant bleiben, kann man auch hier zu einem Satz zusammenfassen. Ob dabei Vertreterprovision, Kundenskonto und Kundenrabatt einbezogen werden oder nicht, hängt davon ab, ob diese Sätze für eine gewisse Zeit allgemein gültig oder ob sie von Fall zu Fall neu anzusetzen sind.

Hier wird der gemeinsame Satz aber – im Gegensatz zum Kalkulationszuschlagssatz – auf den Verkaufspreis bezogen. Man nennt ihn **Handelsspanne.**

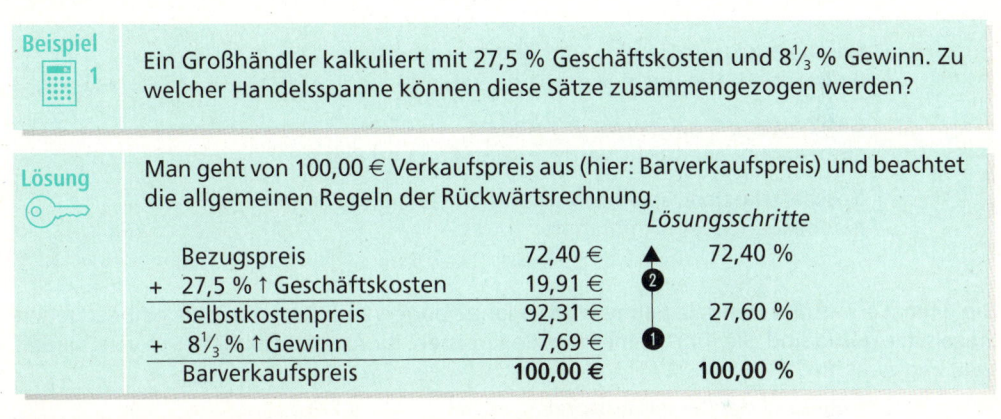

Beispiel 1 Ein Großhändler kalkuliert mit 27,5 % Geschäftskosten und $8\frac{1}{3}$ % Gewinn. Zu welcher Handelsspanne können diese Sätze zusammengezogen werden?

Lösung Man geht von 100,00 € Verkaufspreis aus (hier: Barverkaufspreis) und beachtet die allgemeinen Regeln der Rückwärtsrechnung.

		Lösungsschritte
Bezugspreis	72,40 €	72,40 %
+ 27,5 % ↑ Geschäftskosten	19,91 €	❷
Selbstkostenpreis	92,31 €	27,60 %
+ $8\frac{1}{3}$ % ↑ Gewinn	7,69 €	❶
Barverkaufspreis	**100,00 €**	100,00 %

Der Bezugspreis liegt also um 27,60 % unter dem Verkaufspreis.

Die Handelsspanne beträgt demnach 27,60 %.

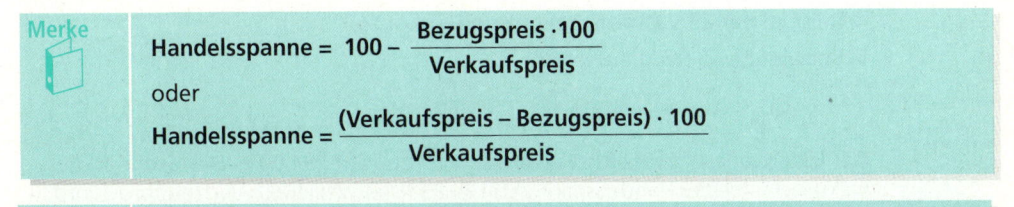

Merke

$$\text{Handelsspanne} = 100 - \frac{\text{Bezugspreis} \cdot 100}{\text{Verkaufspreis}}$$

oder

$$\text{Handelsspanne} = \frac{(\text{Verkaufspreis} - \text{Bezugspreis}) \cdot 100}{\text{Verkaufspreis}}$$

Beachte Mit Verkaufspreis kann hier der Barverkaufspreis, der Zielverkaufspreis oder der Listenverkaufspreis gemeint sein.

Beispiel 2

Ein Großhändler kalkuliert mit 32 % Geschäftskosten und 9 % Gewinn. Zurzeit werden 5 % an die Vertreter gezahlt und 3 % Skonto sowie 25 % Rabatt für Kunden gewährt. Mit welcher Handelsspanne kann gerechnet werden, solange die oben genannten Sätze gelten?

Lösung

Man geht hier von 100,00 € Verkaufspreis (hier: Listenverkaufspreis) aus und beachtet die allgemeinen Regeln der Rückwärtsrechnung.

Lösungsschritte:

	Bezugspreis	47,95 €	47,95 %
+	32 % ↑ Geschäftskosten	15,35 €	❺
	Selbstkostenpreis	63,30 €	
+	9 % ↑ Gewinn	5,70 €	❹
	Barverkaufspreis	69,00 €	52,05 %
+	5 % ↓ Vertreterprovision	3,75 €	❸
+	3 % ↓ Kundenskonto	2,25 €	❷
	Zielverkaufspreis	75,00 €	
+	25 % ↓ Kundenrabatt	25,00 €	❶
	Listenverkaufspreis	100,00 €	100,00 %

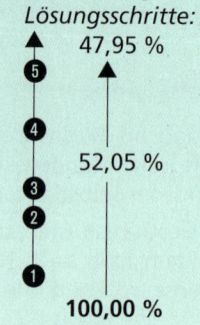

In den beiden Beispielen sind die Extremfälle der Zusammenfassung zu einer Handelsspanne gezeigt. Als weitere Lösungen können außerdem noch auftreten:

Beispiel 3

Geschäftskosten, Gewinn und Vertreterprovision
einbezogen, aber nicht Skonto und Rabatt;

4

Geschäftskosten, Gewinn und Rabatt
einbezogen, aber nicht Vertreterprovision und Rabatt;

5

Geschäftskosten, Gewinn, Vertreterprovision und Skonto
einbezogen, aber nicht Rabatt.

Die einmal ermittelte Handelsspanne wird so lange angewandt, wie die in sie einbezogenen Einzelsätze gültig sind. Sie führt immer zum Bezugspreis. Ihr Ausgangspunkt kann verschieden sein, und zwar im

      1. Beispiel der Barverkaufspreis,

      2. Beispiel der Listenverkaufspreis,

      3. Beispiel der Barverkaufspreis + Vertreterprovision,

      4. Beispiel der Barverkaufspreis + Kundenskonto,

      5. Beispiel der Zielverkaufspreis.

Anwendungsbeispiel 1

Der Listenverkaufspreis für ein Tafelservice beträgt 294,00 €. Der Großhändler kalkuliert mit einer Handelsspanne von 29,95 % (einschließlich Vertreterprovision). Er gewährt seinen Kunden 3 % Skonto und 20 % Rabatt. Welchen Bezugspreis darf er höchstens anlegen?

Lösung

Hier liegt der Fall 3 vor und es wird wie folgt gerechnet:

Lösungsschritte:

	Bezugspreis	159,81 €
+	29,95 % ↑ Handelsspanne	68,33 €
	228,14 €	
+	3 % ↓ Kundenskonto	7,06 €
	Zielverkaufspreis	235,20 €
+	20 % ↓ Kundenrabatt	58,80 €
	Listenverkaufspreis	294,00 €

❸ ❷ ❶ Alle Schritte sind Prozentrechnungen vom reinen Grundwert.

Antwort Als Bezugspreis dürfen höchstens 159,81 € pro Tafelservice angelegt werden.

Anwendungsbeispiel 2

Der Listenverkaufspreis eines Elektroherdes beträgt 516,20 € (einschließlich 16 % Umsatzsteuer). Die Kunden erhalten als Wiederverkäufer 30 % Rabatt. Der Großhändler arbeitet mit einer Handelsspanne von 32,09 %, in die Geschäftskosten, Gewinn, Vertreterprovision und Skonto einbezogen sind. Welchen Bezugspreis darf er höchstens anlegen?

Lösung

Hier liegt Fall 5 vor und es wird wie folgt gerechnet:

Zunächst ist die Umsatzsteuer, die nicht in die Kalkulation gehört, aus dem Listenverkaufspreis herauszunehmen:

	Rechnungspreis	516,20 € –	116 %	$\dfrac{516{,}20 \cdot 16}{116}$
–	16 % Umsatzsteuer	71,70 € –	16 %	
	Listenverkaufspreis	445,00 € –	100 %	

Lösungsschritte:

	Bezugspreis	211,54 €
+	32,09 % ↓ Handelsspanne	99,96 €
	Zielverkaufspreis	311,50 €
+	30 % ↓ Kundenrabatt	133,50 €
	Listenverkaufspreis	445,00 €

❷ ❶ Alle Schritte sind Prozentrechnungen vom reinen Grundwert.

Antwort Für einen solchen Elektroherd dürfen als Bezugspreis höchstens 211,54 € angelegt werden.

Beachte

Im **Einzelhandel** gibt es weder Kundenskonto noch Kundenrabatt, dafür ist die Umsatzsteuer in den Verkaufspreis einbezogen.

Man nennt den Barverkaufspreis ohne Umsatzsteuer **Nettoverkaufspreis** und zuzüglich Umsatzsteuer **Bruttoverkaufspreis**.

Dann unterscheidet man:

$$\text{Handelsspanne} = \frac{(\text{Nettoverkaufspreis} - \text{Bezugspreis}) \cdot 100}{\text{Nettoverkaufspreis}}$$

$$\text{Kalkulationsabschlag} = \frac{(\text{Bruttoverkaufspreis} - \text{Bezugspreis}) \cdot 100}{\text{Bruttoverkaufspreis}}$$

15.3.3 Muster- und Prüfungsaufgaben

1 Ein Prismenfernglas wird von der Konkurrenz zu 153,12 € (einschließlich 16 % Umsatzsteuer) verkauft. Es wird uns ein gleiches Fabrikat angeboten, das in seinen Eigenschaften dem ersten gleicht. Wie viel dürfen wir dafür höchstens anlegen, wenn wir mit 2 % Bezugskosten, 18 % Geschäftskosten und 10 % Gewinn kalkulieren?

2 Ein Elektrogroßhändler kann Haartrockenhauben mit Stativ für 49,50 €/Stück absetzen. Welchen Bareinkaufspreis darf er höchstens anlegen, wenn er mit 24,5 % Geschäftskosten und 10 % Gewinn rechnet und seinen Kunden 2 % Skonto und 15 % Rabatt gewährt?

3 Ein Funkwecker hat einen vom Hersteller empfohlenen Richtpreis von 19,72 € einschließlich 16 % Umsatzsteuer. Welchen Listenpreis darf der Uhrengroßhändler dafür höchstens anlegen, wenn er mit folgenden Kalkulationssätzen rechnet: 15 % Kundenrabatt, 25 % Liefererrabatt, 3 % Kundenskonto, 2 % Liefererskonto, Lieferung frei Lager hier, 25 % Geschäftskosten und 10 % Gewinn?

4 Ermitteln Sie die Handelsspanne.

	Geschäfts-kosten	Gewinn	Vertreter-provision	Skonto	Rabatt
a)	22,5 %	8⅓ %	–	–	–
b)	31,8 %	10 %	3 %	–	–
c)	25 %	9,4 %	–	2 %	–
d)	36,5 %	12,5 %	5 %	3 %	–
e)	29,7 %	11,3 %	4 %	2,5 %	25 %

5 Ein Möbelgroßhändler möchte sein Sortiment um Luxusfernsehsessel erweitern. Die Konkurrenz bietet diesen Artikel zu 385,00 € an. Welchen Einkaufspreis darf der Händler höchstens anlegen, wenn er 25 % Kundenrabatt, 4 % Vertreterprovision, 2 % Kundenskonto, 12½ % Gewinn, 22 % Geschäftskosten und 16,00 € Bezugskosten je Stück berücksichtigen muss?

6 Ermitteln Sie die Handelsspanne und geben Sie jeweils an, welche Einzelsätze der Kalkulation einbezogen sind:

a) Barverkaufspreis 925,03 €
Bezugspreis 622,70 €
b) Zielverkaufspreis 71,12 €
Bezugspreis 48,17 €
c) Listenverkaufspreis 8.179,70 €
Bezugspreis 4.315,00 €
d) Barverkaufspreis + Vertreterprovision 313,45 €
Bezugspreis 168,75 €
e) Barverkaufspreis + Kundenskonto 5.721,00 €
Bezugspreis 3.100,00 €

7 Ein PC wird von der Konkurrenz mit 2.100,00 € angeboten. Zu welchem Listenpreis dürfen wir ein gleichwertiges Fabrikat höchstens einkaufen, wenn man uns 25 % Rabatt und 2½ % Skonto einräumt und wir mit folgenden Sätzen rechnen müssen: 20 % Kundenrabatt, 2% Skonto für unsere Kunden, Lieferung frei unser Lager, 38,4 % Geschäftskosten und 12½ % Gewinn?

8 Zu welchem Bareinkaufspreis wurde ein Artikel eingekauft, der einschließlich 7 % Umsatzsteuer mit 2,95 € je kg verkauft wird? Beim Einkauf sind 37,60 € Bezugskosten für 25 kg bezahlt worden. Wir kalkulieren mit 36,8 % Geschäftskosten, 8,5 % Gewinn und gewähren 3 % Rabatt an unsere Kunden.

9 Wie hoch ist der Bezugspreis und von welchem Verkaufspreis wird ausgegangen?

	Verkaufspreis	Handelsspanne
a)	8.756,00 €	aus Aufgabe 4 e
b)	321,80 €	aus Aufgabe 4 d
c)	52,00 €	aus Aufgabe 4 c
d)	1.381,70 €	aus Aufgabe 4 b
e)	2.500,00 €	aus Aufgabe 4 a

10 Ein Verbrauchermarkt bietet VHS-Videorekorder für 1.485,00 € an. Der Kalkulationsabschlag beträgt für diese Warengruppe 45,75 %. Berechnen Sie den Bezugspreis.

15.3.4 Differenzkalkulation

Es wurde schon gezeigt, dass Fälle vorkommen können, bei denen sowohl der Verkaufspreis als auch der Bezugspreis festliegen, d. h. nicht vom Großhändler beeinflusst werden können. Er muss beide hinnehmen und kann nur fragen, ob sich unter diesen Umständen ein angemessener Gewinn erzielen lässt oder nicht.

Von der Antwort wird es abhängen, ob er den Artikel in sein Sortiment aufnimmt bzw. weiterführt oder ob er auf das Geschäft verzichtet. Das kommt z. B. bei Waren vor, die nur von einem einzigen Hersteller (Monopolisten) angeboten werden und für die der Markt oder der Hersteller auch den Verkaufspreis diktiert. Hier ist die Kalkulation eine Differenzrechnung, deren Ziel die Feststellung des zu erwartenden Erfolges ist.

Beispiel
Ein Spielwarengroßhändler möchte den Bausatz eines Flugzeugs mit Funkfernsteuerung in sein Sortiment aufnehmen. Der einzige Hersteller schreibt in seinem Katalog einen Verkaufspreis von 226,20 € (einschl. 16 % Umsatzsteuer) für den Grundbausatz ohne elektronische Bauteile vor. Er gewährt dem Großhändler 40 % Rabatt und 2 % Skonto und liefert frei Empfangsstation. Das Rollgeld je Bausatz ist mit 1,50 € anzusetzen. Der Großhändler kalkuliert mit 18,4 % Geschäftskosten. Er gewährt dem Spielwareneinzelhändler 20 % Rabatt und 3 % Skonto.
Wie viel Euro und wie viel Prozent Gewinn hat der Großhändler?

Lösung

Zunächst muss der festgesetzte Verbraucherendpreis von der Umsatzsteuer entlastet werden:

Katalogpreis	226,20 €	– 116 %
– Umsatzsteuer	31,20 €	– 16 %
Listenpreis	195,00 €	– 100 %
= Listeneinkaufspreis		

$$\frac{226{,}20 \cdot 16}{116}$$

Lösungsschritte:

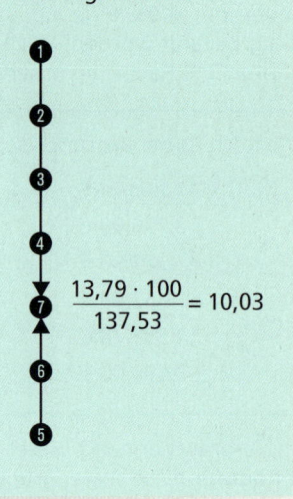

Listeneinkaufspreis	**195,00 €**
– 40 % ↑ Liefererrabatt	78,00 €
Zieleinkaufspreis	117,00 €
– 2 % ↑ Liefererskonto	2,34 €
Bareinkaufspreis	114,66 €
+ Bezugskosten	1,50 €
Bezugspreis	116,16 €
+ 18,4 % ↑ Geschäftskosten	21,37 €
Selbstkostenpreis	137,53 €
+ **10,03 %** ↑ Gewinn	**13,79 €**
Barverkaufspreis	151,32 €
+ 3 % ↓ Kundenskonto	4,68 €
Zielverkaufspreis	156,00 €
+ 20 % ↓ Kundenrabatt	39,00 €
Listenverkaufspreis	**195,00 €**

$$\frac{13{,}79 \cdot 100}{137{,}53} = 10{,}03$$

Merke

a) Das Schema aufschreiben, als wäre die Kalkulation eine Vorwärtsrechnung.
b) Das Schema **von oben und unten zur Mitte hin** ausfüllen.
c) **Alle** Schritte dieser Differenzrechnung sind Prozentrechnung vom reinen Grundwert.

1 Sicherheitsnackenstützen für Pkws haben einen vom Alleinhersteller empfohlenen Endpreis von 46,40 € (einschl. 16 % Umsatzsteuer). Wie viel Euro und wie viel Prozent beträgt der Gewinn einer Vertriebsorganisation, die beim Einkauf von 100 Stück mit 44,80 € Bezugskosten rechnen muss, 25 % Wiederverkäuferrabatt und 3 % Skonto bekommt, 12½ % Geschäftskosten abdecken muss und ihren Kunden bei Barzahlung 2 % Skonto gewährt?

2 Ein Heißwasserautomat mit 5l Inhalt hat einen vom Hersteller festgesetzten Listenpreis von 198,00 € (ohne Umsatzsteuer). Der Großhändler erhält 40 % Rabatt und bei vorzeitiger Zahlung 2½ % Skonto. Beim Einkauf von 10 Automaten entstehen Bezugskosten in Höhe von 139,50 €. Der Großhändler kalkuliert mit 18,5 % Geschäftskosten und gewährt seinen Kunden 10 % Rabatt und 2 % Skonto. Wie viel Prozent Gewinn bringt dem Großhändler der Vertrieb dieses Artikels?

3 CD-Player werden vom Hersteller zu 295,00 € frei Lager des Kunden angeboten. Der Großhändler erhält 35 % Rabatt und 2 % Skonto. Er muss 22,4 % Geschäftskosten abdecken. Die Konkurrenz liefert dieses Gerät zu 298,00 € mit 15 % Rabatt an den Einzelhandel, der bei vorzeitiger Zahlung außerdem 3 % Skonto in Anspruch nehmen kann.
Kann der Großhändler mit diesem Preis seines Konkurrenten mithalten?

4 Spirituosen werden vom Alleinhersteller zu 9,75 € je $1/1$-Flasche angeboten. Der Getränkegroßhandel erhält 30 % Rabatt. Der Hersteller liefert frei Empfangsstation und verlangt Zahlung innerhalb von 10 Tagen ohne Abzug. Das Rollgeld beträgt bei 100 Kartons zu je 20 Flaschen 42,65 €. Der Großhändler arbeitet zurzeit mit 21,6 % Geschäftskosten.
Lohnt sich für ihn der Vertrieb dieses Artikels, wenn er an einen Verbrauchermarkt bei Mindestabnahme von 100 Kartons zu einem Preis von 212,00 € je Karton liefern könnte und dabei 15 % Rabatt und 3 % Skonto gewähren müsste?

5 Ein Fotohändler beabsichtigt eine Digitalkamera in sein Sortiment aufzunehmen, die vom Herstellerwerk zu 560,00 € zuzüglich Umsatzsteuer angeboten wird. Der Händler erhält 40 % Rabatt und 2 % Skonto. Die Konkurrenz verkauft diese Kamera zu 510,00 € und gewährt den Kunden 10 % Rabatt und 3 % Skonto.
Wie viel Gewinn (€/Stück und Prozent) bleibt dem Händler, wenn er $23\frac{1}{2}$ % Geschäftskosten decken muss?

6 Ein Importeur übernimmt das Alleinvertriebsrecht eines ausländischen Erzeugnisses und verpflichtet sich zu dem vom Hersteller festgesetzten Exportpreis von 118,32 € einschließlich 16 % Umsatzsteuer je Stück zu verkaufen. Auf diesen Preis frei Grenze bekommt er bei der Einfuhr 45 % Rabatt. Die Bezugskosten ab Grenze betragen je Stück voraussichtlich 6,40 €.
Wie viel Prozent Gewinn wirft der Vertrieb dieses Artikels ab, wenn der Importeur 21 % Geschäftskosten decken muss und seinen Kunden 15 % Rabatt und bei vorzeitiger Zahlung 3 % Skonto gewährt?

7 Eine Möbelfabrik bietet ein vierteiliges Schlafzimmer mit sechstürigem Hochschrank zu 1.241,20 € einschließlich 16 % Umsatzsteuer an. Der Großhändler erhält 40 % Rabatt und ein Zahlungsziel von 30 Tagen. Bei vorzeitiger Zahlung innerhalb von 10 Tagen können 2 % Skonto abgezogen werden. Die Lieferung erfolgt frei Lager des Großhändlers.
Wie viel Gewinn (Euro und Prozent) bringt diesem der Verkauf des Schlafzimmers, wenn er mit 17,5 % Geschäftskosten kalkuliert und dem Einzelhändler 25 % Rabatt und $2\frac{1}{2}$ % Skonto gewährt?

8 Ein Sanitärgroßhändler bezieht 25 Stück Elektroheißwasserspeicher zu 398,00 € je Stück frei Empfangsstation. Er erhält 25 % Rabatt und 2 % Skonto. Für Rollgeld bezahlt er 24,70 €, für anteilige Verpackungskosten 15,40 €.
Berechnen Sie den Gewinn je Stück und in Prozent, wenn 28,4 % Geschäftskosten zu decken sind und die Geräte zu 485,00 € je Stück mit 10 % Rabatt und 3 % Skonto verkauft werden.

15.4 Deckungsbeitragsrechnung

Die bisher dargestellte Kalkulation zielte darauf ab, die Kosten einer Periode vollständig zu erfassen und einer Ware oder Warengruppe zuzurechnen.

Diese **Vollkostenrechnung** geht davon aus, dass ein Unternehmen den Preis bestimmen kann und der Markt ihn auch akzeptiert. Bei schlechter Auftragslage und schwankendem Absatz bleibt ein großer Teil der Gemeinkosten dennoch konstant. Die **Kosten der Betriebsbereitschaft (= fixe Kosten)** fallen auch dann an, wenn der Absatz ganz zurückgeht. Will ein Unternehmen in dieser Situation weiter bestehen, so muss es sich dem Markt durch Preissenkung bei der betreffenden Ware bzw. Warengruppe anpassen.

Nach den bisher dargestellten Kalkulationsverfahren müsste aber bei geringerem Wareneinsatz und gleich bleibenden Gemeinkosten ein höherer Geschäftskostenzuschlag verwendet werden. Das aber würde zu höheren Preisen und damit zu einer falschen Preispolitik führen.

Beispiel

$$\text{Geschäftskostenzuschlag} = \frac{\text{Summe der Gemeinkosten} \cdot 100}{\text{Wareneinsatz}}$$

Situation I: Summe der Gemeinkosten: 140.000,00 €
Wareneinsatz: 820.000,00 €

$$\text{Geschäftskostenzuschlag} = \frac{140.000 \cdot 100}{820.000} = 17{,}07\ \%$$

Situation II: Summe der Gemeinkosten: 140.000,00 €
Wareneinsatz: 680.000,00 €

$$\text{Geschäftskostenzuschlag} = \frac{140.000 \cdot 100}{680.000} = 20{,}59\ \%$$

Der geringere Wareneinsatz in der zweiten Situation wird durch den höheren Kostenzuschlag erheblich verteuert und die Marktsituation des Unternehmens weiter verschlechtert.

Die **Vollkostenrechnung** gibt auch keine Auskunft darüber, wo die **Preisuntergrenze** für einen Artikel liegt, bei der sich die Aufnahme in das **Sortiment** gerade noch lohnt. Dabei geht man von der Überlegung aus, dass der Preis einer Ware mindestens so hoch sein muss, dass die Einzelkosten (Warenkosten + Bezugskosten) und die Sondereinzelkosten (z. B. Provisionen) gedeckt sind. Die übrigen Kosten (Gemeinkosten) müssen bei dieser Berechnung vom Gesamtumsatz getragen werden.

Will man sich den schwankenden Bedingungen des Marktes anpassen, so muss in Zeiten des konjunkturellen Rückgangs auf die Kalkulation kostendeckender Preise verzichtet werden. Bei sinkenden Marktpreisen muss das Gewinnstreben kurzfristig zurücktreten und die Erhaltung der Arbeitsplätze vorrangig sein.

Ein durch marktgerechte Preise erzielter zusätzlicher Umsatz bringt nicht unbedingt auch einen Gewinn, trägt aber dazu bei, die fixen Kosten auf mehr Produkte zu verteilen und dadurch den Anteil der fixen Kosten je Wareneinheit zu senken.

Die **Teilkostenrechnung** versetzt ein Unternehmen in die Lage, den **Marktpreis** zur Grundlage der Kostenrechnung zu machen. Nach Berücksichtigung der Einzelkosten (= veränderliche – variable – Kosten, da sie mengenabhängig sind) kann man feststellen, ob die fixen Kosten teilweise oder vollständig gedeckt sind und eventuell sogar ein Gewinn anfällt.

Mithilfe der Teilkostenrechnung wird für eine Ware oder eine Warengruppe der **Deckungsbeitrag** ermittelt:

	Verkaufserlöse
−	veränderliche Kosten
=	**Deckungsbeitrag**
−	fixe Kosten
=	Gewinn

Folgende Fälle sind hierbei zu unterscheiden:

a) Verkaufserlöse = veränderliche Kosten
 Die fixen Kosten sind nicht gedeckt;
 es tritt ein Verlust in Höhe der fixen Kosten ein.
b) Verkaufserlöse > veränderliche Kosten
 Die fixen Kosten werden teilweise oder ganz gedeckt;
 nach voller Deckung der Fixkosten: Gewinn als Überschuss.

> **Merke**
> Es lohnt, eine Ware im Sortiment zu halten, solange sie einen Deckungsbeitrag erzielt.

Bereits bei der kritischen Beurteilung der Vollkostenrechnung wurde bemängelt, dass diese Methode nichts darüber aussagt, in welchem Umfang der Preis der Waren in einer konjunkturellen Krise gesenkt werden kann, ohne das Unternehmen zu gefährden.

Mithilfe der Deckungsbeitragsrechnung lässt sich für jede Ware bzw. Warengruppe ermitteln, welche **Preisuntergrenze** kurzfristig oder langfristig gesetzt werden muss.

Erhofft ein Unternehmen, eine schlechte wirtschaftliche Situation durch erhebliche Preisnachlässe schnell überwinden zu können, so wird es den Preis eventuell so weit senken, dass nur noch die variablen Kosten (Einzelkosten) gedeckt sind. Es tritt ein Verlust bis zur Höhe der gesamten fixen Kosten (Gemeinkosten) ein.

> **Merke**
> Bei der **kurzfristigen Preisuntergrenze** werden nur die variablen Kosten gedeckt.

Dieses Marktverhalten kann eine Unternehmung nur einen kurzen Zeitraum durchstehen. Sie muss bemüht sein alle anfallenden Kosten zu decken, sodass keine Verluste eintreten. Der Verzicht auf Gewinn trägt dann dazu bei, Arbeitsplätze zu erhalten und die Existenz des Betriebes zu sichern.

> **Merke**
> Die **langfristige Preisuntergrenze** sichert die Deckung aller anfallenden Kosten.

Es ist für den Großhandel selbstverständlich, sein **Sortiment** so zu gestalten, dass möglichst viele Kunden zufrieden gestellt werden können. Dennoch ist es erforderlich, zu überprüfen, in welchem Maße die verschiedenen Waren oder Warengruppen zum Gesamtergebnis eines Unternehmens beitragen. Auf lange Sicht sollte darum geprüft werden, welche Deckungsbeiträge im Einzelnen erwirtschaftet werden und welche Konsequenzen sich hieraus für die Gestaltung des Sortiments ergeben.

1 Aus der Kostenrechnung stehen für eine Ware folgende Zahlen eines Quartals zur Verfügung:

Monat	Absatz (Stück)	Einzelkosten pro Stück	Gemeinkosten (fixe Kosten)	Preis/Stück
Januar	12 000	22,00 €	180.000,00 €	38,00 €
Februar	13 000	21,50 €	180.000,00 €	38,00 €
März	14 000	20,00 €	180.000,00 €	36,00 €

a) Berechnen Sie den Deckungsbeitrag pro Stück für jeden Monat.
b) Wie hoch ist der monatliche Erfolg?
c) Wegen saisonaler Schwankungen wird für April ein Rückgang im Absatz auf 10 000 Stück erwartet. Wie hoch ist der Deckungsbeitrag, wenn Kosten und Preis vom März konstat bleiben? Wird ein Gewinn erzielt?
d) Welche Anzahl muss im 1. Quartal monatlich umgesetzt werden, damit alle Kosten gedeckt sind?

2 Ein Großhandelsbetrieb führt drei Artikel. Für eine Abrechnungsperiode gelten folgende Daten:

Warengruppe	A	B	C
Verkaufte Menge	14 200 kg	8 300 kg	16 800 kg
Einzelkosten	45,00 €/100 kg	52,00 €/100 kg	34,00 €/100 kg
Nettoverkaufspreis	67,00 €/100 kg	74,00 €/100 kg	55,00 €/100 kg

Die Gemeinkosten betragen 5.500,00 € und sind im Verhältnis 4 : 2 : 5 auf die Produkte zu verteilen.

a) Wie hoch sind der Deckungsbeitrag und der Gewinnanteil pro 100 kg jeder Ware?
b) Wie hoch sind der Gesamtgewinn und der Gewinn jeder Ware insgesamt?
c) Berechnen Sie für jeden Artikel, bei welchem Absatz alle Kosten gedeckt sind.

3 Ein Unternehmen kauft ein Produkt für 28,50 € pro Stück ein. Für eine Abrechnungsperiode (ein Monat) fallen 14.700,00 € Gemeinkosten (fixe Kosten) an. Der monatliche Absatz wird mit 3 000 Stück veranschlagt.

a) Ermitteln Sie die kurzfristige und die langfristige Preisuntergrenze.
b) Zu welchem Nettopreis wird das Produkt angeboten, wenn mit 12 % Gewinn gerechnet wird?

4 Die Konkurrenz bietet ein Erzeugnis für 320,00 € an. Welchen Deckungsbeitrag erzielen wir, wenn unser Absatz monatlich 140 Stück beträgt und wir mit Einzelkosten von 285,00 €/Stück kalkulieren?

Ein Großhandelsbetrieb führt fünf Warengruppen, für die folgende Werte einer Abrechnungsperiode vorliegen:

Warengruppe	A	B	C	D	E
Menge (Stück)	1 200	1 700	800	2 400	1 900
Preis/Stück (€)	14,80	28,30	19,40	24,70	30,40
Einzelkosten (€)	9,40	21,20	14,30	19,10	24,70
Gemeinkosten	1.680,00	4.420,00	1.680,00	5.040,00	1.330,00

a) Berechnen Sie den Deckungsbeitrag und den Gewinn für jede Warengruppe.
b) Ordnen Sie die Warengruppen nach Deckungsbeiträgen und Gewinnanteilen.
c) Welche Folgerungen lassen sich für die Sortimentsgestaltung ziehen?

15.5 Muster- und Prüfungsaufgaben

Wir beziehen 500 Autoatlanten. Die Rechnung lautet über 4.320,00 €. Bei Zahlung innerhalb von 10 Tagen werden uns 3 % Skonto gewährt. Die Lieferung erfolgt ab Lager des Herstellers. Die Bezugskosten betragen 10,80 €.
Zu welchem Preis können wir einen Atlas an Mitglieder eines Automobilclubs anbieten, wenn wir mit einem Kalkulationszuschlag von 42,5 % arbeiten und 20 % Rabatt einräumen?

Ein Großhändler bestellt 15 vollautomatische Waschmaschinen zu 750,00 €/Stück ab Werk. Jede Maschine wiegt einschließlich Verpackung 98 kg. Er erhält 30 % Rabatt und bei Zahlung innerhalb von 10 Tagen 2½ % Skonto. Die Frachtkosten betragen 18,05 €/100 kg. Als Rollgeld werden 42,90 € berechnet. Für Transportversicherung sind 1,5 % vom Zieleinkaufspreis zuzüglich 10 % für den erwarteten Gewinn und 15 % Versicherungsteuer zu zahlen.
Berechnen Sie den Bezugspreis einer Waschmaschine.

Hansen & Co. wollen tragbare Farbfernsehgeräte mit Videotext und Sendersuchlauf in ihr Lieferprogramm aufnehmen, die von den Konkurrenten zu 500,00 € mit 15 % Rabatt und 3 % Skonto bei vorzeitiger Zahlung angeboten werden.
Zu welchem Bezugspreis dürfen sie solche Geräte höchstens einkaufen, wenn sie mit 23,25 % Geschäftskosten kalkulieren und 10 % Gewinn erzielen wollen?

Ein Textilgroßhändler bezieht 250 Packungen Frottiertücher. Jede Packung enthält 3 Tücher aus reiner Baumwolle in drei Farben sortiert. Der Hersteller berechnet einen Listenpreis von 9,90 € je Packung und gewährt 35 % Rabatt. Der Rechnungsbetrag ist innerhalb von zehn Tagen ohne Abzug fällig. Die Lieferung erfolgt ab Werk. Es entstehen 76,80 € Frachtkosten und 10,50 € Rollgeld.
Mit welchem Preis wird der Großhändler eine Packung in seine Preisliste aufnehmen, wenn er 20 % Rabatt und 3 % Skonto gewährt, mit 25,6 % Geschäftskosten und 7½ % Gewinn kalkuliert und 5 % Vertreterprovision vergüten muss?

5 Eine Porzellangroßhandlung zahlt ihren Vertretern 6½ % Provision, gewährt ihren Kunden 15 % Rabatt und bis zu 3 % Skonto. Sie kalkuliert mit einem Geschäftskostensatz von 18,3 % und mit 10 % Gewinn.

Rechnen Sie diese Sätze in einen Kalkulationsfaktor um und berechnen Sie mit dessen Hilfe die Listenverkaufspreise für

a) ein Tafelservice für 12 Personen (Bezugspreis 284,65 €),
b) ein Fondueset (Bezugspreis 38,20 €).

6 Schmidt & Sohn beziehen in einer gemeinsamen Sendung 200 Packungen Nürnberger Lebkuchen (24 Stück je Packung, ca. 600 g) und 125 Stück Christstollen (je 750 g). Die Lebkuchen kosten 6,75 € je Packung, der Christstollen 4,48 € je Stück. Schmidt & Sohn erhalten 35 % Rabatt und 2 % Skonto. Es entstehen folgende Bezugskosten: 18,60 € Fracht und 6,25 € anteilige Verpackungskosten.

Berechnen Sie den Bezugspreis je Packung Lebkuchen und je Christstollen.

7 Eine Möbelfabrik bietet einen Wohnzimmerschrank im altdeutschen Stil zu 1.500,00 € an. Der Großhändler erhält 40 % Rabatt und ein Zahlungsziel von 10 Tagen netto.

Wie viel Gewinn (Euro und Prozent) wird erzielt, wenn der Schrank an Möbelgeschäfte zum selben Listenpreis mit 25 % Rabatt und 3 % Skonto verkauft wird und dabei noch 14,8 % Geschäftskosten gedeckt werden müssen?

8 Ein Süßwarengroßhändler kauft 250 Packungen Kaugummi zu je 20 Packungen (mit je 5 Streifen) mit Pfefferminzgeschmack. Der Listeneinkaufspreis beträgt 945,00 €. Der Hersteller gewährt 25 % Rabatt und 2 % Skonto. Die Bezugskosten betragen 12,40 €.

Berechnen Sie den Bezugspreis für ein Päckchen Kaugummi.

9 Die Schmidt OHG möchte original westfälischen Knochenschinken in ihr Sortiment aufnehmen. Die Konkurrenz verkauft diesen Artikel bereits zu einem kg-Preis von 11,20 € mit 15 % Rabatt und 3 % Skonto. Die Schmidt OHG arbeitet zurzeit mit einem Kalkulationszuschlag von 28,4 %. Ihr werden Schinken von 5,5 kg Gewicht angeboten.

Welchen Bezugspreis darf sie dafür höchstens anlegen?

10 Zu jedem Kalkulationszuschlagssatz gehört eine entsprechende Handelsspanne und umgekehrt. Ergänzen Sie:

Kalkulationszuschlag	33⅓ %	66⅔ %	20 %	?	28,5 %
Handelsspanne	25 %	?	?	35 %	?

11 Ein Reifengroßhändler bezieht 200 Stück Textilgürtelreifen Größe 165 SR 14. Der Hersteller gewährt auf den Listeneinkaufspreis von 9.500,00 € 35 % Rabatt. Die Zahlung soll innerhalb von 14 Tagen netto erfolgen. Der Hersteller liefert ab Bezirksauslieferungslager. Es entstehen 228,50 € Bezugskosten ab Bezirksauslieferungslager.

Zu welchem Preis kann der Großhändler einen Reifen Tankstellen und Kfz-Werkstätten anbieten, wenn er mit 23,8 % Geschäftskosten und 12½ % Gewinn kalkuliert? Er zahlt seinen Vertretern 5 % Provision und räumt seinen Kunden bis zu 3 % Skonto und 20 % Rabatt ein.

16 Kostenrechnung im Fertigungsbetrieb

Die Industriekalkulation unterscheidet sich von der Kalkulation des Warenhandels dadurch, dass ihr Ziel in erster Linie die genaue Berechnung der Kosten ist, welche die Herstellung eines bestimmten Erzeugnisses verursacht hat. Durch den Produktionsprozess, der sich zwischen Einkauf des Fertigungsmaterials und Verkauf der Fertigfabrikate einschiebt, entstehen **Materialkosten, Fertigungslöhne** („produktive" Löhne) und so genannte **Fertigungsgemeinkosten,** d.h. allgemeine Betriebskosten wie Strom-, Gas-, Wasserverbrauch, Öle, Fette, Schweißmaterial, Brennstoffe, Treibstoffe, Reparaturen, Abschreibungen auf Maschinen und Fabrikanlagen, Werkzeugverbrauch u. a.

Die Ermittlung des Verkaufspreises für das fertige Erzeugnis erfolgt dagegen in der gleichen Weise wie beim Warenhandel, d. h. durch prozentuale Zuschläge für allgemeine Geschäftskosten, Gewinn und Sondereinzelkosten des Vertriebs (vgl. Kalkulationsschema auf Seite 188).

Nach dem Zeitpunkt der Kalkulation unterscheidet man:

a) die **Vorkalkulation,** die die voraussichtlich entstehenden Kosten zu ermitteln sucht (Voranschlag) und die Grundlage für die Abgabe von Angeboten bildet, und

b) die **Nachkalkulation** aufgrund der bei der Herstellung tatsächlich entstandenen Kosten. Sie dient der Nachprüfung der Zahlenwerte der Vorkalkulation.

Nach der Art, wie die Kosten für das einzelne Erzeugnis, den Kostenträger, ermittelt werden, unterscheidet man:

a) die **Divisionskalkulation** und

b) die **Zuschlagskalkulation.**

16.1 Divisionskalkulation

Bei der Divisionskalkulation handelt es sich um jene Methode der Kalkulation, bei der die sämtlichen in einem bestimmten Zeitabschnitt angefallenen Kosten durch die Menge der in dem gleichen Zeitabschnitt hergestellten Erzeugnisse geteilt werden. Sie kommt naturgemäß nur in Unternehmen zur Anwendung, die einheitliche Erzeugnisse (z. B. Gas, Wasser, Strom, Bier) in Massen herstellen.

Beispiel

In einem Fabrikbetrieb werden Massenartikel hergestellt, und zwar in einer bestimmten Zeitspanne 84 600 Artikel gleicher Art. Die Herstellung verursachte: Aufwand an Werkstoffen für 26.300,00 €, an Löhnen für 7.950,00 €, an allgemeinen Betriebskosten 5.180,00 €. Es sind zu berücksichtigen: 6 % Geschäftskosten und 25 % Gewinn.

Berechnen Sie:

a) den Herstellwert je Stück,

b) den Selbstkostenwert je Stück,

c) den Verkaufspreis je Stück.

Lösung

Material .... =	26.300,00 €	
Löhne	7.950,00 €	
Betriebskosten .... =	5.180,00 €	
....	39.430,00 €	(Herstellwert)
+ 6 % Geschäftskosten ...... =	2.365,80 €	
....	41.795,80 €	(Selbstkostenwert)
+ 25 % Gewinn .... =	10.448,95 €	
....	52.244,75 €	(Barverkaufspreis)

Herstellwert je Stück = 0,47 €
Selbstkostenwert je Stück = 0,49 €
Verkaufspreis je Stück = 0,62 €

---

1 In einer Fabrik werden in einem bestimmten Produktionsabschnitt 120 000 Fabrikate gleicher Art hergestellt. Diese Herstellung erfordert 98.640,00 € Werkstoffkosten, 31.520,00 € Löhne und 16.210,00 € Fertigungsgemeinkosten. Weiter sind zu berücksichtigen: 10 % allgemeine Geschäftskosten und 20 % Gewinnzuschlag.

a) Berechnen Sie den Verkaufspreis je Stück.

b) Auf wie viel Prozent ermäßigt sich unser Gewinn, wenn für 1 Stück nur ein Verkaufspreis von 1,55 € erzielt werden kann?

2 In einer Brauerei sind in dem Zeitabschnitt vom 1. Okt. ... bis 31. Dez. ... die folgenden Kosten entstanden:

Strom	....	9.410,61 €	Übertrag	168.735,22 €
Kohle	....	7.999,62 €	Biersteuer	58.827,20 €
Betriebsaufw.	....	14.387,26 €	Haustrunk und	
Löhne	....	48.034,16 €	Freibier	5.526,90 €
Gehälter[1]	....	31.826,75 €	Malz	102.682,10 €
Reparaturen	....	13.287,71 €	Hopfen	18.849,37 €
Vertriebskosten	....	23.000,87 €	Braumaterial	66,50 €
Verw.-Kosten	....	10.069,23 €	....	354.687,29 €
Versicherungen[2]	....	1.590,00 €		
Geschäftsteuern	....	9.129,01 €	Biererzeugung: 3 954 hl	
zu übertragen:	....	168.735,22 €		

Erlös aus Bierverkauf: .... 402.331,00 €.

a) Berechnen Sie den Herstellpreis für 1 hl Bier.

b) Berechnen Sie den Selbstkostenpreis für 1 hl Bier.

---

1 $\frac{2}{5}$ entfallen auf den Betrieb, $\frac{3}{5}$ auf Verwaltung

2 $\frac{3}{4}$ auf Betrieb, $\frac{1}{4}$ auf Verwaltung

16.2 Kalkulation mit Äquivalenzziffern

Die Divisionskalkulation kann auch angewandt werden, wenn Erzeugnisse aus gleichem Werkstoff bei annähernd gleichem Herstellungsprozess verschieden in ihrer Verwendbarkeit oder Güte sind. Durch Äquivalenz- oder Angleichungsziffern können die Produktionsunterschiede ausgeglichen werden. Solche Kalkulationen können bei Ziegeleien, Steinbruchbetrieben, Stahlwerken, Brauereien, Zuckerwarenfabriken usw. vorkommen.

Beispiel

In einem Odenwälder Steinbruch werden in einem bestimmten Zeitabschnitt 1 000 m^3 Steine gewonnen. Je nach Ausfall der Sprengung und Lage des Gesteins ergeben sich Blöcke zur Plattenherstellung, in Farbe besonders schöne Stücke für Grabdenkmäler und Randsteine für den Straßenbau. Die Betriebskosten betragen 120.000,00 €, das Abfallgestein kann zu 5.000,00 € verkauft werden. In ihrem Verkaufswert verhalten sich die gewonnenen Sorten wie die nachstehenden Äquivalenzzahlen:

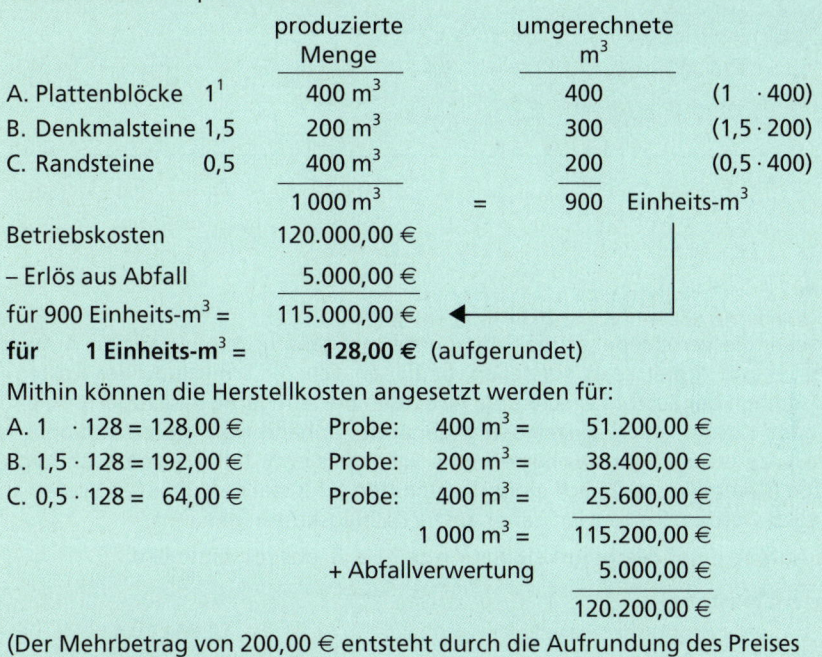

		produzierte Menge		umgerechnete m^3	
A. Plattenblöcke	1[1]	400 m^3		400	(1 · 400)
B. Denkmalsteine	1,5	200 m^3		300	(1,5 · 200)
C. Randsteine	0,5	400 m^3		200	(0,5 · 400)
		1 000 m^3	=	900	Einheits-m^3

Betriebskosten	120.000,00 €
– Erlös aus Abfall	5.000,00 €
für 900 Einheits-m^3 =	115.000,00 €
für 1 Einheits-m^3 =	**128,00 €** (aufgerundet)

Mithin können die Herstellkosten angesetzt werden für:

A. 1 · 128 = 128,00 €	Probe: 400 m^3 =	51.200,00 €
B. 1,5 · 128 = 192,00 €	Probe: 200 m^3 =	38.400,00 €
C. 0,5 · 128 = 64,00 €	Probe: 400 m^3 =	25.600,00 €
	1 000 m^3 =	115.200,00 €
	+ Abfallverwertung	5.000,00 €
		120.200,00 €

(Der Mehrbetrag von 200,00 € entsteht durch die Aufrundung des Preises für 1 Einheits-m^3 auf 128,00 €.)

Eine Brauerei erzeugt 80 000 hl Bier in 3 Sorten:

1. Lagerbier, hell   25 000 hl
2. Lagerbier, dunkel   53 000 hl
3. Schankbier   2 000 hl

Aufgrund ihrer Feststellungen berechnet die Brauerei die Angleichungsziffern 1,2 : 1 : 0,8.

Die Selbstkosten betragen 7.821.200,00 €.

a) Wie hoch ist der Selbstkostenpreis für 1 hl jeder Sorte?
b) Wie viel Prozent der Selbstkosten beträgt der Gewinn, wenn beim Verkauf 8.763.655,00 € (Barverkaufspreis) erzielt wurden?

---

[1] Die – unterschiedlichen – Kosten der 3 Sorten verhalten sich wie 1 : 1,5 : 0,5.

2 In einem Textilbetrieb werden 37 000 m Band in zwei Qualitäten hergestellt. Die Gesamtkosten setzen sich zusammen aus Material 5.745,00 €, Fertigungslöhnen 10.497,00 €, Kraftstrom 948,00 €, Abschreibungen 1.512,00 €, sonstige Kosten einschließlich Verwaltungskosten 7.345,00 €. Äquivalenzziffern für die 1. Sorte = 1, für die 2. Sorte = 0,75. Von der 1. Sorte werden 11 000 m, von der 2. Sorte 26 000 m hergestellt. Wie hoch sind die Selbstkosten je m?

3 Eine Metallwarenfabrik stellt Massenartikel in vier Typen her. Materialkosten 67.000,00 €, Fertigungslöhne 14.728,00 €, Fertigungsgemeinkosten 43.196,00 €, Verwaltungs- und Vertriebsgemeinkosten 16.431,00 €.

Wie hoch sind die Selbstkosten je Stück?

Type	Herstellung	Äquivalenzziffer
I	15 000 Stück	0,8
II	37 000 Stück	1
III	20 000 Stück	1,5
IV	3 000 Stück	2

16.3 Zuschlagskalkulation

Betriebe, die verschiedenartige Erzeugnisse mit ganz unterschiedlichen Aufwendungen an Material und Arbeitskraft herstellen, bedienen sich zur Ermittlung der Kosten für die Leistungseinheit der Zuschlagsrechnung. Ihr Wesen besteht darin, dass zunächst die so genannten direkten Kosten, auch **Einzelkosten** genannt, anhand von Aufzeichnungen (Lohnzettel, Materialzettel u. a.) für das betreffende Erzeugnis ermittelt werden, während alle übrigen Kosten **(Gemeinkosten)** nach einem geeigneten Schlüssel den direkten Kosten anteilig zugeschlagen werden. Sie werden daher auch Zuschlagskosten genannt.

Den Aufbau einer Zuschlagskalkulation zeigt z. B. das folgende Bild:

Materialkosten:		
Fertigungsmaterial	10.000,00 €	
+ 5 % Materialgemeinkosten	500,00 €	10.500,00 €
Fertigungskosten:		
Fertigungslöhne	2.500,00 €	
+ 120 % Fertigungsgemeinkosten	3.000,00 €	5.500,00 €
Herstellkosten	16.000,00 €	
Verwaltungs- und Vertriebsgemeinkosten:		
10 % der Herstellkosten		1.600,00 €
Selbstkosten		17.600,00 €
Gewinnzuschlag $12\frac{1}{2}$ %		2.200,00 €
Barverkaufspreis		19.800,00 €
Sondereinzelkosten des Vertriebs (Ausgangsfracht, Provision usw.)		1.960,00 €
Listenverkaufspreis		21.760,00 €

16.3.1 Kostenartenrechnung

16.3.1.1 Einzelkosten

sind vor allem das Fertigungsmaterial und die Fertigungslöhne (auch „produktive" Löhne genannt).

Die **Materialkosten** setzen sich aus den Beschaffungskosten für Rohstoffe, für fertig bezogene Zubehörteile und Einbauteile zusammen.

Fertigungslöhne sind die Löhne (Zeitlöhne und Akkordlöhne), die bei der Herstellung, Be- und Verarbeitung der einzelnen Erzeugnisse unmittelbar aufgewendet werden. Die Berechnung der Zeitlöhne bietet keine Schwierigkeiten (Stückbegleitkarten, Laufzettel).

Beim **Akkordlohn** unterscheidet man Stücklohn und Stückzeitlohn. Beim **Stücklohn** wird nach einem vereinbarten festen Satz die Leistung (je Stück, kg, m) ohne Rücksicht auf die tatsächlich benötigte Arbeitszeit bezahlt.

> **Beispiel**
> Hergestellt wurden 255 Stück zum Akkordsatz von 2,87 € je Stück. Dann ist der Lohn für diese Arbeit 255 · 2,87 = 731,85 €.

Beim **Stückzeitakkord** werden in der Abteilung Arbeitsvorbereitung die einzelnen Arbeitsgänge eines Werkstückes festgelegt, durch „Zeitaufnahmen" bestimmte Normalzeiten ermittelt, dann wird ein Minutenfaktor angesetzt. Für das Einrichten der Maschine, Bereitlegen von Werkzeugen usw. wird eine **Rüstzeit** zugegeben. Der Lohn errechnet sich dann nach der Formel:

Stückzahl · (Vorgabezeit + Rüstzeit) · Lohnfaktor = Lohn

> **Beispiel**
> Vorgabezeit 125 Minuten je 100 Stück   Lohnfaktor: 2,57 Cent
> Rüstzeit: 5 Minuten je 100 Stück   Stückzahl: 300
> 3 · (125 + 5) · 2,57 = 390 · 2,57 = 1.002,3 Cent
> Der Akkordlohn beträgt also 10,02 €.

Berechnen Sie die Akkordlöhne auf folgender Liste und ermitteln Sie die Lohnsumme (Es handelt sich bei jedem Posten um ein anderes Werkstück.).

Stückzahl	in Minuten je 100 Stück		Geldfaktor in Cent
	Rüstzeit	Vorgabezeit	
25	25,0	1 800,0	4,12
22	15,0	1 050,0	4,12
14	25,0	2 500,0	4,12
50	12,5	2 550,0	4,12
412	10,0	36,0	2,20
3 520	15,0	54,0	2,20
197	12,5	100,0	2,42
1 115	15,0	54,0	2,42

Zu den Einzelkosten gehören auch die **Sondereinzelkosten der Fertigung** (besondere Modellkosten, Schablonen, Schnitte, Sonderwerkzeuge, Entwicklungs- und Entwurfskosten, Montagekosten) und die **Sondereinzelkosten des Vertriebs** (Verpackung, Ausgangsfrachten, Vertreterprovisionen).

16.3.1.2 Gemeinkosten

sind Kosten, die für mehrere oder für alle Erzeugnisse aufgewandt werden und deshalb nicht einem bestimmten Erzeugnis zugerechnet werden können. Sie müssen nach einem bestimmten Schlüssel verteilt und den einzelnen Erzeugnissen anteilig zugeschlagen werden.

Die Gemeinkosten werden gegliedert in:

- **Materialgemeinkosten**
  = Kosten, die beim Einkauf, bei der Verwaltung und Ausgabe der Materialien entstehen;

- **Fertigungsgemeinkosten** (Betriebskosten)
  = Kosten, die bei der Fertigung entstehen, wie z. B. für Strom-, Gas-, Wasserverbrauch, Abschreibungen auf Maschinen, Hilfslöhne, Reparaturen u. a.;

- **Verwaltungs- und Vertriebsgemeinkosten**
  = Kosten der kaufmännischen Verwaltung und des Vertriebs (Versandkosten, Verpackungskosten, Werbungskosten, Kosten der Verkaufsabteilung u. a.).

Abschreibungen werden gewöhnlich in gleichen Prozentsätzen vom Anschaffungswert errechnet. Das ergibt dann **gleich bleibende** Abschreibungsquoten = **lineare Abschreibung**. Wenn wir dagegen vom jeweiligen letzten Buchwert abschreiben, ergeben sich **fallende** Abschreibungsquoten = **degressive Abschreibung**.

Beispiel

Anschaffungswert einer Maschine 10.000,00 €; Nutzungsdauer 5 Jahre; Abschreibungssatz (linear): 20 %.

	linear 20 %	degressiv 20 %	degressiv 30 %
Anschaffungswert	10.000,00	10.000,00	10.000,00
1. Abschreibung	2.000,00	2.000,00	3.000,00
Restbuchwert	8.000,00	8.000,00	7.000,00
2. Abschreibung	2.000,00	1.600,00	2.100,00
Restbuchwert	6.000,00	6.400,00	4.900,00
3. Abschreibung	2.000,00	1.280,00	1.470,00
Restbuchwert	4.000,00	5.120,00	3.430,00
4. Abschreibung	2.000,00	1.024,00	1.029,00
Restbuchwert	2.000,00	4.096,00	2.401,00
5. Abschreibung	2.000,00[1]	819,20	720,30
Buchwert Ende d. 5.	—	3.276,80	1.680,70

1 Tatsächlich werden nur 1.999,00 € abgeschrieben (Warum?).

Eine gemilderte Form der geometrisch degressiven Abschreibung ist die arithmetisch degressive (digitale)[1] Abschreibung.

Verfahren: $\dfrac{\text{Anschaffungswert}}{\text{Summe der Nutzungsjahre}} = \dfrac{10.000}{1+2+3+4+5} = \dfrac{10.000}{15} = 666,67$

Das ist der Abschreibungsbetrag im letzten Jahr (= Degressionsbetrag).

$5/15$ des Anschaffungswertes = $33\,1/3$ % Abschreibung im 1. Jahr,
$4/15$ des Anschaffungswertes = $26\,2/3$ % Abschreibung im 2. Jahr,
$3/15$ des Anschaffungswertes = 20   % Abschreibung im 3. Jahr

usw.

Ergänzen Sie nunmehr auf einem besonderen Blatt die Tabellen auf S. 190 durch eine 4. Spalte (digital).

---

1 Wie hoch müssen die jährlichen Abschreibungsprozentsätze (vom Anschaffungswert) bei gleich bleibenden Abschreibungsquoten bemessen werden bei einer Abschreibungszeit von
a) 5; 6; 8; 10; 12; 20; 25 Jahren?
b) 3; 4; 7; 15; 18 Jahren?

2 Berechnen Sie die Abschreibungen für ein Jahr:

Gegenstand	Anschaffungspreis	Abschreibungssatz
Maschinen	17.654,00 €	8 %
Kraftfahrzeuge	25.713,00 €	20 %
Werkzeuge	7.900,00 €	100 %
CNC-Drehbänke	25.000,00 €	15 %
CNC-Fräsmaschinen	47.300,00 €	10 %
Automaten	54.700,00 €	18 %
Personalcomputer	4.000,00 €	$16\,2/3$ %

3 Wie hoch war der Anschaffungswert einer Rechenmaschine, wenn bei einem jährlichen Abschreibungssatz von 10 % vom Anschaffungswert nach 4 Jahren der Buchwert noch 937,38 € beträgt?

4 Berechnen Sie die Anschaffungswerte:

Anlagegegenstand	im Betrieb seit	Abschreibung v. Ansch.-Wert	heutiger Buchwert
Bürogebäude	18 Jahren	$1\,1/2$ %	91.250,00 €
Kantine (Behelfsbau)	3 Jahren	$6\,1/4$ %	30.501,25 €
Maschinen	11 Jahren	$6\,1/4$ %	4.581,25 €
Werkzeuge	5 Jahren	$16\,2/3$ %	3.000,00 €
Fahrzeuge	6 Jahren	$12\,1/2$ %	6.416,00 €
Büroausstattung	10 Jahren	5 %	19.800,00 €

---

[1] Von lat. digitus = Finger; die Jahre werden gewissermaßen an den Fingern abgezählt.

16.3.2 Verrechnung der Gemeinkosten

In einem summarischen Zuschlag (kumulative Zuschlagsmethode)

Während Fertigungsmaterial und Lohn für den einzelnen Auftrag oder das einzelne Erzeugnis genau erfasst werden können (Einzelkosten), müssen die Gemeinkosten, da sie für den Betrieb im Ganzen entstehen, nach einem bestimmten Schlüssel, gewöhnlich in prozentualen Zuschlägen, auf die einzelnen Erzeugnisse umgelegt werden. Die gewählte Zuschlagsgrundlage muss den zu verteilenden Gemeinkosten so weit wie möglich proportional sein.

Die einfachste, aber auch gröbste Methode ist jene sämtliche Gemeinkosten mithilfe **eines einzigen Schlüssels** zu verteilen, und zwar:

a) nach den Fertigungslöhnen oder
b) nach den Materialkosten oder
c) nach der Summe aus Material und Lohn oder
d) nach den geleisteten Arbeitsstunden bzw. Maschinenstunden.

Beispiel

Die Buchhaltung einer Fabrik liefert folgende Zahlen:
Fertigungsmaterialverbrauch .... 12.500,00 €
Fertigungslöhne .... 10.000,00 €
Betriebsgemeinkosten .... 6.000,00 €
Arbeitsstunden = 5 400

Es ergeben sich somit folgende Zuschlagssätze für die Gemeinkosten:

a) auf Fertigungslohn 60 %,
b) auf Material 48 %,
c) auf Lohn + Material $26\frac{2}{3}$ %,
d) auf die einzelne Arbeitsstunde 1,11 €.

Kalkulieren Sie einen Auftrag, bei dem 450,00 € Materialkosten, 810,00 € Fertigungslöhne und 360 Arbeitsstunden entstehen, unter Verwendung der 4 Zuschlagssätze.

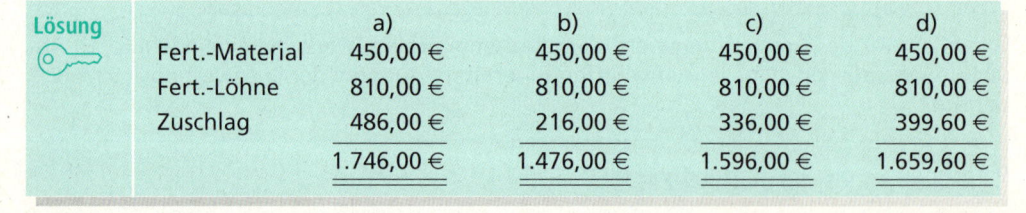

Lösung

	a)	b)	c)	d)
Fert.-Material	450,00 €	450,00 €	450,00 €	450,00 €
Fert.-Löhne	810,00 €	810,00 €	810,00 €	810,00 €
Zuschlag	486,00 €	216,00 €	336,00 €	399,60 €
	1.746,00 €	1.476,00 €	1.596,00 €	1.659,60 €

Die gewählte Zuschlagsgrundlage muss breit genug sein; daher werden meistens in der Praxis bei lohnintensiven Betrieben die Fertigungslöhne, bei Überwiegen der Materialkosten dagegen diese als Grundlage gewählt.

In differenzierten Zuschlägen (Elektive Zuschlagsmethode)

Wo aber das Verhältnis von Materialaufwand und Lohnaufwand bei der Herstellung verschiedener Erzeugnisse stärker schwankt, müssen die Gemeinkosten in **materialabhängige** (Einkauf, Lagerung, Pflege, Ausgabe des Materials) und **lohnabhängige** Kosten zerlegt werden. Auf diese Weise gewinnt man zwei Zuschlagssätze: einen Zuschlag auf Material und einen Zuschlag auf Lohn.

Beispiel

Materialverbrauch 25.000,00 €, Fertigungslöhne 20.500,00 €, materialabhängige Gemeinkosten 8.200,00 €, lohnabhängige Gemeinkosten 9.800,00 €.
Der Zuschlag auf Material ist also 32,8 %, der Zuschlag auf Lohn 47,8 %.
Stellen Sie die Abrechnung über einen Auftrag auf, der 240,00 € Materialaufwand und 180,00 € Lohnkosten verursacht hat.

Lösung

Fertigungsmaterial	240,00 €	
+ Materialzuschlag	78,72 €	318,72 €
Fertigungslöhne	180,00 €	
+ Zuschlag	86,04 €	266,04 €
Herstellkosten		584,76 €

Wird ein Teil der Erzeugnisse vorwiegend mit der Hand **(Handarbeit),** ein anderer Teil dagegen in **Maschinenarbeit** hergestellt, so können die Kosten der Maschinenarbeit nur jenen Erzeugnissen zugerechnet werden, die sie auch in Anspruch genommen haben. Daher müssen zunächst die durch die Benutzung der Maschinen entstehenden Kosten ermittelt werden.

Beispiel

Abschreibung auf die Anschaffungskosten der Maschine	920,00 €
Verzinsung des investierten Anlagewertes	420,00 €
Reparaturen	400,00 €
Versicherungen	18,00 €
Stromverbrauch 3 000 kWh zu 22,5 Cent	675,00 €
Maschinenstundenlöhne 1 500 Stunden zu je 16,70 €	25.050,00 €
	27.483,00 €

Lösung

Maschinenstundensatz: 27.483 : 1 500 = 18,32 €
Die Kalkulation eines Auftrages, der 20,50 € Materialaufwand, 15,40 € Handlohn, 11 % Fertigungsgemeinkosten und 8 Maschinenstunden verursacht, sieht so aus:

Fertigungsmaterial	20,50 €
Handlohn	15,40 €
+ 11 % Zuschlag	1,69 €
	37,59 €
8 Maschinenstunden zu je 18,32 €	146,56 €
	184,15 €

Kostenstellenrechnung

Wo die hergestellten Erzeugnisse nicht gleichmäßig die einzelnen Werkstätten durchlaufen, befriedigt die bisher gezeigte summarische Art der Verrechnung der Gemeinkosten nicht mehr, weil die einzelnen Werkstätten ganz unterschiedlich mit Gemeinkosten belastet sind. Der Betrieb wird daher in eine Reihe von Kostenbereichen, d. h. **Kostenstellen,** zerlegt, auf die die Gemeinkosten in dem gleichen Ausmaß, wie sie durch die einzelnen Kostenstellen verursacht wurden, umgelegt werden. Die Zahl der zu bildenden Kostenstellen richtet sich nach der Art und Größe des Betriebes.

In der Regel werden mindestens vier Kostenbereiche gebildet: **die Hauptkostenstellen Fertigung, Materialverwaltung, Verwaltung und Vertrieb.**

Die Hauptkostenstelle Fertigung zerfällt in der Regel wieder in eine Reihe von Teilkostenstellen, d. h. **Fertigungsstellen,** wie z. B.:

      Hauptkostenstelle: Herstellungsabteilung für Erzeugnis A
      Teilkostenstelle: Schlosserei, Sägerei, Fräserei, Fertigungskontrolle

Daneben gibt es noch **Hilfskostenstellen,** deren Kosten auf die Hauptkostenstellen (Endkostenstellen) umzulegen, d. h. zu verteilen sind.

Durch die Umlage bzw. Verteilung der Gemeinkosten (Gehälter, Hilfslöhne, soziale Aufwendungen, Hilfs- und Betriebsstoffe usw.) auf die Kostenstellen werden sie in **Stellenkosten** umgeformt, in

      Fertigungs-, Material-, Verwaltungs- und Vertriebsgemeinkosten.

Der Block der Gemeinkosten wird auf diese Weise in 4 Kostensummen zusammengefasst. Die in den einzelnen Kostenstellen gesammelten Gemeinkosten werden sodann zu bestimmten **Bezugsgrößen** (z. B. Löhnen, Materialverbrauch, Maschinenstunden) in Beziehung gesetzt; auf diese Weise erhält man bestimmte **Zuschlagssätze** (meistens in Prozent). Mittels dieser Zuschlagssätze werden die Gemeinkosten anteilmäßig auf die **Kostenträger** (Fabrikate) verrechnet.

Zweck der Kostenstellenrechnung ist also:
a) die Verteilung der Gemeinkosten auf die Kostenstellen (Kostenbereiche),
b) die Kontrolle der Kostenentwicklung in den einzelnen Kostenstellen,
c) die Ermittlung bestimmter Zuschlagssätze.

Ein möglichst großer Teil der Kosten sollte direkt als **Stelleneinzelkosten** erfasst werden; so kann z. B. der Verbrauch an Gas und Wasser in den Kostenstellen am Gas- oder Wassermesser abgelesen werden. Gemeinkostenlöhne (Hilfslöhne) werden durch Angabe der Kostenstelle auf den Lohnzetteln, Schweißmaterial und Reparaturmaterial durch Materialscheine als Stelleneinzelkosten gekennzeichnet.

Beispiel

Hauptkostenstelle sei die Herstellungsabteilung für Apparat A, sie soll folgende *Teilkostenstellen* umfassen: Sägerei, Fräserei, Schlosserei, Fertigungskontrolle.

Folgende Kostenarten sind *direkt* verteilt worden:

Hilfs- und Betriebsstoffe nach den sortierten Materialausgabescheinen,
Fertigungs- und Hilfslöhne nach den aufgeteilten Lohnlisten.

Teilkostenstellen	Kostenarten		
	Fertigungslöhne	Hilfs- u. B.-Kosten	Hilfslöhne
Sägerei	915,00	400,00	0,00
Fräserei	2.174,00	500,00	76,00
Schlosserei	7.825,00	600,00	987,00
Kontrolle	1.699,00	80,00	113,00
Summe	12.613,00	1.580,00	1.176,00

5 a) Stellen Sie die Kostensumme der vier Teilkostenstellen (Beispiel S. 194) fest, indem Sie die Kostenstellen nebeneinander und die Kostenarten untereinander aufstellen.
b) Drücken Sie die Gemeinkosten in Prozent der Fertigungslöhne für jede Teilkostenstelle aus.

6 In einem Industriebetrieb gehören zu der Hauptkostenstelle „Autozubehör" die nachfolgenden Teilkostenstellen, auf die die angegebenen Kostenarten entfallen:

Teilkostenstelle	F.-Löhne	Gehälter	Hilfsmaterial	Energie
Sägerei	946,27	–	29,75	149,62
Stanzerei	5.939,51	1.425,00	161,71	688,62
Schleiferei	1.802,32	290,00	1.881,93	1.711,34
Schmiede	514,83	–	2,49	667,86
Bohrerei	3.906,79	755,00	112,53	478,13
Anreißerei	706,05	–	14,98	61,74
Fräserei	2.295,64	440,00	69,67	165,92
Dreherei	4.502,47	475,00	302,80	383,45
Lackiererei	2.588,55	330,00	685,00	674,36
Kunststoffherstellung	2.511,13	90,00	176,39	1.282,18

Drücken Sie wie in 5 b) die Gemeinkosten in Prozent der Fertigungslöhne aus.

Verteilung der Gemeinkosten mithilfe eines Schlüssels

Nicht immer ist die direkte Verteilung der Kostenarten auf die einzelnen Kostenstellen möglich, dann muss die Verteilung nach einem geeigneten Schlüssel vorgenommen werden. Die Wahl des richtigen Schlüssels ist dabei von größter Wichtigkeit. Als solche **Verteilungsschlüssel** können infrage kommen: Raumgröße, verbrauchte kWh, Belegschaftszahl in den einzelnen Abteilungen, Lohnsummen, investierte Anlagewerte u. a.

7 In dem Beispiel und der Aufgabe 5 nehmen wir an, dass der Verbrauch an Kilowattstunden (kWh) für die Hauptkostenstelle lt. Zähler 220 000 kWh war. Nach der Zahl und der Motorenstärke der in den Teilkostenstellen betriebenen Maschinen errechnete man, dass der anteilmäßige Verbrauch wie folgt war:

Sägerei 70 000 kWh, Fräserei 100 000 kWh, Schlosserei 40 000 kWh, Kontrolle 10 000 kWh. Berechnen Sie die Kosten in €, wenn die kWh 25,8 Cent kostet.

8 a) Wie hoch ist der Prozentsatz der Energiekosten in Aufgabe 6 (bezogen auf die Fertigungslöhne) für die Teilkostenstellen?
b) Wie viel kWh wurden von der Hauptkostenstelle verbraucht, wenn der Preis je kWh 25,8 Cent beträgt?

9 Die Kosten für Heizung sollen im *Verhältnis der Raumgröße* umgelegt werden. In einem Werk verteilt sich der Raum folgendermaßen:

Kesselschmiede .... 40 m lang, 30 m breit, 15 m hoch,
Verbleiungsabteilung .... 10 m lang, 30 m breit, 15 m hoch,
Büroräume zusammen 350 m³.

Die Heizungskosten betragen für eine bestimmte Zeit 6.000,00 €.

a) Wie viel Euro entfallen auf jede der drei Kostenstellen im Verhältnis der Raumgröße?
b) Da aber die Büroräume viel stärker beheizt werden müssen als die Fabrikräume, wollen wir für das Büro einen vierfachen Raumanteil (= 1 400 m³) rechnen. Wie hoch sind jetzt die anteiligen Kosten?

10 In einem Betrieb wurden für 48.000,00 € Urlaubslöhne gezahlt und 12.000,00 € als freiwillige soziale Leistungen (für Kantine usw.) ausgegeben. Verteilen Sie diese Kosten *im Verhältnis der Löhne:*

Allgemeine Hilfskostenstelle .... 14.000,00 € Löhne
Materialkostenstelle .... 8.000,00 € Löhne
Fertigungshauptkostenstelle .... 186.000,00 € Löhne
Verwaltungskostenstelle .... 12.000,00 € Löhne
Vertriebskostenstelle .... 8.000,00 € Löhne

Der Betriebsabrechnungsbogen als Hilfsmittel der Kostenstellenrechnung

		Kostenstellen								
Kostenarten Gemeinkosten	Zahlen aus der Buchhaltung	I. Fertigungsstellen (Fertigungsgemeinkosten)					II. Material- stelle (Materialgemeink.-St.)	III. Verwalt.- Stelle (Verwaltgs.-Kosten)	IV. Vertr.- Stelle (Vertriebskosten)	Summe
		A	B	C	D	Summe				
1 Gehälter	775	225	125	100	50	500	25	150	100	775
2 Hilfslöhne	191	12	90	20	10	132	29	–	30	191
3 Soziale Aufwendg.	194	45	88	18	9	160	8	10	16	194
4 Hilfsmaterial	230	53	159	8	3	223	–	–	7	230
5 Büromaterial	64	–	–	–	–	–	11	37	16	64
6 Licht und Kraft	182	49	51	26	12	138	5	24	15	182
7 Abschreibungen	132	28	25	32	17	102	–	–	30	122
8 Zinsen	62	9	8	21	15	53	–	–	9	62
9 Steuern	176	–	–	–	–	–	–	60	116	176
10 Versicherung	74	8	14	6	12	40	9	8	17	74
11 Vertreter u. Werbg.	110	–	–	–	–	–	–	75	35	110
Gemeinkosten	2.190	429	560	231	128	1.348	87	364	391	2.190
Fertigungslöhne		287	645	118	62	1.112	Fm. 2.000[1]	H 4.547[2]	H 4.547[2]	
Fertigungskosten		716	1 205	349	190	2.460				
Fertigungs- zuschläge		149,5 %	86,8 %	195,8 %	206,5 %		Material- zuschlag 4,4 %	Verwaltungs- kostenzuschlag 8,0 %	Vertriebs- kostenzuschlag 8,6 %	

1 Fm. = Fertigungsmaterial 2 H = Herstellkosten

Der Betriebsabrechnungsbogen (BAB) gliedert sich senkrecht in Kostenarten und waagrecht in Kostenstellen. Er dient der Verteilung der Kostenarten auf die Kostenstellen und bildet gleichzeitig die Grundlage für die **Errechnung der** verschiedenen **Zuschlagssätze.**

a) **Die Fertigungsgemeinkosten** werden in der Regel zu den Fertigungslöhnen in Beziehung gesetzt;

b) **die Materialgemeinkosten** zum Materialverbrauch;

c) **die Verwaltungs- und Vertriebsgemeinkosten** zu den Herstellkosten der umgesetzten Fabrikate, weil ja diese Kosten aus dem Umsatz des betreffenden Zeitabschnittes gedeckt werden müssen.

Es ist also nötig, aus den gesamten Herstellkosten des betreffenden Zeitraums, z. B. eines Vierteljahrs, die Herstellkosten der in diesem Zeitraum umgesetzten Erzeugnisse zu ermitteln. Dabei sind 3 Fälle denkbar:

1. Die in dem Zeitraum erzeugten Produkte sind **sämtlich abgesetzt** worden. Dabei sind die verbuchten Kosten identisch mit den Herstellkosten des Umsatzes.

2. **Nur ein Teil** der Produktion wurde abgesetzt, der andere Teil ist noch am Lager als Bestand an unfertigen und Fertigfabrikaten (Bestandsvermehrung). In diesem Falle müssen die Herstellkosten des betreffenden Zeitraums um die Zunahme der Bestände **vermindert** werden.

Beispiel

Herstellkosten der Erzeugung	=	100.000,00 €
− Zunahme der Bestände	=	30.000,00 €
Herstellkosten des Umsatzes	=	70.000,00 €

3. Es wurde nicht nur die gesamte Produktion dieses Zeitraumes, sondern **auch noch ein Teil der Bestände** abgesetzt (Bestandsverminderung). Dann muss man den Herstellkosten der Erzeugung noch den Betrag der **Bestandsverminderung zuschlagen.**

Beispiel

Herstellkosten der Erzeugung	=	80.000,00 €
+ Bestandsverminderung	=	15.000,00 €
Herstellkosten des Umsatzes	=	95.000,00 €

Merke

Fertigungszuschlag	=	Fertigungsgemeinkosten : 1 % der Fertigungslöhne
Materialzuschlag	=	Materialgemeinkosten : 1 % des Fertigungsmaterials
Verwaltungskostenzuschlag	=	Verwaltungskosten : 1 % der Herstellkosten des Umsatzes
Vertriebskostenzuschlag	=	Vertriebskosten : 1 % der Herstellkosten des Umsatzes

11 Der Betriebsabrechnungsbogen eines Unternehmens liefert folgende Summen:

Fertigungsmaterial .... 11.688,00 €
Materialgemeinkosten .... 1.833,00 €
Fertigungslöhne .... 19.280,00 €
Fertigungsgemeinkosten .... 14.670,00 €
Verwaltungsgemeinkosten .... 8.211,00 €
Vertriebsgemeinkosten .... 1.579,00 €

Ermitteln Sie:

a) die Herstellkosten der Erzeugung,

b) die Selbstkosten,

c) den Materialkostenzuschlag in Prozent des Fertigungsmaterials,

d) den Zuschlag für die Fertigungsgemeinkosten in Prozent der Fertigungslöhne,

e) den Zuschlag für die Verwaltungskosten und Vertriebskosten, beide in Prozent der Herstellkosten des Umsatzes. Der Bestand der unfertigen Erzeugnisse hat um 2.000,00 € abgenommen (−), der Bestand an Fertigerzeugnissen um 1.250,00 € zugenommen (+). Die Zuschläge sind auf zwei Dezimalstellen zu berechnen.

12

Betriebsabrechnungsbogen					
Kostenarten	Kosten insgesamt	Kostenstellen			
		Stoffbereich	Fertig.-B.	Verw.-B.	Vertr.-B.
Gehälter usw.	31.650,00	3.000,00	14.200,00	6.100,00	8.350,00

Einzelkosten: Fertigungslöhne 9.600,00 €, Materialverbrauch 52.000,00 €. Bestandsveränderungen: unfertige Erzeugnisse + 3.000,00 €, Fertigerzeugnisse − 1.000 €. Beantworten Sie die Fragen wie in Aufgabe 11.

Kostenüberdeckung und Kostenunterdeckung (Istkosten und Sollkosten)

Der BAB enthält naturgemäß die Kosten eines bereits abgelaufenen Zeitraumes. Daher hinken die aus diesen Zahlen ermittelten Zuschlagssätze hinter der Entwicklung her und zeigen an, wie hoch die Zuschlagssätze hätten sein müssen. Für die laufende Kalkulation (Kostenvorrechnung) muss man demnach auf Erfahrungssätze **früherer Zeitabschnitte** zurückgreifen (Soll- oder **Normalzuschlagssätze**). Die mithilfe dieser Soll- oder Normalzuschlagssätze **verrechneten Gemeinkosten** werden sich in der Regel nicht mit den wirklich **entstandenen Gemeinkosten** (Istkosten) decken. Entweder sind sie **höher** als diese, d. h., es sind zu viel Gemeinkosten verrechnet worden, oder sie sind **niedriger** – dann sind zu wenig Gemeinkosten verrechnet (einkalkuliert) worden.

Im ersten Fall liegt eine **Kostenüberdeckung** vor, die dem Gewinn zugute kommt, im zweiten Fall eine **Kostenunterdeckung,** die den Gewinn schmälert.

> **Merke**
> Sollkosten (verrechnete Gemeinkosten) > Istkosten nennt man **Kostenüberdeckung.**
> Sollkosten < Istkosten heißt **Kostenunterdeckung.**

Beispiel

	Fertigung (I)	Materialverw. (II)	Verwaltung (III)	Vertrieb (IV)
Entstandene Gemeinkosten	38.900,00	1.650,00	10.050,00	5.000,00
Zuschlagsgrundlagen	25.200,00	38.000,00	100.710,00[1]	100.710,00
Normalzuschlagssätze	150 %	4½ %	10 %	5 %
Verrechnete Gemeinkosten	37.800,00	1.710,00	10.071,00	5.035,50
Kostenüber- bzw. Unterdeckung	– 1.100,00	+ 60,00	+ 21,00	+ 35,50

13 Die Buchhaltung eines Industriebetriebes liefert die folgenden Zahlen für die tatsächlich entstandenen Kosten:

Fertigungsmaterial	120.800,00 €	Materialgemeinkosten	16.200,00 €
Fertigungslöhne	140.300,00 €	Verw.-Gemeinkosten	42.400,00 €
Fert.-Gemeinkosten	110.700,00 €	Vertr.-Gemeinkosten	36.250,00 €

Die Normalzuschlagssätze waren:
in Kostenstelle I = 75 %, in II = 15 %, in III = 8 %, in IV = 6 %. Verminderung der Bestände der unfertigen und Fertigerzeugnisse um 2.800,00 €.
Wie steht es mit der Kostendeckung?

14 Der BAB zeigt nach der Verteilung der Gemeinkosten auf die vier Kostenstellen die folgenden Endsummen:

Kostenarten	€	Fertigung	Materialverw.	Verwaltung	Vertrieb
Summe	63.500,00	45.300,00	2.400,00	7.100,00	8.700,00

Der Verbrauch an Fertigungsmaterial betrug 55.400,00 €; für Fertigungslöhne wurden 20.100,00 € verausgabt.
Die Normalzuschlagssätze betragen: für die FGK 223 %, für die MGK 5 %, für die VGK 7 %, für die Vertriebsgemeinkosten 6,2 %.
Prüfen Sie, ob die tatsächlich entstandenen Kosten in der Kalkulation ihre Deckung gefunden haben. (Die Bestände an unfertigen und Fertigerzeugnissen haben sich um 2.000,00 € vermehrt.)

15 Nach der Verteilung der Gemeinkosten zeigt der BAB in der letzten Zeile die folgenden Endsummen: Materialverwaltung 2.900,00 €, Fertigung 36.820,00 €, Verwaltung 12.300,00 €, Vertrieb 8.740,00 €.
Die Sollzuschläge waren 6 %, 220 %, 12 %, 15 %. Der Verbrauch an Material betrug 28.500,00 €, an Fertigungslöhnen 19.250,00 €. Die Bestände an unfertigen und Fertigerzeugnissen hatten sich um 4.200,00 € vermindert. Stellen Sie aufgrund dieses Zahlenmaterials fest, ob die entstandenen Kosten auch gedeckt wurden.

---

[1] Herstellkosten des Umsatzes = 102.710,00 – 2.000,00 € Mehrbestand an HE und FE = 100.710,00 €.

16 Ergänzen Sie die noch fehlenden Zahlen und stellen Sie die Kostenüberdeckung oder Kostenunterdeckung fest.

Kostenarten	Summe	Material-bereich	Fertigungs-bereich	Verwaltungs-bereich	Vertriebs-bereich
Hilfsstoffe	3.000,00	200,00	1.700,00	500,00	Rest
Gehälter	15.400,00	800,00	9.500,00	3.000,00	2.100,00
Hilfslöhne	8.200,00	3 :	10 :	1 :	2,00
Raumkosten	7.000,00	2 :	4 :	1 :	1,00
Bürokosten	6.000,00	–	–	5.000,00	1.000,00
Fremdstrom	9.000,00	200 kWh	14 000 kWh	500 kWh	300 kWh
Abschreibungen	12.000,00	1.000,00	8.000,00	2.000,00	1.000,00
Summe:	?	?	?	?	?
Fertigungslöhne			19.920,00		
Materialverbrauch		105.000,00			
Normalzuschlagssätze		4,5 %	210 %	7 %	4 %

Verminderung der Bestände an unfertigen und fertigen Erzeugnissen um 1.500,00 €.

16.3.3 Kostenträgerrechnung

Die Kostenträgerrechnung verrechnet die Kosten auf die Leistungen. Kostenträger ist das Erzeugnis oder der einzelne Auftrag.

Beispiel

Der Verkaufspreis für eine bestimmte Menge eines Kunstleders ist zu ermitteln.

A. **Materialkosten:** Fertigungsmaterial	80,00 €	
10 % Materialgemeinkosten	8,00 €	88,00 €
B. **Fertigungskosten:** Fertigungslöhne	32,00 €	
150 % Fertigungsgemeinkosten	48,00 €	80,00 €
C. **Herstellkosten**		168,00 €
D. 12½ % Verwaltungs- und Vertriebsgemeinkosten		21,00 €
E. **Selbstkosten**		189,00 €
F. 10 % Gewinnzuschlag		18,90 €
G. **Barverkaufspreis**		207,90 €
H. Sondereinzelkosten des Vertriebs		8,66 €
J. **Listenverkaufspreis**		216,56 €

> **Beachte** 🔊
>
> A. Materialkosten
> B. Fertigungskosten: Fertigungslöhne
> Fertigungsgemeinkosten
> Sondereinzelkosten der Fertigung
> C. Verwaltungsgemeinkosten
> D. Vertriebsgemeinkosten
> E. Sondereinzelkosten des Vertriebs
> F. Selbstkosten

17 Kalkulieren Sie den Barverkaufspreis eines Werkstückes mit den Sätzen des Betriebsabrechnungsbogens Nr. 1 (Seite 196), wenn an Fertigungsmaterial 50,00 €, an Fertigungslöhnen 200,00 € aufgewandt wurden und für Gewinn $8\frac{1}{3}$ % einzurechnen sind.

18 Bei einer Erzeugung von 175 000 Stück einer Ware hat die Kostenrechnung folgende Summen ergeben:
Fertigungsmaterial 94.361,00 €, Löhne 218.725,00 €.
a) Die Fertigungsgemeinkosten sind materialabhängig und betragen 30 % des Fertigungsmaterials. Wie hoch ist der Barverkaufspreis des ganzen Postens, wenn 9,3 % Verwaltungs- und Vertriebskosten und 7,5 % Gewinn einzukalkulieren sind?
b) Wie groß sind die Herstellkosten und die Selbstkosten je Stück?
c) Wie hoch ist der Barverkaufspreis je Stück?

19 Für die Herstellung einer Drehbank, deren Verkaufspreis 25.000,00 € betrug, lagen folgende Fertigungsbelege vor: Materialentnahmescheine über den Betrag von 4.791,75 €, Lohnzettel über 7.185,00 €. Der Zuschlag für die Fertigungsgemeinkosten beträgt 85 % der Fertigungslöhne, der Zuschlag für Verwaltungs- und Vertriebskosten 18,5 % der Herstellkosten.
a) Wie viel Prozent des Selbstkostenpreises beträgt der Gewinn?
b) Welcher prozentuale Zuschlag für Fertigungsgemeinkosten ergibt sich, wenn Fertigungsmaterial und Löhne die Zuschlagsbasis bilden?

20 Bei der Herstellung einer Maschine sind folgende Aufwendungen entstanden: Materialien frei Fabrikhof 1.230,00 €, Fertigungslöhne in der Kostenstelle B 160,00 €, Kostenstelle S 254,00 €, Kostenstelle V 28,00 €. Materialzuschlag 5 %, Zuschlag auf Kostenstelle B 50 %, auf Kostenstelle S 120 %, auf Kostenstelle V 100 %. Verwaltungskostenzuschlag 15 %, Gewinnzuschlag 25 %.
Zu welchem Preis kann die Maschine angeboten werden?

21 Für die Anfertigung einer Schleifmaschine wird für 817,80 € Fertigungsmaterial verbraucht. Der Materialzuschlag ist 8 %. Die Fertigungslöhne machen insgesamt 693,50 € aus. Für die Fertigungsgemeinkosten werden 125 % auf die Löhne geschlagen; außerdem wird mit $12\frac{1}{2}$ % Verwaltungsgemeinkosten und 20 % Gewinn gerechnet.
Zu welchem Preis kann die Schleifmaschine angeboten werden?

22 Für die Kalkulation einer Kühlschlange aus Feinsilberrohr FOB Hamburg liegen folgende Angaben vor:

Rohrabmessungen: 50 x 45 mm, mit 10 Windungen; Höhe der Kühlschlange 1 000 mm, ø 700 mm; Nettogewicht etwa 86 kg; Gewicht der Verpackung etwa 50 kg; 86 kg Feinsilber zu je 335,00 €; 500 Lohnstunden zu 21,80 €; Fertigungsgemeinkosten 120 % der Lohnsumme. Verwaltungsgemeinkosten 12½ %, Gewinn 16 %. Verpackung 80,00 €; Fracht 35,00 €; Vertreterprovision 5 % auf den Preis ab Werk.

Berechnen Sie:
a) den Preis ab Werk,
b) den Preis FOB Hamburg.

23 Für die Herstellung von Damenhandtaschen werden für 12 Stück benötigt: Kunstleder für 45,90 €, 4½ m Futter zu je 5,40 €. Dazu kommen 12 Bügel zu 3,80 €, 12 Spiegel zu 1,15 €, 12 Zugschlösser zu 75 Cent das Stück. Die allgemeinen Zutaten betragen insgesamt 4,50 €. Es sind 3 Lohnstunden zu je 21,60 € erforderlich, Fertigungsgemeinkosten 125 % auf Löhne. Für Verwaltungs- und Vertriebsgemeinkosten werden 12½ % und für Gewinn 10 % zugeschlagen.

Wie kann die Damenhandtasche angeboten werden?

24 Die Kalkulation einer Brieftasche setzt sich für 6 Stück aus folgenden Posten zusammen: Außenleder für 36,20 €, Innenfutter für 8,95 €, Jakonett 3½ m zu je 1,15 €, Arbeitslohn einschließlich Zuschneiden, Steppen, Schärfen usw. 40,50 €; Zuschlag auf Lohn 12½ %, Gewinnzuschlag 25 %.

Berechnen Sie den Verkaufspreis für 1 Brieftasche.

25 Eine Fabrik für elektrische Geräte soll die Kalkulation für Trennschalter mit den nachstehenden Kosten aufstellen:

Fertigungsmaterial: 18 kg Stahl zu 110,00 € ‰ kg, 7,5 kg Kupfer zu 485,00 € ‰ kg, Eisenguss 6,5 kg zu 230,00 € ‰ kg, Isolierstoffe 3 kg zu je 4,00 €, Porzellan 26,00 €, Schrauben usw. 5,00 €, Kitt und Farbe 0,80 €; Fertigungslöhne: 17,10 € + 250 % Gemeinkosten, Zusammenbau 8,20 € + 200 % Gemeinkosten, fertig bezogene Teile 5,00 €, Verwaltungs- und Vertriebsgemeinkosten 20 % der Herstellkosten und 10 % auf die fertig bezogenen Teile, Gewinn 7 %. Sonderkosten vom Barverkaufspreis: 5 % Vertreterprovision. Rabatt 10 %.

Wie hoch ist der Listenverkaufspreis?

26 Bei der Herstellung eines Garderobenständers, Höhe 180 cm, mit 4 Kleider- und Huthaken entstehen folgende Kosten:

Material: 1,3 m² Fichte zu 9,00 € je m², 30 % Verschnitt; 1,5 m² Makoré-Furnier zu je 2,65 €; 1 Fuß, bestehend aus 0,2 m² Buche zu 8,50 € je m², 4 Mantel- und Huthaken aus Messing zu 2,50 € je Stück, 2 m² Leimfläche zu 0,35 €, ½ kg Lack und Mattierung 1,75 €.

Löhne: Maschinenraum 2½ Stunden zu je 10,50 €, Bankraum Akkordlohn 5,80 €, Beizraum Akkordlohn 6,80 €, Furnierraum ¾ Stunden zu 13,00 €. Fertigungsgemeinkosten 150 % (auf Lohn), Verwaltungs- und Vertriebsgemeinkosten 9 %, Gewinn 12½ %.

Wie hoch ist der Barverkaufspreis für den Garderobenständer?

Vorkalkulation und Nachkalkulation

Die Vorkalkulation wird **vor** der Fertigung eines Erzeugnisses durchgeführt. Sie **stützt sich weitgehend auf Erfahrungsziffern,** auf die Ergebnisse früherer Nachkalkulationen, und berechnet, so gut es geht, welcher Preis für ein Erzeugnis verlangt werden muss.

Die Nachkalkulation wird **nach** der Fertigung eines Erzeugnisses durchgeführt. **Sie gründet sich auf die wirklich entstandenen Kosten** und berechnet den tatsächlichen Preis für ein Erzeugnis. Durch den Vergleich der Ergebnisse beider Kalkulationen kann ermittelt werden, ob und wie sich die Fertigung eines bestimmten Erzeugnisses gelohnt hat.

27
a) Die Vorkalkulation eines Werkstücks stützt sich auf die folgenden Angaben: Materialien 480,00 €, 37 Lohnstunden zu 13,20 €, Fertigungsgemeinkosten je 25 % von den Löhnen und vom Material, Verwaltungskosten 14 %, Gewinnzuschlag 20 %. Berechnen Sie den Verkaufspreis, zu dem das Werkstück angeboten werden kann.

b) Die Nachkalkulation des Werkstücks stützt sich auf die folgenden tatsächlich entstandenen Kosten: Materialverbrauch: 510,00 €, 38 Lohnstunden zu 25,85 €. Welcher Gewinn (in Prozent) wird erzielt, wenn das Werkstück zu dem in der Vorkalkulation errechneten Preis verkauft wird?

28
a) Ein Kunde bittet um ein Angebot eines bestimmten Lederartikels, und zwar um den Preis für 12 Stück. Da der betreffende Artikel in der gleichen Art noch nicht hergestellt wird, ist eine Vorkalkulation für den Zweck des Angebots erforderlich. Nach erfahrungsmäßiger Schätzung werden benötigt: Fertigungsmaterial für 135,00 €, Zutaten für 12 Stück zu 24,60 €, 7 Lohnstunden zu je 11,70 €. Der Fertigungszuschlag beträgt 100 % auf die Löhne, der Verwaltungszuschlag 8 %, der Gewinnzuschlag 20 %. Berechnen Sie den Verkaufspreis.

b) Die Nachkalkulation ergibt, dass nur 124,20 € an Materialkosten, aber 27,20 € für Zutaten verbraucht wurden. Die tatsächlich benötigten Lohnstunden sind nur $6\frac{1}{2}$. Berechnen Sie den Gewinn (in Prozent), der bei dieser Sachlage erzielt wurde.

29
a) Zur Vorkalkulation für ein Fabrikat dienen folgende Angaben: Werkstoff 230,00 €, 20 Lohnstunden zu 9,80 €, Betriebskosten 30 % vom Werkstoff und 20 % von den Löhnen, Verwaltungs- und Vertriebsgemeinkosten 12 %. Gewinn 20 %.

b) Die Nachkalkulation ergibt die folgenden Werte: Werkstoff 270,00 €, 22 Lohnstunden. Wie hoch ist der erzielte Gewinn (in Prozent), wenn das Fabrikat zu dem vorkalkulierten Preis verkauft wird?

17 Statistisches Rechnen

Um die Lage eines Unternehmens **beurteilen zu können, benötigt man** viele verschiedene **Daten.** Das sind entweder **interne** Daten (vor allem die Zahlen der Buchführung des eigenen Unternehmens) oder **externe** Daten (z. B. veröffentlichte GuV-Rechnungen und Bilanzen anderer Unternehmungen, veröffentlichte Daten der Deutschen Bundesbank, Veröffentlichungen der Statistischen Ämter usw.).

Alle diese Zahlen (numerische Daten) sind entweder **Zeitpunktwerte,** die einen augenblicklichen Zustand im Zeitpunkt der Erhebung oder Messung beschreiben (z. B. die aktiven und passiven Bestände einer Bilanz), oder **Zeitraumwerte,** die eine Veränderung zwischen zwei Erhebungszeitpunkten darstellen (z. B. die Aufwendungen und Erträge in einer GuV-Rechnung).

Wenn die Daten durch eine Erhebung (Befragung) selbst gewonnen werden, nennt man sie **primäre** Daten. Greift man dagegen auf bereits vorhandene Quellen zurück, dann handelt es sich um **sekundäre** Daten.

Alle diese numerischen Daten sind als absolute Zahlen mehr oder weniger interessant. **Ihre Aussagekraft kann** aber wesentlich **erhöht werden, wenn man sie rechnerisch umformt** und/oder sie **grafisch** geschickt **darstellt.** Die rechnerische Umformung kann entweder dadurch geschehen, dass man interne Daten verschiedener Zeitpunkte oder Zeiträume zueinander in Beziehung setzt und so vergleicht **(Zeitvergleich),** oder dadurch, dass man Zeitpunkt- oder Zeitraumgrößen mit vergleichbaren externen Daten vergleicht **(Betriebsvergleich).**

Die Aufgabe der Statistik besteht also nicht nur in der Erhebung und Beschaffung interner und externer Zeitpunkt- und Zeitraumwerte, sondern vor allem auch in deren Aufbereitung, d. h. rechnerischen Umformung und grafischen Darstellung. Damit liefert sie die Grundlagen einer gründlichen Unternehmensanalyse.

17.1 Statistische Verhältniszahlen (Kennziffern)

17.1.1 Gliederungszahlen

Gliederungszahlen (Quoten) **haben die Aufgabe, die Zusammensetzung** (Struktur) einer **Gesamtgröße deutlich zu machen.** Sie geben die prozentualen Anteile von **Teilgrößen** an einer **Gesamtgröße** (Basis = 100 %) an.

> **Beispiel**
>
> Die Aktivseite einer Bilanz besteht aus folgenden Posten: Bebaute Grundstücke 235.000,00 €, Geschäftsausstattung 47.500,00 €, Fahrzeuge 32.500,00 €, Waren 52.100,00 €, Forderungen 24.500,00 €, Besitzwechsel 14.000,00 €, Bank 16.700,00 € und Kasse 7.500,00 €. Ermitteln Sie die Gliederungszahlen (Quoten) der Aktivseite (auf eine Nachkommastelle runden).

Lösung

Die Bilanzsumme wird ermittelt und als Basis gleich 100 % gesetzt. Dann werden die Prozentsätze festgestellt, mit denen die einzelnen Posten an dieser Summe beteiligt sind.

Bilanzposten	€	Gliederungszahlen
Bebaute Grundstücke	235.000,00	54,7 %
Geschäftsausstattung	47.500,00	11,0 %[1]
Fahrzeuge	32.500,00	7,6 %
Waren	52.100,00	12,1 %
Forderungen	24.500,00	5,7 %
Besitzwechsel	14.000,00	3,3 %
Bank	16.700,00	3,9 %
Kasse	7.500,00	1,7 %
	429.800,00	100,00

Wichtige Gliederungszahlen zur Unternehmensanalyse sind z. B.:

$$\text{Anlagequote} = \frac{\text{Anlagevermögen} \cdot 100}{\text{Gesamtvermögen}}$$

$$\text{Vorratsquote} = \frac{\text{Vorratsvermögen} \cdot 100}{\text{Gesamtvermögen}}$$

$$\text{Eigenkapitalanteil} = \frac{\text{Eigenkapital} \cdot 100}{\text{Gesamtkapital}}$$

$$\text{Fremdkapitalanteil} = \frac{\text{Fremdkapital} \cdot 100}{\text{Gesamtkapital}}$$

17.1.2 Beziehungszahlen

Beziehungszahlen (Kennzahlen im engeren Sinne) **entstehen, wenn man Daten zu anderen Daten in** einen sinnvollen **Zusammenhang bringt,** sie zueinander in Beziehung setzt und auf diese Weise Prozentsätze oder auch nur Quotienten ermittelt, die viel mehr aussagen als die absoluten Zahlen selbst.

Beispiel

Ein Großhandelsbetrieb erwirtschaftete im Jahre .. einen Reingewinn von 172.650,00 €. Im Vergleichszeitraum wurden 4.955.055,00 € umgesetzt. Berechnen Sie die Umsatzrentabilität.

Lösung

$$\text{Umsatzrentabilität} = \frac{\text{Reingewinn} \cdot 100}{\text{Umsatz}}$$

$$U = \frac{172.650 \cdot 100}{4.955.055} = 3{,}48\ \%$$

Weitere Beziehungszahlen, die als Kennzahlen im engeren Sinne bei der Unternehmensanalyse eine wichtige Rolle spielen, sind:

---

[1] Wenn die Summe der gerundeten Prozentsätze nicht genau 100 % ergibt, ist der Wert mit der geringsten Abweichung nichtkaufmännisch zu runden.

Unternehmenskennzahlen:

$$\text{Eigenkapitalrentabilität} = \frac{\text{Reingewinn} \cdot 100}{\text{Eigenkapital}}$$

$$\text{Gesamtkapitalrentabilität} = \frac{(\text{Reingewinn} + \text{Fremdkapitalzinsen}) \cdot 100}{\text{Gesamtkapital}}$$

$$\text{Anlagendeckung} = \frac{\text{Eigenkapital} \cdot 100}{\text{Anlagevermögen}}$$

$$\text{Liquidität} = \frac{\text{flüssige Mittel} \cdot 100}{\text{kurzfristige Verbindlichkeiten}}$$

$$\text{Wirtschaftlichkeit} = \frac{\text{Leistung}}{\text{Kosten}}$$
(Kennzahl der *wertmäßigen* Ergiebigkeit der Erzeugung)

$$\text{Produktivität} = \frac{\text{Herstellmenge}}{\text{Einsatzmengen an Produktionsfaktoren}}$$
(Kennzahl der *mengenmäßigen* Ergiebigkeit der Erzeugung)

Alle diese Kennzahlen sind vor allem dann interessant, wenn man sie mit denen früherer Jahre bzw. Monate vergleicht (Zeitvergleich), oder wenn man sie den entsprechenden Beziehungszahlen vergleichbarer Konkurrenzunternehmen gegenüberstellt (Betriebsvergleich).

17.1.3 Messzahlen

Messzahlen (Indexziffern) **werden verwendet, um die zeitliche Entwicklung** einer Datenreihe **darzustellen.** Sie entstehen, wenn man in einer Zeitreihe die einzelnen Daten auf ein Glied der Reihe (die sog. Basis) umrechnet.

Beispiel

Ein Unternehmen hatte im Laufe der letzten 6 Jahre folgende Umsätze (Millionen €):

1. Jahr	2. Jahr	3. Jahr	4. Jahr	5. Jahr	6. Jahr
53,4	68,7	61,9	72,7	78,4	85,6

Errechnen Sie die Indexziffern auf der Basis des 1. Jahres.

Lösung

Zur Errechnung der Indexziffern setzt man den Umsatz des Basisjahres (1. Jahr) gleich 100 % und berechnet, wie viel Prozent dann jeweils die übrigen Glieder der Reihe sind.

Zum Beispiel: Index 2. Jahr $= \frac{68,7 \cdot 100}{53,4} = 128,7$

Dann ergeben sich die folgenden Indexziffern (Indizes):

1. Jahr	2. Jahr	3. Jahr	4. Jahr	5. Jahr	6. Jahr
100,0	128,7	115,9	136,1	146,8	160,3

Merke

Indexziffern werden vor allem bei Zeitvergleichen eingesetzt.

Wenn man die Bilanzpositionen eines Unternehmens zu wichtigen Größen zusammenfasst, dann ergibt sich die folgende konsolidierte Bilanz:

Aktiva		Passiva	
Anlagevermögen	638.500,00	Eigenkapital	360.000,00
Vorräte	235.100,00	Langfr. Fremdkapital	568.110,00
Forderungen	64.750,00	Kurzfr. Fremdkapital	34.050,00
Flüssige Mittel	23.810,00		
	962.160,00		962.160,00

a) Verdeutlichen Sie die Bilanzstruktur, indem Sie zu diesen absoluten Zahlen der zusammengefassten Bilanzposten die entsprechenden Gliederungszahlen (Quoten) errechnen.

b) Errechnen Sie aus den absoluten Zahlen und (zur Probe) auch aus den Gliederungszahlen folgende Kennziffern:
Anlagequote, Vorratsquote, Eigenkapitalanteil, Fremdkapitalanteil, Anlagendeckung und Liquidität.

Für den Zeitvergleich der Ertragslage eines Unternehmens sind die folgenden Zahlen zusammengestellt (tausend €):

Zeitraumwerte	1. Jahr	2. Jahr	3. Jahr	4. Jahr	5. Jahr
Umsatz	49.650	50.720	48.120	51.410	53.270
Eigenkapital	28.500	28.500	28.500	30.600	30.600
Gesamtkapital	71.250	71.250	71.250	80.000	80.000
Fremdkapitalzinsen	2.138	2.138	2.351	2.470	2.470
Personalkosten	1.817	1.915	2.012	2.100	2.218
Reingewinn	1.995	2.015	1.725	2.118	2.315

a) Errechnen Sie aus diesem Zahlenmaterial für jedes Jahr die Umsatzrentabilität, die Eigenkapitalrentabilität und die Gesamtkapitalrentabilität und stellen Sie die so errechneten Zeitreihen in einer Tabelle übersichtlich zusammen.

b) Wählen Sie das 1. Jahr zum Basisjahr und berechnen Sie je eine Reihe von Indexziffern für den Umsatz, den Reingewinn und die Gesamtkapitalrentabilität.

Wareneinkauf				Warenverkauf			
AB	12.870,00	EB	27.400,00	Rücks.	750,00	Verk.	34.000,00
Eink.	36.460,00	GuV	21.930,00	GuV	33.250,00		
	49.330,00		49.330,00		34.000,00		34.000,00

Berechnen Sie:
a) den Nettoumsatz,
b) den Rohgewinn,
c) den Kalkulationszuschlag,
d) den Reingewinn, wenn die Geschäftskosten 2.910,00 € betragen,
e) die Umsatzrentabilität.

17.2 Statistische Durchschnittszahlen (Mittelwerte)

Auch Durchschnittswerte können zur Beurteilung eines Unternehmens wichtig sein. Hier sollen nur die arithmetischen Mittelwerte erläutert werden.

17.2.1 Einfaches arithmetisches Mittel

Soll aus mehreren gleichartigen Daten ein Mittelwert errechnet werden, dann ist ein **einfacher Durchschnitt** nur dann **sinnvoll, wenn alle Daten** gleich „gewichtet" sind, d. h. z. B. **nur einmal auftreten.**

Beispiel
Aus den 12 Monatsanfangsbeständen und dem Jahresendbestand des Wareneinkaufskontos soll der durchschnittliche Lagerbestand ermittelt werden.

Lösung
$$\text{Durchschnittlicher Lagerbestand} = \frac{\text{Summe der 12 AB} + \text{Jahresendbestand}}{13}$$

Merke
$$\text{Einfacher Durchschnitt} = \frac{\text{Summe der Posten}}{\text{Anzahl der Posten}}$$

$$\text{Durchschnittlicher Lagerbestand} = \frac{\text{Summe der 12 AB} + \text{Jahresbestand}}{13}$$

17.2.2 Gewogenes arithmetisches Mittel

Treten mehrere **gleichartige Daten in verschiedener Häufigkeit** („Gewichtung") **auf, dann** ist diese **Gewichtung** bei der Bildung des Mittelwertes zu **berücksichtigen.** Wenn man z. B. den Durchschnittswert von Preisen für einen bestimmten Artikel berechnen will, dann sollte man die Mengen, in denen gekauft bzw. verkauft wurde, mitberücksichtigen.

Beispiel
Aus der Einkaufskartei ergeben sich für einen bestimmten Artikel folgende Einkaufsmengen und Einkaufspreise:

6 500 Stück zu 2,35 €/Stück
1 000 Stück zu 1,98 €/Stück
3 500 Stück zu 2,68 €/Stück

Errechnen Sie den durchschnittlichen Einkaufspreis je Stück.

Lösung
$$\text{Durchschnittlicher Einkaufspreis} = \frac{6500 \cdot 2{,}35 + 1000 \cdot 1{,}98 + 3500 \cdot 2{,}68}{11000}$$
$$= \underline{2{,}42 \text{ €/Stück}}$$

Statistische Durchschnittszahlen können dann noch zu weiteren Kennzahlen verwendet werden, z. B. der im 1. Beispiel beschriebene durchschnittliche Lagerbestand:

$$\text{Lagerumschlagshäufigkeit} = \frac{\text{Umsatz zu Bezugspreisen (Wareneinsatz)}}{\text{durchschnittlicher Lagerbestand}}$$

Aus dieser Kennzahl lassen sich ferner ermitteln:

$$\text{Durchschnittliche Lagerdauer} = \frac{360}{\text{Umschlagshäufigkeit}}$$

$$= \frac{360 \cdot \text{durchschnittlicher Lagerbestand}}{\text{Umsatz zu Bezugspreisen (Wareneinsatz)}}$$

$$\text{Lagerzinssatz} = \frac{\text{Jahreszinssatz} \cdot \text{Lagerdauer}}{360}$$

$$= \frac{\text{Jahreszinssatz} \cdot \text{durchschnittlicher Lagerbestand}}{\text{Umsatz zu Bezugspreisen (Wareneinsatz)}}$$

---

4 Ein Großhändler verkauft von einem bestimmten Artikel

1 250 kg zu 2,59 €/kg; 125 kg zu 3,00 €/kg
3 180 kg zu 2,48 €/kg; 4 500 kg zu 2,98 €/kg

a) Ermitteln Sie den einfachen Durchschnitt der Verkaufspreise.
b) Ermitteln Sie den gewogenen Durchschnitt der Verkaufspreise.

---

5 Beim Jahresabschluss werden u. a. folgende Daten ermittelt:

Wareneinkauf				Warenverkauf			
AB	46.400,00	EB	38.900,00	Rücks.	1.200,00	Ums.	180.670,00
WE	112.500,00	GuV	124.600,00	GuV	179.470,00		
Bezk.	4.600,00						
	163.500,00		163.500,00		180.670,00		180.670,00

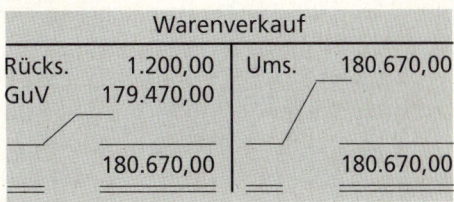

Ermitteln Sie aus diesen Zahlen:

a) den einfachen durchschnittlichen Lagerbestand aus Anfangs- und Endbestand,
b) die Lagerumschlagshäufigkeit (2 Nachkommastellen),
c) die durchschnittliche Lagerdauer (auf glatte Tage runden),
d) den Lagerzinssatz, wenn Sie einen Jahreszinssatz von 6 % zugrunde legen.

---

6 Beantworten Sie die gleichen Fragen wie in Aufgabe 5, indem Sie von den folgenden Zahlen ausgehen:

Warenanfangsbestand 28.360,00 €   Warenendbestand 34.300,00 €
Umsatz 229.735,33 €   Handelsspanne 25 %

---

7 Für den Sommerschlussverkauf werden folgende Restposten auf einem „Wühltisch" zu einem Einheitspreis angeboten:

15 Damen-T-Shirts zu 26,50 € je Stück,
20 Kinder-T-Shirts zu 7,90 € je Stück,
30 Damen-Polohemden zu 24,50 € je Stück,
25 Kinder-Polohemden zu 11,90 € je Stück.

Zu welchem Durchschnittspreis können die Hemden angeboten werden?

17.3 Zeitreihenanalyse

Bei der Analyse von Zeitreihen (z. B. Umsatzziffern, dargestellt über mehrere Jahre) ist es oft wichtig, **jahreszeitlich bedingte Schwankungen** *(saisonale Schwankungen)* **von der grundsätzlichen Entwicklungsrichtung** *(Trend)* zu **unterscheiden.** Das gelingt am einfachsten, wenn man die Zeitreihe in einem Kurvendiagramm darstellt und versucht eine Gerade oder Kurve so in das Schaubild der Zeitreihe einzuzeichnen, dass die Summe der Teilflächen *unter* der Zeitreihenkurve und die Summe der Teilflächen *über* der Kurve sich gegenseitig aufheben, also in ihren absoluten Werten gleich groß sind.

Beispiel

Umsatzzahlen einer Getränkegroßhandlung für Mineralwasser

Zeitraum	Jan.–März	April–Juni	Juli–Sept.	Okt.–Dez.
1. Jahr	15.620,00	25.190,00	23.250,00	19.650,00
2. Jahr	17.310,00	27.230,00	25.110,00	21.300,00
3. Jahr	19.420,00	29.580,00	27.430,00	23.250,00
4. Jahr	20.180,00	31.410,00	29.300,00	25.170,00
5. Jahr	23.110,00	33.500,00	31.350,00	27.200,00

Lösung

Ordnet man diese Zeitraumwerte jeweils den zeitlichen Mittelwerten (15. Febr./ 15. Mai / 15. Aug. / 15. Nov.) zu, dann ergibt sich das folgende Schaubild, in das sich ziemlich eindeutig eine Gerade als Trend hineinlegen lässt:

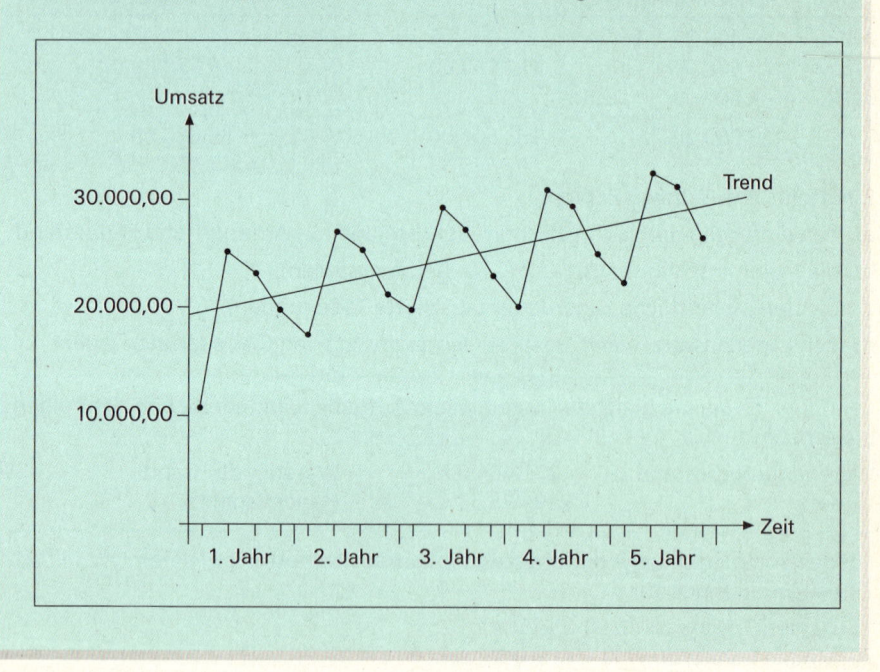

Der Trend kann nach dieser Methode nur durch Augenmaß ungefähr ermittelt werden. Die Statistiker verfügen mithilfe komplizierter mathematischer Methoden über ein Verfahren, um den Trend exakt berechnen zu können.

17.4 Grafische Darstellungsverfahren

Neben den rechnerischen Verfahren, um Daten für die Auswertung aufzubereiten, sind häufig auch zeichnerische Methoden sinnvoll.

17.4.1 Diagramme

Hier sind vor allem Stabdiagramme und Flächendiagramme zu unterscheiden. Ein **Stabdiagramm verdeutlicht vergleichbare Daten durch** schmale **Rechtecke.** Diese haben **grundsätzlich** die **gleiche Breite.** Ihre Höhen sind die darzustellenden Daten in einem geeigneten Maßstab.

Beispiel

Die Verbrauchsausgaben eines privaten Haushalts (Vierpersonenhaushalt mit mittlerem Einkommen) betrugen in der Bundesrepublik Deutschland:

1950 294,00 €	1975 1.089,00 €	1990 2.865,00 €
1960 624,00 €	1980 1.801,00 €	1995 3.452,00 €
1970 881,00 €	1985 2.553,00 €	2000 3.987,00 €

Stellen Sie diese Entwicklung grafisch dar.

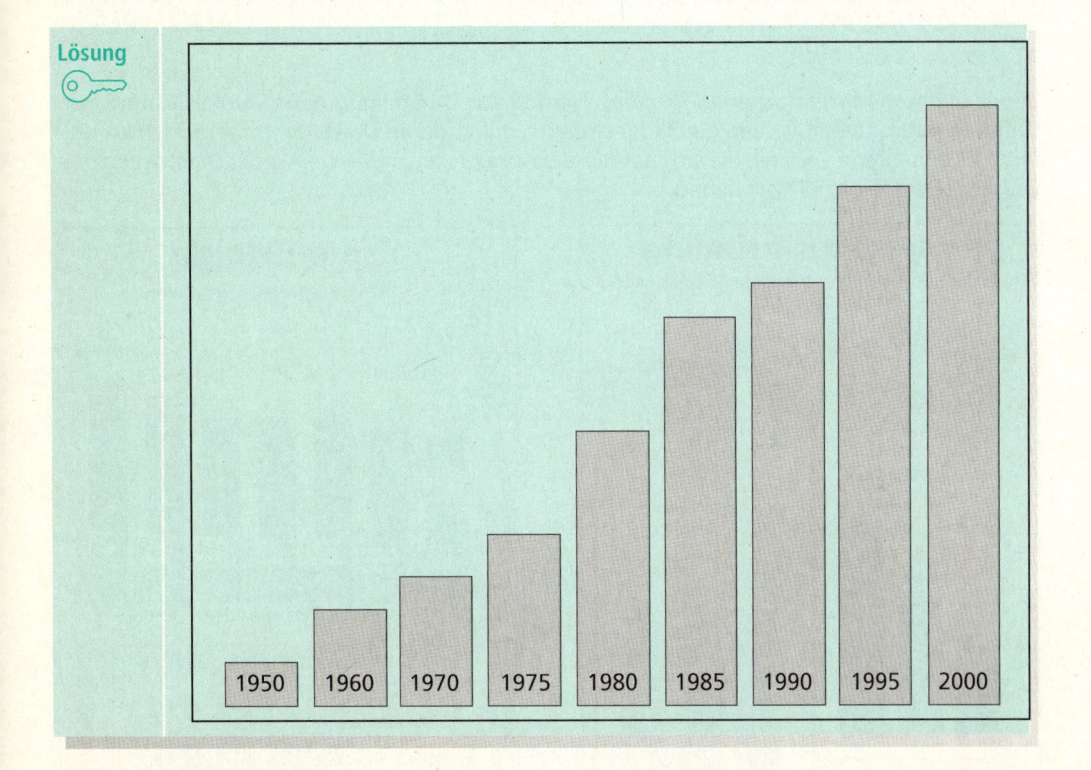

Lösung

Ein **Flächendiagramm eignet sich** besonders **zur Darstellung von Gliederungszahlen** (Quoten). **Als Fläche** wird am häufigsten **der Kreis** verwendet.

Beispiel

Die Verbrauchsausgaben eines privaten Haushalts setzen sich in der Bundesrepublik Deutschland wie folgt zusammen:

Nahrungs- und Genussmittel	25,7 %	Kleidung, Schuhe	8,2 %
Wohnungsmieten	19,6 %	Bildung, Unterhaltung	9,0 %
Verkehr, Nachrichten	14,8 %	Sonstiges	22,7 %

Lösung

Struktur der privaten Verbrauchsausgaben in der Bundesrepublik Deutschland

Die Aufteilung der Kreisfläche erfolgt nach folgendem Dreisatz:

$$100\ \% - 360°$$
$$p\ \% - ?\ °$$

Der Anteil von p % beträgt demnach:

$$\frac{360 \cdot p}{100} = (3{,}6 \cdot p)°$$

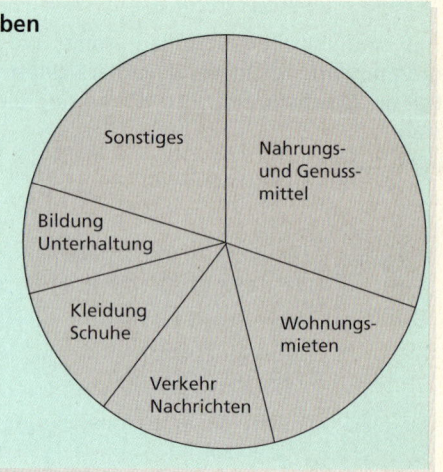

17.4.2 Zahlenbilder

Bilder (meistens vereinfachende Skizzen) **werden zur Darstellung oder Verdeutlichung von Daten benutzt.** Dabei werden die Bilder oft auch mit anderen Darstellungsmethoden kombiniert. Es gibt einige Verlage, die sich auf diese besonders anschauliche Art der Darstellung statistischer Daten spezialisiert haben.

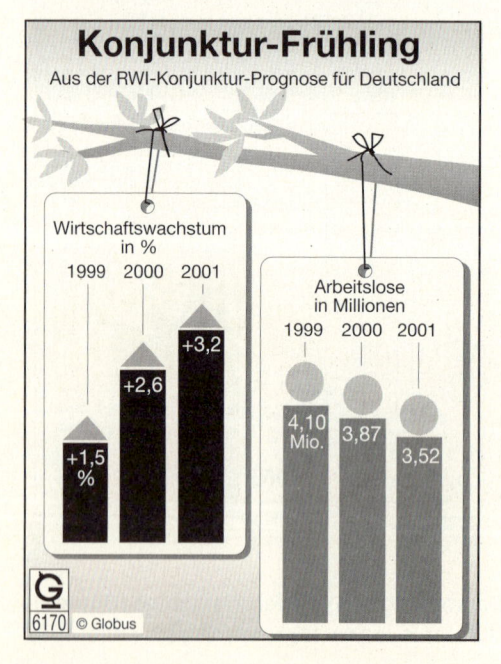

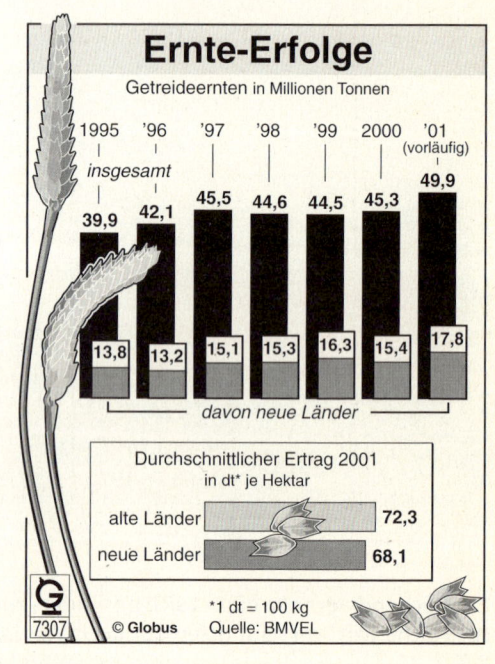

17.4.3 Muster- und Prüfungsaufgaben

Das Bruttosozialprodukt eines Industriestaates betrug (Milliarden €):

1960	303,0	1980	1.485,2	1996	3.117	2000	3.373
1965	458,2	1985	1.837,9	1997	3.168		
1970	675,7	1990	2.447,7	1998	3.226		
1975	1.034,9	1995	3.093	1999	3.276		

Stellen Sie diese Entwicklung in einem Stabdiagramm dar.

Stellen Sie in zwei Kreisdiagrammen die Struktur der Importe und der Exporte der Bundesrepublik Deutschland gegenüber:

	Einfuhr	Ausfuhr
Nahrungs- und Genussmittel	12,8 %	5,5 %
Rohstoffe	12,2 %	1,7 %
Halberzeugnisse	18,4 %	7,6 %
Fertigerzeugnisse	56,6 %	85,2 %

Stellen Sie die folgenden Zahlen in geeigneter Weise grafisch dar:
Zahl und Struktur der privaten Haushalte in der Bundesrepublik Deutschland

Zeitraum	insgesamt	Ein-personen-haushalte	Zwei-personen-haushalte	Mehr-personen-haushalte	Personen je Haushalt
1960	16 650	3 229	4 209	9 212	2,99
1970	21 991	5 527	5 959	10 505	2,74
1980	23 722	6 554	6 746	10 422	2,60
1990	25 336	7 926	7 283	10 127	2,43
2000	32 168	8 512	11 156	12 500	2,05

Ergebnisse einer Bundestagswahl. Errechnen Sie die Gliederungszahlen und stellen Sie diese in geeigneter Weise grafisch dar.

Gültige Stimmen	38 940 700
CDU/CSU	18 998 500
SPD	14 865 800
F.D.P.	2 706 900
Bündnis 90/Grüne	2 167 400
Sonstige	202 100

Die Schulden der öffentlichen Haushalte eines Industriestaates betrugen (Mio. €):

1950	18.725	1970	123.047	1990	1.048.761
1955	41.770	1975	252.732	1995	1.993.000
1960	56.686	1980	462.838	2000	2.379.000
1965	84.413	1985	756.537		

Stellen Sie diese Entwicklung grafisch dar.

Anhang

Das Internationale Einheitensystem (SI) im Messwesen

Seit dem Jahr 1970 sind das „Gesetz über Einheiten im Messwesen" und die dazu erlassene Ausführungsverordnung in der Bundesrepublik Deutschland in Kraft. Damit hat sich die Bundesrepublik Deutschland dem Internationalen Einheitensystem (SI) angepasst und festgelegt, welche Maßeinheiten im amtlichen und geschäftlichen Verkehr zu verwenden sind. Seitdem sind nur noch die gesetzlichen Einheiten zugelassen. Die Verwendung alter Einheiten und Bezeichnungen wie Dutzend (Dtzd.), Zentner (Ztr.) oder Pferdestärken (PS) ist sogar strafbar.

Das Internationale Einheitensystem kennt nur noch 7 **Basisgrößen** und die dazugehörenden **Basiseinheiten**:

Basisgröße	Basiseinheit Name	Kurzzeichen
Länge	Meter	m
Masse	Kilogramm	kg
Zeit	Sekunde	s
Strom	Ampere	A
Temperatur	Kelvin	K
Lichtstärke	Candela	cd
Stoffmenge	Mol	mol

Damit lassen sich alle naturwissenschaftlichen Vorgänge messen. Es ist aber zweckmäßig, durch Kombination (Multiplikation und/oder Division) von Basisgrößen und deren Einheiten weitere Einheiten abzuleiten. Man nennt sie **abgeleitete Einheiten**. Manche haben besondere Namen und dann auch besondere Zeichen. So ergibt z. B. Länge dividiert durch Zeit die abgeleitete Größe „Geschwindigkeit".

Die zugehörige abgeleitete Einheit ist $\frac{m}{s}$. Sie hat keinen besonderen Namen. Eine abgeleitete Einheit kann dadurch entstehen, dass man eine Basiseinheit mit sich selbst multipliziert. So ist z. B. die abgeleitete SI-Einheit der Fläche der Quadratmeter mit dem Einheitszeichen m^2.

Schließlich ist es aus Gründen der Zweckmäßigkeit zulässig, dezimale Teile und auch dezimale Vielfache der Basiseinheiten und der abgeleiteten Einheiten zu bilden. Dafür setzt man Vorsilben vor den Namen der Einheit und Vorsatzzeichen vor das Zeichen der Einheit (Beispiele siehe Seite 215).

Diese Vorsilben und Vorsatzzeichen dürfen für alle gesetzlichen Einheiten (Basiseinheiten und abgeleitete Einheiten) verwendet werden, ausgenommen für die Basiseinheit der Masse, das Kilogramm. Um Verwechslungen zu vermeiden, hat man für die Masse eine abgeleitete Einheit, das Gramm (g), geschaffen. Für diese dürfen die auf Seite 215 genannten Vorsilben und Zeichen verwendet werden.

Für einige besondere Fälle hat der Gesetzgeber abgeleitete Einheiten und Namen mit eingeschränktem Anwendungsbereich zugelassen, so z. B. für die Fläche von Grundstücken (Ar) und für die Masse von Edelsteinen (Karat).

Für das kaufmännische Rechnen sind vor allem die nachfolgend beschriebenen gesetzlichen Einheiten von Bedeutung.

Vielfaches/Bruchteil	Vorsilbe	Zeichen	Einheiten
das Millionenfache	Mega	M	1 000 000
das Tausendfache	Kilo	k	1 000
das Hundertfache	Hekto	h	100
das Zehnfache	Deka	da	10
das Zehntel	Dezi	d	$\frac{1}{10}$
das Hundertstel	Zenti	c	$\frac{1}{100}$
das Tausendstel	Milli	m	$\frac{1}{1\,000}$
das Millionstel	Mikro	μ	$\frac{1}{1\,000\,000}$
das Milliardstel	Nano	n	$\frac{1}{1\,000\,000\,000}$

Länge: Basiseinheit ist der Meter (m)

1 m = 10 dm
1 dm = 10 cm
1 cm = 10 mm

Fläche: Abgeleitete SI-Einheit ist der Quadratmeter (m^2)

1 m^2 = 100 dm^2
1 dm^2 = 100 cm^2
1 cm^2 = 100 mm^2

Volumen: Abgeleitete SI-Einheit ist der Kubikmeter (m^3)

1 m^3 = 1 000 dm^3
1 dm^3 = 1 000 cm^3
1 cm^3 = 1 000 mm^3

Als besonderer Name für den Kubikdezimeter (dm^3) ist Liter (l) zugelassen.

Masse (Gewicht): Basiseinheit ist das Kilogramm (kg). Dafür dürfen Vorsilben zur Kennzeichnung dezimaler Vielfacher oder Bruchteile nicht verwendet werden. Daher geht man von der abgeleiteten Einheit Gramm (g) aus.

1 g = $\frac{1}{1\,000}$ kg

Als besonderer Name für das Megagramm (Mg) ist Tonne (t) zugelassen.

1 t = 1 000 kg (= 1 000 000 g)
1 kg = 1 000 g

Im kaufmännischen Geschäftsverkehr wird für die Masse von Warenmengen die Bezeichnung Gewicht verwendet. Einheiten des Gewichts sind in diesem Zusammenhang also die Masseeinheiten.